Ce que les gens disent de
Bouillon de poulet pour l'âme de la future maman...

« Ce livre inspire courage, espoir et sincérité. Il célèbre le rite de passage le plus extraordinaire dans la vie d'une femme. Merci! »

Julia Loggins
Mère et coauteure de
The Unimaginable Life

« Merci aux auteurs de ce livre pour avoir partagé leurs histoires personnelles sur la gloire de la maternité. Toutes les futures mamans devraient le lire pour connaître ou se rappeler l'exaltation qu'il y a à porter un enfant. »

Deborah Wilson, M.D.
Gynécologue-obstétricienne

« *Bouillon de poulet pour l'âme de la future maman* est, à chaque page, un hommage à la beauté, à l'honneur et au privilège de la maternité. »

Loren Slocum
Mère, conférencière et auteure
No Greater Love :
Being an Extraordinary Mommy

« Enfin! Un livi   xpérience inoubliabl

ele

RN(are

JACK CANFIELD, MARK VICTOR HANSEN
PATTY AUBERY, NANCY MITCHELL

Bouillon de Poulet pour l'âme de la future Maman

Un recueil
d'histoires inspirantes
pour les
futures mères

Traduit par Annie Desbiens

BÉLIVEAU
★
é d i t e u r

Montréal, Canada

L'édition originale de cet ouvrage a été publiée sous le titre
CHICKEN SOUP FOR THE EXPECTANT MOTHER'S SOUL
© 2000 Jack Canfield et Mark Victor Hansen
Health Communications, Inc., Deerfield Beach, Floride (É.-U.)
ISBN 1-55874-796-6

Réalisation de la couverture : Jean-François Szakacs

Tous droits réservés pour l'édition française
© 2005, *Éditions Sciences et Culture Inc.*

Dépôt légal : 1er trimestre 2010
Bibliothèque et Archives nationales du Québec
Bibliothèque et Archives Canada

ISBN 978-2-89092-457-4

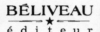

BÉLIVEAU
★
é d i t e u r

5090, rue de Bellechasse
Montréal (Québec) Canada H1T 2A2
514 253-0403 Télécopieur : 514 256-5078

www.beliveauediteur.com
admin@beliveauediteur.com

Gouvernement du Québec — Programme de crédit d'impôt pour l'édition de livres — Gestion SODEC — *www.sodec.gouv.qc.ca.*

Nous reconnaissons l'aide financière du gouvernement du Canada par l'entremise du Programme d'Aide au Développement de l'Industrie de l'Édition pour nos activités d'édition.

IMPRIMÉ AU CANADA

Avec amour,
nous dédions ce livre
à toutes les futures mamans.

Puissent vos journées
dans l'attente de votre nouveau-né
soient remplies de santé et de bonheur.

Bonne et longue vie
à vous et à votre famille!

Table des matières

4.   Les difficultés de parcours

5.   Livraison spéciale

6. Les petits miracles

7. Les moments mémorables

8. La maternité

Les citations

Pour chacune des citations contenues dans cet ouvrage, nous avons fait une traduction libre de l'anglais au français. Nous pensons avoir réussi à rendre le plus précisément possible l'idée d'origine de chacun des auteurs cités.

Remerciements

Bouillon de poulet pour l'âme de la future maman nous a pris presque trois ans à concocter, avec amour évidemment. Nous en aurions été incapables sans le soutien des personnes suivantes, que nous souhaitons vivement remercier.

Nous aimerions d'abord dire merci à toutes les personnes qui continuent de nous aider à créer ces merveilleux *Bouillon de poulet pour l'âme*.

Merci à notre éditeur Peter Vegso, qui continue de nous appuyer et qui a toujours un bouillon de poulet sur le réchaud.

Merci à Heather McNamara, notre très chère amie, qui a passé d'innombrables heures à corriger, à lire des histoires et à en sélectionner pour faire de ce livre ce qu'il est. Nous t'aimons, Heather, pour ton dur travail et ton appui. Ta confiance nous honore. Par chance que tu étais là.

Merci à D'ette Corona, l'assistante de Heather, qui a dactylographié, révisé, cherché et, surtout, aidé au moment où nous en avions le plus besoin.

Merci à Sondra Keeler, qui a lu des centaines d'histoires, qui a entré des données et, surtout, qui a toujours été là.

Merci à Chrissy Donnelly, notre amie et collègue, qui a contribué à plusieurs histoires de ce livre et qui nous a donné beaucoup d'appui.

Merci à Christine Belleris, à Allison Janse, à Lisa Drucker et à Susan Tobias, nos rédactrices de Health

Communications, Inc., qui ont collaboré de près avec Heather et D'ette pour faire de ce livre une réussite. Nous vous apprécions tellement.

Merci à Sharon Linnéa, notre collaboratrice de l'extérieur, qui nous a apporté des commentaires précieux et des textes de qualité. Merci, Sharon. C'est toi la meilleure!

Merci à Leslie Forbes Riskin, dont le soutien est précieux. Leslie, tu es fabuleuse et nous te remercions.

Merci à Veronica Romero et Joanie Andersen, qui ont continuellement pris soin de Patty Aubery et qui ont veillé à la bonne marche du quotidien et à la gestion du temps afin que nous puissions nous consacrer à l'écriture et à la révision.

Merci à Teresa Esparza, à Robin Yerian, à Deborah Hatchell, à Cindy Holland et à Michelle Kiser, qui se sont occupées de toutes les tâches opérationnelles quotidiennes durant la durée entière du projet. Vous êtes vraiment extraordinaires!

Merci à Patty Hansen, la présidente de notre service juridique et légal, qui s'occupe des aspects commerciaux, pour que nous puissions nous consacrer à terminer des livres aussi merveilleux.

Merci à Lisa Williams, à Michelle Adams et à Christi Joy, qui ont bien pris soin de Mark, ce qui lui a permis de voyager un peu partout dans le monde pour parler des *Bouillon de poulet pour l'âme*.

Merci à Laurie Hartman, pour son travail au sein du service d'autorisation et pour prendre bien soin de notre marque de commerce *Bouillon de poulet*.

Merci à tous nos coauteurs: merci de continuer à nous soutenir et de nous avoir fait parvenir des histoires qui convenaient mieux au *Bouillon de poulet pour l'âme de la future maman*.

Merci au personnel du marketing, des ventes et des relations publiques, particulièrement Kim Weiss, Terry Burke, Larry Getlen et Randee Feldman, qui travaillent fort pour faire connaître la collection *Bouillon de poulet*.

Merci à nos premières lectrices: Linda Mitchell, Barbara LoMonaco, Kelly Zimmerman, D'ette Corona, Chrissy Donnelly et Sondra Keeler, d'avoir lu des milliers d'histoires pour nous aider à dénicher celles qui correspondaient parfaitement au livre que nous voulions faire. Merci de votre soutien.

Merci à toutes les personnes qui nous ont autorisés à insérer leurs textes dans notre recueil.

Remerciements spéciaux à Carol Kline pour sa merveilleuse introduction et son appui précieux.

Merci à toutes les personnes qui ont consacré quelques semaines de leur vie déjà bien remplie pour lire, évaluer et commenter les textes choisis. Vos commentaires ont été cruciaux. Merci à vous: Barbara Astrowsky, Ruth Beach, Christine Belleris, Karla Bleecker, Rudy et Alice Borja, Alyson Bostwick, Denise Boyd, Gina Brusse, Diana Chapman, D'ette Corona, Ray et Alma Dagarag, Kira Fay, Kelly Garman, Rhonda Glenn, Tina Gorbet, Connie Heskett, Bevin Huston, Allison Janse, Donna Johnson, Karen Johnson, Sondra Keeler, Camie Worsham-Kelly, Sharon Landeen, Fran Little, Sharon Linnéa, Barbara LoMonaco, Patricia Lorenz, Michelle Martin, Heather

McNamara, Linda Mitchell, Jeanne Neale, Penny Porter, Martica Reardon, Dee Riskin, Andrea Spears, Maureen Wilcinski et Kelly Zimmerman.

Merci à nos camarades éditeurs qui nous appuient sans relâche dans le processus des autorisations: Anthony Pekarik chez Simon & Schuster, Faith Barbato chez HarperCollins, Patricia Flynn et Carol Christiansen chez Random House. Merci à Reagan Marshall et Mary Suqqett chez Universal Press. Merci à Taryn Phillips Quinn chez *Woman's World* magazine.

Merci à tous les gens que nous n'avons pas mentionnés, mais sans qui ce livre n'aurait pas pu voir le jour, y compris tous les merveilleux écrivains qui nous ont soumis leurs formidables témoignages. Merci à tout le monde de chez Health Communications, Inc. Bref, toute notre reconnaissance à ceux et celles qui ont mis la main à la pâte! Merci à tous!

Introduction

« Vous êtes enceinte. » Ces mots peuvent être les plus exaltants — et peut-être les plus terrifiants — de la vie d'une femme. Commencent alors l'attente, l'introspection, la préparation du nid. Rien ne sera plus jamais pareil. Durant la grossesse, le corps de la femme subit une véritable métamorphose tandis que son cœur passe par toutes sortes d'émotions: hâte, joie, attendrissement de sentir les premiers coups de pied du fœtus, mais, aussi, appréhension face au travail de l'accouchement et face à l'exercice du rôle de parent. Des premières nausées matinales à l'euphorie de la naissance, la grossesse est sans aucun doute une aventure palpitante.

Que vous soyez enceinte ou en attente d'adoption, *Bouillon de poulet pour l'âme de la future maman* saura vous accompagner dans votre attente, vous et votre famille, y compris les futurs grands-parents ainsi que les frères et sœurs qui attendent avec enthousiasme l'arrivée du nouveau bébé. Les histoires contenues dans ce Bouillon de poulet vous divertiront, vous réconforteront et vous inspireront pendant que vous vous préparez pour le grand jour.

Si vous êtes enceinte, vous êtes probablement tellement occupée à gérer la maisonnée ou à travailler que vous ne prenez pas le temps de vous attarder sur le miracle qui est en train de se produire en vous. Les témoignages que vous trouverez dans ce livre vous inciteront à savourer les petits moments extraordinaires qui font de la grossesse une expérience prodigieuse.

Dans certaines cultures plus anciennes, les femmes s'assoyaient ensemble pour partager leurs expériences de vie. Les femmes plus jeunes bénéficiaient de la compagnie de femmes plus vieilles et plus sages qui les aidaient à comprendre les aspects mystérieux de la grossesse et de la naissance. Eh bien, en lisant ce livre, considérez que les femmes qui racontent leurs expériences le font pour vous en faire bénéficier, comme elles le feraient si elles étaient assises en votre compagnie.

S'il s'agit de votre premier enfant, les histoires de ce Bouillon de poulet vous donneront un aperçu inestimable de la manière dont les femmes vivent la grossesse, l'annonce de la nouvelle au conjoint et à la famille, ainsi que ces neuf mois importants de joies, de sensations fortes et de malaises qui précèdent le grand jour. Dans ce livre, des femmes — et des hommes — livrent également leurs expériences de l'accouchement, de la naissance et des premiers moments avec leur nouveau-né.

Si vous êtes déjà mère, vous rirez et pleurerez à la lecture de certains témoignages. Vous serez rassurées de n'être pas seules à vivre certaines situations et revivrez des moments mémorables.

Évidemment, les pères prennent part à cette aventure, eux aussi. C'est pourquoi nous avons inclus des histoires vécues d'un point de vue masculin que les pères d'expérience apprécieront autant que ceux qui le sont pour la première fois.

Vous trouverez aussi dans ce recueil des témoignages de grossesses difficiles. Les femmes qui vivent les mêmes genres de défis y puiseront sans doute du réconfort dans le fait de savoir qu'une grossesse difficile n'exclut pas la naissance d'un bébé en santé et heureux.

En somme, *Bouillon de poulet pour l'âme de la future maman* renferme des histoires pour chacun, mais plus particulièrement pour la femme enceinte dont le corps et le cœur s'agrandissent au rythme de la vie qui se développe en elle. Les témoignages contenus dans ce recueil montrent aussi que la maternité s'accompagne de récompenses inouïes et éternelles. Nous souhaitons sincèrement que ce livre vous aidera à garder l'inspiration, l'excitation et le courage jusqu'à ce moment indescriptible où vous tiendrez pour la première fois votre bébé dans vos bras. Puissiez-vous vivre une grossesse heureuse et en santé!

Jack Canfield, Mark Victor Hansen,
Patty Aubery et Nancy Mitchell,
avec la collaboration de
Carol Kline, coauteure de
Bouillon de poulet pour l'âme
d'une Mère II

Je te choisissais

As-tu jamais pensé, chère Maman,
Pendant que je me développais en toi,
Pendant que tu respirais pour moi,
Pendant que ton ventre rondissait,
Pendant que tu rêvais de moi,
Pendant que tu me planifiais si bien,
Pendant que tu te morfondais de m'attendre,
Pour que j'habite dans ton cœur,
As-tu jamais pensé
Que je t'attendais, également,
Que je me préparais, moi aussi,
À t'avoir comme mère, justement!
À avoir une mère aux mains tendres,
Une mère qui sent bon la douceur,
Une créature tendre et aimante,
Qui m'apaiserait la nuit?
As-tu jamais pensé, durant toute cette attente,
Qu'à mesure que ma venue approchait,
Qu'alors même tu planifiais une vie pour moi,
Je me préparais une vie avec toi?
Maintenant que je suis dans tes bras,
Je me demande si tu savais
Que pendant ta longue attente
C'est toi que je choisissais!

Colleen M. Story

1

NOUS ATTENDONS
UN ENFANT

*La naissance est une si belle façon
de commencer la vie.*

Don Herold

Ça changera votre vie

Mon amie trouve que le temps file. Nous sommes assises dans un restaurant lorsqu'elle me dit avec désinvolture que son mari et elle songent à « fonder une famille ». En fait, son horloge biologique lui rappelle qu'elle devra très bientôt décider si elle veut des enfants.

« On fait un sondage auprès de notre entourage, dit-elle, mi-sérieuse. Penses-tu que je devrais avoir un bébé? »

« Ça va changer ta vie », dis-je en m'efforçant de garder un ton neutre.

« Je sais, dit-elle. Plus de grasses matinées les samedis, plus de vacances de dernière minute. »

Mais ce n'est pas du tout ce que je voulais dire. Je regarde mon amie en me demandant quoi lui dire.

Je veux qu'elle sache ce qu'elle n'apprendra jamais dans les cours prénataux. Je veux lui dire que les blessures physiques de l'accouchement guérissent, mais que la cicatrice émotionnelle laissée par l'éclosion de la maternité est si vive qu'elle restera à jamais vulnérable.

Je veux la prévenir qu'elle ne pourra plus jamais lire un journal sans se demander: « Et si cet enfant avait été le mien? » Que chaque accident et chaque incendie la hanteront. Que les images d'enfants affamés lui feront prendre conscience qu'il n'y a rien de pire que voir son enfant mourir.

Je la regarde. Je regarde ses ongles impeccable-
ment manucurés, son tailleur élégant. Aussi sophisti-
quée soit-elle, la maternité la réduira à un état aussi
primitif qu'une ourse protégeant ses petits. Que le cri
« Maman! » sera comme une sonnette d'alarme qui la
fera se précipiter toutes affaires cessantes.

Je devrais aussi lui dire que sa vie professionnelle
sera perturbée, quel que soit le nombre d'années
qu'elle a investies dans sa carrière. Certes, elle trouvera
une gardienne pour son enfant, mais un jour, elle se ren-
dra à une importante réunion et se rappellera soudainement l'odeur douce de son bébé. Elle devra alors user
de toute sa détermination pour résister à la tentation de
courir à la maison vérifier si son enfant va bien.

Je veux que mon amie sache que les décisions du
quotidien ne seront plus aussi automatiques. Que le
désir d'un garçon de cinq ans d'aller aux toilettes des
hommes chez McDonald plutôt qu'aux toilettes des
femmes sera tout un dilemme. Qu'en plein milieu du
restaurant, à travers les bruits de vaisselle et les cris
d'enfants, les questions d'indépendance et d'identité
sexuelle seront soupesées avec la sinistre possibilité
qu'un agresseur d'enfants soit tapi dans les toilettes.
Aussi décidée soit-elle au bureau, mon amie aura constamment des doutes comme mère.

Je regarde encore ma ravissante amie. Je veux lui
dire qu'elle finira par perdre les kilos accumulés durant
la grossesse, mais qu'elle ne se sentira plus jamais la
même. Que sa vie aujourd'hui si précieuse vaudra
moins à ses yeux lorsqu'elle sera mère. Qu'elle don-
nera sa vie sans hésiter pour sauver celle de son enfant,

mais qu'elle se mettra aussi à espérer vivre le plus long-temps possible, non pas pour réaliser ses propres rêves, mais pour voir son enfant réaliser les siens. Je veux également qu'elle sache qu'une cicatrice de césarienne ou des vergetures deviendront pour elle d'honorables blessures de guerre.

Sa relation avec son mari changera aussi, mais pas de la façon qu'elle le croit. J'aimerais qu'elle puisse comprendre à quel point on aime un homme qui prend toujours soin de poudrer son bébé, ou qui n'hésite jamais à jouer avec son fils ou sa fille. Je pense qu'elle doit savoir qu'elle va de nouveau tomber amoureuse de son mari pour des raisons que, présentement, elle ne trouverait pas très romantiques.

J'aimerais que mon amie sente le lien qui l'unira à toutes les femmes qui ont, au cours de l'histoire, tenté d'éliminer la guerre, la discrimination, l'alcool au volant. J'espère qu'elle comprendra pourquoi je réfléchis rationnellement sur la plupart des sujets alors que je deviens temporairement maboule quand je parle des menaces de guerre nucléaire qui planent sur l'avenir de mes enfants.

Je veux aussi décrire à mon amie la jubilation que l'on éprouve à voir son enfant apprendre à frapper une balle de baseball. Je veux qu'elle connaisse le rire argentin d'un bébé qui touche pour la première fois la douce fourrure d'un chien. Je veux qu'elle savoure ces joies qui sont si pures qu'elles font mal.

Le regard interrogateur de mon amie me fait prendre conscience que j'ai les larmes aux yeux. « Tu ne le regretteras jamais », lui dis-je enfin. Puis je m'avance au-dessus de la table et lui prends la main en faisant une prière pour elle, pour moi et pour toutes les femmes, simples mortelles, qui exercent du mieux qu'elles peuvent la plus sacrée des vocations.

Dale Hanson Bourke

*« OK, on essaie de se lever
chaque nuit à deux heures
pour nourrir le chat et si on aime ça,
alors on reparlera de ce projet d'avoir un bébé. »*

Je suis prête

Mes yeux sont rivés au bâtonnet qui affiche le symbole positif. Aucun doute. Je suis enceinte.

Seigneur!

Un mélange d'exultation et de terreur à l'état pur m'envahit. Certes, mon mari et moi avons parlé d'avoir un enfant, mais je ne pensais pas que le projet se concrétiserait si rapidement. Il me semble que nous venons tout juste d'en discuter... À la pharmacie, au rayon des tests de grossesse, je me suis demandé si je devais acheter le paquet contenant un seul test de grossesse ou le paquet en contenant deux. J'avais le sentiment (déjà l'intuition de la future maman?) qu'un seul test suffirait. Et il a suffi. Nous allons avoir un bébé. Moi qui n'ai jamais changé une couche de ma vie...

Qu'avons-nous fait?!

Joe, mon mari, a commencé l'an passé à parler d'avoir un enfant. Ce projet me faisait plutôt peur. Je ne me sentais pas prête. Quand je voyais un bébé, je me demandais combien de bouteilles de Pepto-Bismol les parents auraient avalées au terme de l'adolescence turbulente de cet enfant, ou combien de dollars coûteraient ses études universitaires. Du coup, le goût d'avoir un bébé me passait.

Maintenant, mon corps est dans une espèce de manège hormonal dingue et il m'arrive, je l'avoue, de vouloir parfois en descendre.

J'approche de mes trente ans, mais j'ai la peau boutonneuse d'une adolescente de seize ans. La nausée ne me lâche pas. Mes amis me demandent même de les tenir au courant de mes vomissements. Je ne vais plus nulle part sans un sac pour le mal de l'air. En fait, j'ai vomi dans tant de stationnements de restaurants que j'ai pensé demander à louer mes repas au lieu de les acheter. Ma vessie, elle, a rétréci; elle est maintenant grosse comme une fève de lima. Je dois aller faire pipi aux treize minutes exactement.

Et je suis si consciente de la moindre douleur — de très bon augure pour un travail et un accouchement facile! — que je jurerais avoir senti chaque cellule se diviser au tout début de ma grossesse. Les hypocondriaques ne font pas de bonnes femmes enceintes.

Vous voulez d'autres preuves? Quand deux semaines ont passé sans que je vomisse, je panique. Je me sens si normale que je suis certaine que ce n'est pas normal. Peut-être ne suis-je pas enceinte, après tout? Peut-être ai-je une grossesse hystérique? Mais mon mari me rassure en disant que le seul élément hystérique de cette grossesse, c'est moi.

Et que dire de mes sous-vêtements de maternité…

Je ne sais ce qui fait le plus peur: mon corps qui ne m'appartient plus, ou ces gigantesques culottes « taille unique ». À quatre mois de grossesse, mon ventre est encore à l'étape où les autres se demandent si je suis enceinte ou si j'ai une bedaine de bière. Mon petit ventre de Bouddha est assez gros pour déborder de mes petites culottes de soie élégantes, mais il est trop petit pour les énormes culottes de maternité. En fait, pour l'instant, je peux remonter par-dessus ma poitrine ces fameuses culottes de maternité. Peut-être que je viens d'inventer un tout nouveau type de sous-vêtement, une combinaison petite culotte et soutien-gorge. Si je pouvais vendre cette idée à Wonderbra, je n'aurais plus jamais à me soucier des frais de scolarité universitaire pour mon enfant.

Je dois dire que la transformation la plus formidable de toutes — plus que de remplir un jour cette culotte de maternité — c'est l'importance démesurée que j'accorde à cette petite personne qui n'est pas encore née. Cela a commencé quand j'ai eu ma première échographie; quand j'ai vu, que j'ai vraiment et totalement réalisé que c'était notre enfant. Notre bébé. Les nausées, les problèmes de vessie et tous les petits bobos sont devenus insignifiants. Ils ne comptaient plus du tout lorsque j'ai aperçu l'image de cette incroyable personne. Notre bébé.

À onze semaines de gestation, notre petit miracle était déjà si parfaitement formé, mais si minuscule — à peine quatre centimètres — que mon mari, Joe, l'a surnommé « Minuscule ».

À l'échographie, il était encore trop tôt pour voir le sexe du bébé, mais j'ai vu une petite fille qui faisait ses premiers pas, entrait à l'école, prenait des cours de conduite, allait à l'université, se mariait et avait des enfants. Toute sa vie est passée devant mes yeux pendant que je regardais l'écran. Puis j'ai pensé au monde vaste et laid qui attendait Minuscule. Un monde rempli de cancers et de guerres, et de danses à l'école. Comment allais-je pouvoir protéger notre enfant contre tout le mal, tout en la laissant découvrir tout le bien?

Oui, en cet instant, je me suis rendu compte qu'il y avait bien plus terrifiant que ces informes culottes de maternité. Mais vous savez quoi? Je me suis rendu compte aussi que j'étais prête.

Kristen Cook

L'aventure commence

La plupart des gens reviennent de Las Vegas avec des gains ou des souvenirs. Mon épouse, elle, est revenue avec un bébé.

Quand nous sommes descendus de l'avion qui nous ramenait de Las Vegas et que j'ai rangé les bagages de Gina dans notre fourgonnette, ma femme m'a remis un petit paquet. En le déballant, j'ai pensé que c'était un souvenir du voyage que nous venions de faire. C'était un test de grossesse.

Il faut dire que ma femme et moi essayons de faire un autre enfant depuis un bon moment déjà. Quand j'ai vu le test de grossesse, je me suis demandé *Mais qu'est-ce que c'est que ça?* Pas très poétique, je l'admets, mais c'est la vérité. J'ai donc immédiatement levé la tête vers ma femme qui souriait.

« Mais comment? » ai-je murmuré, en sachant très bien le comment, mais pas le quand ni le où.

« J'étais beaucoup plus malade que tu croyais à Las Vegas », a chuchoté Gina pour ne pas réveiller nos deux fils qui dormaient sur la banquette arrière. « Alors maman m'a emmenée chez un médecin. Le personnel médical m'a fait passer plusieurs tests, dont un test de grossesse pour s'assurer que je n'étais pas enceinte. Et tout semble indiquer que je le suis. »

Un autre bébé. Un troisième garçon? Une première fille? Une vague de sentiments et de pensées déferlent de mon cerveau jusque dans mes artères. Je suis heureux. Et j'ai peur. Et je ne suis pas certain d'être un assez bon père. Et je suis fier du « grand frère » Jeremy. Et je suis nerveux quand je pense que Gina et moi serons minoritaires. Et je suis triste pour Matthew qui ne sera plus le bébé de la famille. Et j'espère que nous réussirons à faire en sorte que chacun se sente unique. Et, surtout, je suis tellement en admiration devant Gina qui me prouvera, encore une fois, qu'une femme est un miracle, qu'elle apporte la vie, la beauté et la paix dans un monde qui en a grandement besoin.

Y a-t-il meilleure nouvelle à apprendre que celle annonçant la venue d'un bébé?

L'aventure commence... encore.

Jim Warda

Le for intérieur

Parfois, c'est en essayant d'éclairer les autres qu'on s'éclaire soi-même. L'autre jour, alors que je lisais les messages d'un groupe de femmes sur Internet, je suis tombée sur une âme sœur. Une jeune mère posait une question qui m'a tellement interpellée que je lui ai envoyé une réponse. Son message disait simplement ceci : « Je suis une femme dans la trentaine, mère de deux enfants. Depuis des mois, mon mari et moi nous demandons si nous allons avoir un troisième enfant. J'hésite beaucoup à en avoir un autre, et ce, pour toutes sortes de raisons (certaines ont trait à l'argent, la plupart sont égoïstes). J'aimerais savoir s'il y a d'autres mères qui vivent ce même genre d'incertitude. »

Soudain, je n'étais plus seule dans mon océan de confusion. Voilà une femme qui se sentait exactement comme moi ! Peut-être n'était-ce pas si dénaturé de ma part d'hésiter à avoir un autre enfant. Je me suis assise à mon ordinateur et j'ai laissé couler les mots et les sensations.

Bonjour à Stacy et
à toutes les autres femmes comme elle,

Je pense à devenir mère. Encore. Toute la maisonnée semble impatiente d'accueillir volontiers un nouveau membre. Mon fils demande une petite sœur ou un petit frère. Mon époux a le sourire fendu jusqu'aux oreilles quand il aperçoit un bébé baveux qui le regarde dans la file d'une caisse au supermarché. Ces petites personnes le séduisent instantanément. Il met alors ses mains sur mes hanches et me chuchote à l'oreille « je suis prêt ».

À table, mon fils de six ans ramène souvent la conversation à ce sujet. « Maman, je pense que je devrais apprendre à tricoter. Je pourrais faire des chaussettes, des mitaines, des couvertures. Des petites, évidemment. » Quand un enfant de son âge est prêt à remplacer les Pokemon par le tricot, on peut dire qu'il parle sérieusement. De mon côté, je leur ai lu une liste de questions, à la blague: « Êtes-vous certains que vous êtes prêts à supporter mes sautes d'humeur et mes nausées, puis les pleurs du bébé, ses boires de nuit, ses pleurs, ses coliques, ses rots, et encore ses pleurs? » Mon mari sourit: « Oh oui! » Et fiston qui répète un enthousiaste « Oui! »

Ils semblent si sûrs, sans aucune hésitation. Comment se fait-il? Soudain, leurs yeux se posent sur moi. Je regarde autour de moi, comme pour trouver quelqu'un à qui poser la question. Personne. Je songe: « Et moi, suis-je prête? »

Quand je me pose la question, je m'aperçois que je suis à la croisée des chemins. Comment une mère décide-t-elle de mettre un autre enfant au monde? Je pourrais poser la question à un million de femmes, mais je pense qu'on doit trouver la réponse en soi, seule. C'est une question qui demande de longues promenades à pied, des bains chauds, des séances de méditation (et peut-être une bonne quantité de chocolat).

Il me sera toujours facile de trouver des raisons logiques de ne pas tomber enceinte de nouveau : la surpopulation, les difficultés d'élever un enfant dans le monde d'aujourd'hui, les questions d'argent, la différence d'âge entre les enfants, les mille et un malaises de la grossesse... Ce sont toutes des raisons propres à dissuader d'une nouvelle maternité. Le doute occupe beaucoup de place dans mon cerveau. « Es-tu prête à avoir des rages de thon et de melon d'eau durant des mois ? Veux-tu vraiment revoir ton corps se transformer en une sorte de créature extra-terrestre ? »

Bien sûr, il y a aussi les délicieuses merveilles que la grossesse apporte. Ces merveilles me viennent doucement à l'esprit et effacent les arguments défavorables. Elles sont même renforcées par ma mémoire : l'attente d'une nouvelle vie, les premiers mouvements sous la peau tendue du ventre, l'amour renouvelé entre les parents, la bienveillance que mon fils apprendra dans son nouveau rôle de grand frère, la fierté ressentie quand une grand-mère me complimentera sur la beauté de ma silhouette de future maman. Je m'assois et je me rappelle la sensation d'une main minuscule qui saisit mon doigt, les premiers sourires plein de bulles que l'on reçoit dans la béatitude la plus totale.

Dans ces moments muets d'introspection, je sais que je dois mettre de côté l'émotivité pure et la raison pure. Je sais qu'une décision aussi importante ne se prend ni avec froideur, ni sur un coup de tête.

Je suis davantage que ma raison. Je suis davantage que mes émotions.

Harriet Beecher-Stowe a dit un jour : « La plupart des mères sont des philosophes instinctives. » Je crois qu'elle a raison. Qu'on appelle cela l'instinct, l'intuition ou la vérité universelle, la majorité des mères sont d'accord pour dire qu'elles sont en lien avec une présence qui les habite intérieurement. Je recherche la quiétude, ces jours-ci, en attendant que débute le dialogue sacré.

Je repense à la période où je portais mon fils. Durant cette période, on aurait dit que son âme, révélée à moi je ne sais comment, avait pris la décision avec moi. (Comme s'il s'était agi d'une tâche à laquelle il m'aurait demandé, de façon toute cosmique, de prendre part.) J'ai toujours senti que je pouvais honorer sa présence dans ma vie en disant « quand j'étais enceinte POUR lui » au lieu de « quand j'étais enceinte de lui ». Nous avons nommé notre fils Ian, qui signifie « cadeau précieux ». Même si je le materne et l'éduque tous les jours, je me sens reconnaissante de le connaître et d'être un de ses guides dans la vie. La grossesse et la maternité m'apparaissent tout autrement quand je les considère comme des privilèges accordés.

Lorsque je me pose LA question, je cherche cette présence qui habite mon for intérieur et je me demande... Suis-je prête ? Suis-je appelée de nouveau ? Y a-t-il quelqu'un qui attend que je sois sa mère ?

Suis-je disposée à porter cette âme et à l'abriter avec la mienne? Pas seulement pour neuf mois mais pour la vie entière. Saurai-je protéger cette âme sans perdre la mienne en chemin, mais en devenant davantage la personne que je suis, justement grâce à sa présence? Quand mon cœur pourra répondre « oui » avec reconnaissance et que je sentirai l'Univers me murmurer la même chose en écho... je serai prête.

Bonne chance,

Ami

Ami McKay

P.-S. Je te ferai part de la date prévue pour mon accouchement :)

Récompensée plus tard

Toutes les femmes qui ont eu des problèmes de fertilité savent à quel point le désir d'un enfant peut devenir douloureux. Quand mon mari et moi avons décidé qu'il était temps de fonder une famille, je n'aurais jamais cru que dix longues années de consultations avec des médecins, des consultants et des avocats nous attendaient. J'ai grandi dans une famille très aimante, mais j'étais enfant unique et j'ai toujours voulu avoir plusieurs enfants.

Ma mère a pris du diéthylstilbestrol (DES), une hormone de fertilité, lorsqu'elle était enceinte de moi. On sait aujourd'hui que ce médicament a causé de nombreux problèmes de santé chez les fœtus de sexe féminin, depuis le cancer des ovaires jusqu'à l'infertilité. Malheureusement, comme ma mère était morte depuis longtemps quand j'ai commencé à essayer de devenir enceinte, je ne connaissais pas ces renseignements médicaux essentiels. Après neuf mois à essayer de concevoir, j'ai senti que Ben et moi aurions beaucoup de difficulté à avoir un enfant.

La première année où nous avons consulté, j'ai pris des médicaments qui stimulent l'ovulation en plus de subir des inséminations artificielles. Nous pensions que ces traitements fonctionneraient, mais ils n'ont rien donné. Ben et moi étions découragés. On nous a alors suggéré la fécondation *in vitro* (FIV), qui consiste à injecter à la femme des médicaments pour inciter les ovaires à produire plus d'ovules. Les ovules sont ensuite prélevés des trompes de la femme, fécondés dans une éprouvette et replacés dans l'utérus. Notre premier essai s'est avéré fructueux. Nous étions au septième ciel. J'ai fait très attention à moi, consciente de ma chance d'être enfin enceinte, mais j'ai fait une fausse couche à onze semaines de grossesse. Des jumeaux.

La déception a été immense, mais au cours de la même année, nous avons essayé deux autres FIV. La première fois, l'intervention n'a rien donné. La seconde fois, elle a fonctionné mais s'est encore soldée par une fausse couche. Après tous ces mois à espérer et à prier, à vivre en fonction de mon cycle ovarien, à consulter des médecins, à subir des prises de sang, à me faire annoncer des nouvelles décevantes au téléphone, j'ai décidé que mon cœur et mon corps avaient besoin d'un temps d'arrêt.

Au cours des deux années qui ont suivi, mon mari et moi avons changé d'emplois et axé nos vies sur nos carrières. Si nous ne pouvions pas être parents, nous pouvions au moins réussir notre vie professionnelle. Après avoir déménagé dans une autre ville, nous avons décidé de consulter de nouveau et d'envisager l'adoption. Nous avons donc repris les traitements, les tests, les rendez-vous médicaux… avec le même résultat décourageant: pas de bébé.

Entre-temps, deux amis très chers, Kathy et Shawn, ont eu leur deuxième enfant, un garçon. Ils avaient déjà une fille de trois ans dont Ben et moi étions parrain et marraine. Lorsque nous sommes allés chez eux pour assister au baptême, Kathy nous a clairement fait comprendre qu'elle et Shawn étaient contents d'avoir deux enfants et que leur famille était terminée.

Kathy nous a alors offert d'être mère porteuse pour nous si jamais l'idée nous intéressait. Profondément reconnaissants de leur offre d'amour, nous leur avons répondu que nous n'avions pas encore abandonné nos essais et que nous y réfléchirions.

Tel que prévu, nous avons ensuite pris des informations au sujet de l'adoption. On nous a appris que le coût moyen d'une adoption variait entre 18 000 $ et 25 000 $ dans notre région. Et voilà que le découragement nous gagnait de nouveau, l'adoption étant beaucoup trop coûteuse pour nos moyens. Après six autres fécondations *in vitro* difficiles et infructueuses, je me suis retrouvée complètement démoralisée. Par un très froid matin de janvier, j'ai pris le téléphone et j'ai fait l'appel le plus difficile de ma vie. J'ai appelé ma chère amie Kathy et lui ai demandé si elle était toujours disposée à porter un bébé pour nous. Quelle sensation j'éprouvais de savoir qu'il existait quelqu'un d'assez aimant et compatissant pour nous offrir un cadeau aussi précieux ! Je sentais que je serais profondément et éternellement reconnaissante à mon amie Kathy.

Encouragés par un regain d'espoir, nous avons entrepris d'envoyer mes embryons congelés dans une clinique de fertilité située dans la région où habitait Kathy. Ensuite, Kathy a fait deux heures de route par jour pendant deux semaines pour subir les interventions nécessaires. Elle a fait cela par pure bonté, en sacrifiant généreusement son temps familial pour que, moi son amie, je puisse avoir une famille. C'était en mai 1997. Au moment même où Kathy essayait d'être enceinte avec mes embryons, je faisais un « dernier essai » à la maison. Je me disais que si elle et moi essayions en même temps, quelque chose de magique arriverait.

Pas de chance. Ni Kathy ni moi ne sommes devenues enceintes. Durant les quatre mois qui ont suivi cet échec, Ben et moi étions hébétés, engourdis, presque endeuillés. Nous avions essayé toutes les options possibles. Cela faisait neuf ans maintenant, et nous nous sentions au bout du chemin.

Nos assurances allaient bientôt échoir, par ailleurs. Jusqu'à maintenant, nos assurances couvraient les traitements très coûteux de fécondation *in vitro*, mais cette couverture se terminait en décembre de cette année-là. Comme Kathy se montrait très motivée et motivante, nous avons décidé de la laisser essayer une fois de plus avant la fin de l'année. En octobre, donc, notre médecin était d'accord, une fois de plus, à reprendre la procédure : prélever mes ovules, les féconder, les congeler et les expédier à la clinique de Kathy. Ben et moi avons convenu aussi que ce serait notre dernier (et onzième!) essai de FIV. En cas d'échec, nous allions devoir accepter le destin que Dieu nous réservait : ne pas avoir d'enfants à nous, apprécier ce que nous avions, et consacrer nos vies l'un à l'autre et à notre famille élargie.

À la dernière minute, toutefois, un problème s'est présenté avec les assurances. Un règlement disait que, dans une situation de mère porteuse, il fallait que la vraie mère se fasse implanter un minimum de deux embryons (sur les dix à douze normalement prélevés) alors que la mère porteuse recevait les autres embryons (un acte de « bonne foi » en quelque sorte). Même si nous espérions que tous les embryons congelés soient envoyés pour Kathy, nous nous sommes bien sûr pliés aux exigences des assurances.

Alors que nous attendions impatiemment des nouvelles de la fécondation *in vitro* de Kathy, je me suis rendue chez mon médecin pour subir le test de grossesse de routine de ma fécondation *in vitro*. Mon rendez-vous tombait le lendemain du congé de l'Action de grâce. Dans toutes les autres fécondations *in vitro*, on m'avait implanté quatre à six embryons. Cette fois-ci, comme nous ne visions qu'à satisfaire les exigences de l'assureur et que nous voulions maximiser les chances de Kathy, j'en avais reçu seulement deux. Je savais donc que mes chances d'être enceinte étaient de minces à nulles. Ce matin-là, quand je me suis levée à l'aube, pour me taper deux heures de route pour aller subir ce test de grossesse, je me suis demandé pourquoi je m'en donnais même la peine.

Lorsque je suis revenue à la maison, plusieurs heures après, le téléphone a sonné. Une infirmière m'a alors annoncé la nouvelle incroyable: j'étais enceinte, mes taux d'hormones étaient formidablement élevés, et l'embryon semblait bien « accroché ». Un vrai cadeau! Quelques semaines plus tard, quand Ben et moi avons entendu les battements rapides du cœur de notre enfant dans le stéthoscope du médecin, nous avons eu beaucoup de mal à retenir nos larmes. Nous savions que cet enfant était un présent de Dieu, le fruit de dix années de persévérance, de prières et d'amour. Ma chère amie Kathy pouvait cesser ses nobles efforts: Ben et moi pourrions bientôt nous enivrer de la douce odeur et des babillages de notre bébé.

Tous les efforts déployés au cours de cette longue épreuve et toutes les larmes versées ont été un bien petit prix à payer pour mettre au monde, le 2 août 1998, un petit garçon en parfaite santé, Benjamin George Cameransi III.

Patricia K. Cameransi

Le véritable amour de son prochain,
c'est être capable de simplement dire :
« Dis-moi comment tu vas. »

Simmone Well

L'annonce de la nouvelle

Après avoir appris la nouvelle, je sortis de la clinique pour retourner à la voiture, la tête dans les nuages, l'esprit brouillé de questions, ne sachant pas trop comment annoncer cela à mon mari et, surtout, incertaine de la réaction qu'il aurait. Le résultat de l'examen que je venais de passer changerait vraiment nos vies.

Lorsque j'arrivai à la maison, un message m'attendait sur le répondeur: mon mari restait plus tard au bureau, il ne rentrait pas souper. *Un sursis.*

Un sursis qui me donnait le temps de planifier l'annonce de ma nouvelle. Il fallait faire les choses parfaitement! Après avoir jonglé avec toutes sortes d'idées, je pris ma décision. J'attrapai le téléphone. « Pour quelle ville? » demanda la voix aiguë à l'autre bout du fil.

« J'ai besoin du numéro du service de télégrammes Western Union », demandai-je nerveusement.

« Un moment, s'il vous plaît », répondit-elle machinalement.

Je la remerciai et composai le numéro. Ligne occupée. Pendant quelques minutes, je songeai à mon mari qui travaillait à son bureau de courtier en valeurs mobilières. *Il sera sûrement capable d'interpréter mon message,* pensai-je.

Je l'avais affectueusement surnommé « Pizza d'amour » parce qu'il vouait un amour sans bornes pour ce mets. C'était véritablement un aliment de base dans son alimentation. Il pouvait en manger le matin, le midi et le soir, puis en remanger en collation avant de se coucher. Chaque fois que nous sortions manger au restaurant, il proposait « une nouvelle pizzeria » où il pourrait comparer le produit dans sa quête de l'ultime pizza.

Je composai de nouveau le numéro de la compagnie de télégrammes en me demandant comment mon mari réagirait. *Que fera-t-il? Que dira-t-il? Me téléphonera-t-il immédiatement?*

« Western Union, comment puis-je vous aider? » répondit une voix.

Je dictai le message pendant que mon cœur battait comme un tambour: INVESTIGATION TERMINÉE. STOP. CONFIRME NOUVEAU DÉVELOPPEMENT. STOP. PIZZA D'AMOUR JUNIOR EN ROUTE. STOP. DATE DE SORTIE PRÉVUE MI-JUIN. STOP. PRÉPAREZ-VOUS MAINTENANT. STOP. JE T'AIME. HELEN.

Après avoir donné tous les renseignements pertinents, je demandai dans combien de temps mon mari recevrait le télégramme.

« Dans une heure ou deux », répondit-elle.

Je raccrochai et tournai sur moi-même, soulevée par une joie enivrante.

Pendant la demi-heure qui suivit, je fis les cent pas et regardai l'heure mille fois. Je n'en pouvais plus. Je saisis le téléphone et appelai Dan. Je bavardai un peu avec lui, puis je lui posai la question: « Est-ce que quelqu'un est venu te porter quelque chose au cours des deux dernières heures? »

« Non. Pourquoi? » demanda-t-il.

« Oh, c'est juste que je sais que quelqu'un est censé aller à ton bureau pour te remettre quelque chose. »

« Et qui serait cette personne? » demanda-t-il.

« Je ne peux pas te le dire, ça gâcherait tout », répondis-je.

« Helen, je ne veux pas être impoli, mais j'ai du travail à terminer. Ou tu me dis ce que tu veux me dire, ou tu attends que je rentre à la maison pour m'en parler. »

« D'accord, Dan, je vais te le dire. Je t'ai envoyé un télégramme. »

« Tu m'as quoi? »

« Écoute bien », lui répliquai-je. Je lui lus le message et j'attendis.

Il y eut un silence assourdissant. « Et qu'est-ce que ça veut dire? » finit-il par demander.

Je n'arrivais pas à croire qu'il ne comprenait pas. J'essayai de rester calme. « Je vais te le relire. Écoute bien. »

« D'accord, relis-le, mais je vais l'écrire à mesure. Peut-être que je vais cliquer en voyant les mots écrits. » Il se mit alors à écrire le télégramme à mesure que je le lisais, en répétant chaque mot après moi.

« Nouveau développement… Pizza d'amour… — Eh! c'est mon nom! — … en route… juin… Attends une minute, Helen, j'ai un appel sur l'autre ligne. Je te reviens tout de suite. »

Le travail se met toujours en travers des choses importantes, songeai-je.

« OK, je suis revenu », dit Dan d'une voix enjouée. « Laisse-moi lire le message. »

J'attendis une éternité en souhaitant désespérément qu'il allume. Enfin, il lança nonchalamment: « Ça semble dire qu'un moi junior va arriver en juin. »

« Oui! criai-je. Oui! Oui! Oui! »

« Tu veux dire un bébé? Tu vas avoir un bébé? »

« Je veux dire que *nous* allons avoir un bébé! »

« Es-tu certaine? Quand l'as-tu appris? Tu vas bien? »

« Oui, je suis certaine. Je l'ai appris chez le médecin. Et oui, je vais bien. »

« Ouah, Helen! C'est super! Attends. »

Je l'entendis crier à ses collègues de travail: « Je vais être papa! Helen et moi sommes enceintes! » J'entendis ensuite des cris de félicitations.

« Helen? » demanda-t-il.

« Toujours là », répondis-je.

Sa voix s'érailla: « Je rentre à la maison! »

Toutes mes inquiétudes de la soirée disparurent sur-le-champ. « Dépêche-toi, papa », murmurai-je au téléphone.

« Je me dépêche, petite maman », me répondit-il en murmurant à son tour.

Helen Colella

Les grandes espérances

La première chose que nous avons décidé de faire quand nous avons appris que j'étais enceinte, c'est d'attendre au troisième mois de grossesse avant d'annoncer la nouvelle.

Dix minutes après avoir pris cette décision, je passais mon carnet d'adresses au peigne fin pour appeler tout le monde, de mon agent immobilier à mon professeur de 6e année.

« Que dis-tu ? Tu te demandes jusqu'à quel point ta vie sera chambardée ? » m'ont répondu des amis qui ont des enfants. « Et qu'est-ce qui te fait croire que vous aurez encore une vie ? »

Je me disais qu'ils avaient tort. Que ce serait différent pour moi. Je suis une femme organisée, voyons ! Je lis tous les livres !

« La grossesse est la partie la plus facile », me répétait gaiement ma belle-mère chaque fois que j'avais des nausées.

Quand je sortais la tête de l'évier, je savourais l'attention de mon époux. Il s'inquiétait de mes moindres éternuements. « Arrête, disait-il, tu enlèves de l'oxygène au bébé. » Il avait pris la nouvelle habitude de regarder dans le fond de ma gorge et de dire des choses brillantes comme « Bonjour là-dedans ! »

La vie et le travail continuaient, sauf que j'avais maintenant une excuse pour ne pas manger de sushi. Un soir, nous sommes allés à une réception. Personne ne m'a demandé ce que je faisais comme travail, mais plusieurs ont demandé à mon mari ce que lui faisait comme travail. Je me suis sauvée dans les toilettes pour femmes, où une dame étrange m'a abordée pour me raconter son accouchement de cinquante-sept heures, avec moult détails intimes et horribles. Elle a conclu joyeusement par ceci: «… alors, j'ai finalement dit au médecin *Donnez-moi le couteau, je vais le faire moi-même.* »

Au moins, les gens à la réception avaient-ils remarqué mon état. Ce n'était pas le cas du reste du monde. Dans l'autobus, personne ne voulait me voir; après tout, on ne peut pas offrir son siège à une femme enceinte si elle est invisible! Un jour, un aveugle est monté dans l'autobus qui traverse la ville, et la personne à côté de moi m'a tapée sur l'épaule pour que je donne mon siège à l'aveugle! Ce que j'ai fait. Après cette expérience, j'ai conclu que les hommes étaient génétiquement incapables d'offrir leur siège. Ma théorie s'est trouvée confirmée un jour de pluie, à l'heure de pointe. Je hélais un taxi lorsqu'un homme en complet cravate m'a bousculée pour prendre le taxi qui s'arrêtait près de nous. « Vous vouliez la libération des femmes, maintenant vous l'avez! » m'a-t-il lancé d'un ton hargneux.

L'autre jour, pour m'inciter à relaxer, mon époux attentionné a loué un film qui était censé me plaire. Ou lui plaire. J'ai sursauté durant deux heures: il avait loué *Alien*! Mais je n'ai rien dit. Après tout, c'était le même homme qui, chaque soir, mettait de côté ses magazines économiques pour lire à haute voix des contes pour enfants près de mon ventre.

Au cours de cette période, mon mari a également développé le besoin insatiable d'acheter des gadgets électroniques coûteux. Un soir, il a rapporté à la maison une caméra vidéo et il a filmé mon ventre pendant quarante-six minutes. Une autre fois, j'ai rapporté à la maison une « photo » d'échographie. « Mais il a l'air d'un hareng! » a-t-il dit en la voyant. J'en ai demandé une autre au médecin. Cette fois, mon mari trouvait que le bébé ressemblait à Fernandel.

J'ai lu plusieurs livres. Les expériences de mes amies dans le domaine de l'apprentissage de la propreté sont devenues fascinantes. J'ai même eu l'occasion de débattre des mérites des couches Super Pampers avec une amie qui me parlait de Proust quelques mois auparavant. Une fois, elle m'a accompagnée dans un centre commercial où de purs étrangers ont touché mon ventre comme s'il s'agissait d'un totem religieux. Nous avons acheté des chaussures. Moi qui ai toujours chaussé du huit, le neuf était si confortable que mon amie m'a vivement conseillé de prendre le dix.

Le huitième mois arrivé, je me dandinais. Mon médecin a choisi ce moment pour m'annoncer qu'elle prenait deux semaines de vacances. La date prévue pour mon accouchement tombait en plein milieu de ces deux semaines. Mon mari, habituellement si calme, a commencé à élaborer des plans d'urgence pour le moment où les contractions commenceraient. Télé-avertisseur, téléphone cellulaire et détours faisaient partie de son plan qui aurait déjoué même un commando de la police.

Nous avons pris des cours Lamaze. J'ai lu d'autres livres encore. Le professeur nous a fait faire un jeu-questionnaire. J'en ai fait faire un aux participants du cours. « Que veut dire Bellini? » demandai-je. « Un cocktail au champagne et aux pêches? » dit quelqu'un. « Non, c'est un mets russe avec du caviar et de la crème sûre », dit un autre. « Je sais! dit une autre femme, une collection de meubles pour bébés haut de gamme qui ne seront pas livrés à temps. »

Au cours de mon neuvième mois, mon père a décidé que le comble de l'hilarité était de demander à tout bout de champ: « Tu es certaine que ce ne sont pas des jumeaux? » Le mardi, tout le monde me disait que je portais une fille. Le jeudi, tout le monde me disait que je portais un garçon. J'ai mis de côté les livres, ma capacité d'attention étant réduite à la durée moyenne d'un message publicitaire télévisé. Dans mon cours Lamaze, j'ai appris que l'effleurage n'était pas un parfum à base de fleurs. Le soir même, mon mari a annoncé à tous les participants du cours Lamaze que la première chose que je ferais après le début des contractions, juste avant d'aller à l'hôpital, serait de me raser les jambes.

Ah! Les contractions de l'accouchement… « C'est comme avoir des gaz », disait ma tante. « Des crampes menstruelles », rajoutait ma mère. « Rien de bien terrible. »

Elles mentaient.

Une fois mes contractions commencées, j'ai oublié comment respirer. En minutant mes contractions avec sa montre chronomètre qu'il avait payée un prix fou, mon mari s'est endormi. Mon médecin n'est jamais revenu de vacances à Paris. Le médecin remplaçant, que je n'avais jamais rencontré avant, était plus jeune que moi de trois ans, et commençait sa véritable pratique le soir même de mon accouchement. Il m'a offert du Demerol. Offrir du Demerol à une femme en travail, c'est comme offrir de l'aspirine à quelqu'un qui vient de se faire écraser par un train. Au moment où j'ai commencé à pousser, une étudiante en médecine est entrée dans la chambre. « Je sais que ce n'est pas le meilleur moment, a-t-elle dit vaguement, mais je dois noter vos antécédents médicaux. »

J'ai poussé et j'ai haleté. « Votre bassin est trop petit », a dit le médecin.

« Avec des hanches comme les miennes? » ai-je rétorqué, incrédule.

L'anesthésiste m'a préparée pour une césarienne. « Pendant que nous y sommes, pourquoi pas une liposuccion? » ai-je demandé.

Enfin, ils m'ont mis dans les bras un petit paquet emmailloté qui ressemblait vraiment à E.T. l'extraterrestre. À un moment donné, les infirmières ont recompté les clamps et les éponges. Il manquait un anneau de métal. Branle-bas de combat dans la salle d'opération.

« Apportez-moi une plaque pour rayons X. Je ne veux pas avoir à la rouvrir », a dit le médecin avec mauvaise humeur.

« Moi non plus », ai-je rétorqué. « Vous pourriez peut-être me transporter jusqu'au détecteur de métal de l'aéroport? » ai-je suggéré.

Cinq jours plus tard, nous rentrions à la maison avec notre fils. Les grands-parents des deux côtés nous attendaient, ainsi que des bouquets de fleurs et la facture de l'hôpital. L'administration nous a facturé la radiographie! (Aucun anneau de métal n'a été trouvé dans ma personne.)

Les lectures que j'avais faites enceinte m'avaient préparée à presque tout… mais pas à l'intensité de l'amour que je ressentirais pour mon enfant. Et pas non plus à une autre réalité cruciale: le sexe, c'est comme aller à bicyclette. Même après longtemps, on ne l'oublie jamais.

Liane Kupferberg Carter

2

PLUS OU MOINS
NEUF MOIS

*Faisons de la grossesse une occasion
d'apprécier notre corps de femme.*

Merete Leonhardt-Lupa

T'as avalé tout rond
un melon d'eau?

Je suis enceinte. *Enceinte jusqu'aux yeux*, comme on dit. Car il y a effectivement différents stades de grossesse. Le premier stade, c'est quand on est *à peine enceinte*. Durant cette période, la grossesse ne paraît pas encore, on est toujours fatiguée et on a continuellement envie de vomir. (Personnellement, j'ai eu la chance de ne pas avoir de vomissements et mon ventre paraît toujours, même quand je ne suis pas enceinte, au point où les gens me demandent quand je vais accoucher.) Le deuxième stade, c'est quand on est *pas mal enceinte*. Durant ce stade, on commence à avoir une bedaine, on rayonne (c'est ce que les gens disent), on est toujours fatiguée et on mange pour deux. Le troisième stade, c'est quand on est *très enceinte*. Durant ce stade, le ventre commence à être encombrant, on est toujours fatiguée, on compte les semaines qui restent et on se dépêche de terminer la chambre du bébé. Le quatrième et dernier stade, c'est quand on est *enceinte jusqu'aux yeux*. Non seulement le ventre est-il encombrant à ce stade, mais il gêne carrément le passage. Et on est *toujours* fatiguée. On ne sait même plus quel jour on est, alors on ne compte plus les jours. On ne peut même plus respirer. On a mal au dos.

Toujours est-il que je suis enceinte. *Enceinte jusqu'aux yeux*. Ce n'est pas mon premier. C'est mon septième. Remettez vos yeux dans vos orbites. Oui, c'est mon septième. Dieu m'a dupée pour les deux premiers: à part une certaine fatigue, je me sentais extraordinairement bien. Je n'avais presque pas de ventre, même à terme, et je pouvais me baisser et me relever aussi aisément et gracieusement qu'une ballerine. Puis le troisième est arrivé. Finies à jamais, les belles grossesses. Je faisais de la rétention d'eau… même dans les oreilles. Moi qui ne m'étais jamais dandinée, je me suis mise à marcher comme un canard. Et mon ventre arrivait partout deux minutes avant moi. En passant, avez-vous déjà calculé qu'une grossesse à terme dure quarante semaines et que, si on divise quarante par quatre semaines (le mois moyen), on obtient *dix* mois. Pas neuf. Dix. L'autre calcul d'une grossesse que je n'ai jamais compris, c'est que lorsque j'accouche d'un bébé de trois kilos je ne perds seulement que deux kilos.

Quand on est enceinte, on s'habitue à entendre les mêmes questions et commentaires, encore et encore. « C'est pour quand? » Ma réponse maintenant: « Cette année ». « Qu'est-ce que ce sera? » Je réponds: « Eh bien! Un garçon ou une fille ». « Tu es très grosse! » (Variantes de ce commentaire: « Portes-tu des jumeaux? » « On dirait que tu vas éclater! » et « Tu n'as pas *encore* accouché? ») Je pense que la meilleure réponse à ce genre de question est: « Oui, tu as raison, je suis énorme. Je ne m'en étais pas aperçue. Merci de me l'avoir fait remarquer. »

Le pire, cependant, c'est quand des gens que je connais à peine touchent mon ventre. Ils se disent peut-être que mon ventre prend tellement de place qu'il appartient au domaine public. Toucheraient-ils mon ventre si je n'étais pas enceinte? Une de mes amies m'a dit: « Peut-être qu'ils font un vœu ou croient que ça leur portera chance. » Je pense que la prochaine fois qu'un inconnu touche mon ventre, je touche le sien.

Je ne trouverais probablement pas cela aussi décourageant si les gens me demandaient comment, moi, je vais. Mais une fois que je les ai informés du bébé, ils s'éloignent. C'est comme si je n'existais plus comme être humain parce que mon ventre est appuyé sur mes cuisses.

Pour l'instant, je suis assise à attendre patiemment (pas très patiemment en fait) des signes que mon bébé est prêt à venir au monde et à nous révéler son sexe. Et pour ceux qui insisteront à demander: « C'est pour quand? », je pense que dorénavant je dirai: « Oh, ce n'est pas un bébé. J'ai avalé tout rond un melon d'eau, voilà. »

Anna Wight

DAVE CARPENTER...

« Jennifer, l'expression "les joies de la maternité"
est un oxymoron. »

Nos cœurs volent

Nous, les adultes, devons nous efforcer de retrouver ce que nous savions automatiquement lorsque nous étions enfants.

Carol Lawrence

Récemment, je faisais une promenade à pied avec mon fils de deux ans. Nous marchions sur le trottoir en silence, chacun dans son monde. À un moment donné, je sens qu'il me tire le bras. Le visage levé vers moi, il s'exclame: « Cours, maman, cours! » Je le regarde et j'ai presque envie de rire.

À six mois et demi de grossesse, je peux tout juste me permettre une marche rapide, alors imaginez courir! Les activités que je tenais pour acquises, comme passer de la position assise à la position levée, sont choses du passé pour moi. Même ma famille n'en revient pas de la grosseur de mon ventre. Une de mes amies ne me lâche pas avec ses blagues de jumeaux.

Mon fils me tire la manche avec plus d'insistance et répète: « Cours, maman! » Prête à faire non de la tête, j'hésite. Combien de fois lui ai-je dit « non » récemment?

« Non, Nicolas. Nous ne pouvons pas jouer aussi rudement, ça pourrait faire mal au bébé. »

« Non, je ne peux pas faire le cheval, mon dos me fait mal tout le temps, maintenant. »

« Non, Nicolas, je ne veux pas colorier, je veux juste me reposer. »

Cette grossesse-ci est douce-amère pour moi. J'aime profondément le petit enfant que je porte. Je savoure chacun de ses mouvements en moi. Mais je sais aussi que ce sont les derniers moments où Nicolas sera seul avec moi. Bientôt, il devra apprendre à partager… les genoux de maman, les câlins de maman, l'attention de maman.

Je regarde mon fils. Je le regarde attentivement. Je regarde sa petite main potelée et je songe qu'un jour elle sera plus grosse que la mienne. Je regarde ses beaux yeux bruns pleins d'innocence. Ils rayonnent de joie de vivre. « Ne grandis jamais », ai-je envie de lui dire. « Reste mon petit garçon pour toujours. » Il est si beau en cet instant que j'en ai le cœur serré.

Je pose un genou par terre pour être à sa hauteur (difficile, je l'admets, mais j'y arrive). Puis je prends un moment pour penser à sa hauteur. Nous, les adultes, passons tellement de temps à nous faire des soucis (l'argent, la carrière, les responsabilités…). Rien de tout cela n'a de sens pour lui. Il a deux ans et il veut courir. Il veut courir avec moi, avec sa maman. Courir avec sa maman a du sens pour lui. Et maintenant cela en a pour moi aussi.

J'enrobe sa main comme il faut dans la mienne. « Oui, Nicolas, lui dis-je, je vais courir avec toi. » Il attend que je me mette en position, puis *go* ! Ses jeunes jambes martèlent le trottoir pendant que je fais de mon mieux pour suivre.

Il me passe par l'esprit que nous avons probablement l'air ridicule. Imaginez: un bambin qui court en tirant derrière lui sa mère enceinte (et essoufflée). Nicolas me regarde avec un grand sourire. « Cours, maman, cours! » Et il rit. Nous allons de plus en plus vite. Maintenant, je ris fort aussi. J'oublie mon dos douloureux et mon gros ventre. J'oublie tout, sauf à quel point j'aime mon fils. Même si je traîne derrière, pas une seule fois il ne lâche ma main.

Nous finissons par dépasser quelqu'un sur le trottoir, une dame aux cheveux gris. Elle ne nous regarde pas avec un drôle d'air. Elle nous sourit sincèrement. Peut-être parce que notre joie est contagieuse. Ou peut-être parce qu'elle se souvient de son fils au même âge. Ou peut-être, peut-être parce qu'elle voit ce qui se passe réellement: nos jambes courent, mais nos cœurs volent.

Nicole Smith

Mon petit frère

Mon petit frère n'est pas encore arrivé,
Je l'ai vu en photos, mais je ne l'ai pas rencontré.

Sur la photo j'ai vu ses orteils et ses pieds,
J'ai hâte au jour où il sera né.

J'ai vu ses yeux, son nez et sa bouche,
Et un petit quelque chose vis-à-vis de la couche.

J'ai vu ses jambes, son ventre et ses bras,
Encore trois mois et on le verra.

J'ai vu le cordon qui sort de son nombril,
Mon frère n'a pas de place pour bouger,
    pauvre lui!

J'ai entendu son cœur battre rapidement,
J'ai hâte qu'il vienne au monde, vraiment.

Je l'ai senti bouger dans le ventre de ma mère,
Comme j'ai hâte de voir mon nouveau petit frère!

John Conklin, 13 ans

La onzième heure

*Seigneur, je prie pour avoir de la patience,
et je la veux tout de suite!*

Oren Arnold

J'étais enceinte de neuf mois de mon premier enfant. Moi qui avais toujours eu un beau corps svelte, je m'étais transformée en poisson-globe. Mon ventre gargantuesque m'empêchait d'atteindre mes pieds. On aurait dit que j'avais avalé la terre entière. Ma rondeur en imposait. Quand je laçais mes chaussures, j'avais l'air d'un chien fou qui court après sa queue. Je finissais bien par attraper mes lacets, mais les boucles que je réussissais à faire étaient si lâches qu'elles se défaisaient presque aussitôt pour traîner par terre. Certaines tâches quotidiennes étaient devenues herculéennes. Par exemple, me lever de mon lit d'eau exigeait équilibre, adresse et synchronisation. Je levais mes jambes droit dans les airs, je roulais sur le côté et je comptais jusqu'à trois en accumulant assez de force centrifuge pour défier la gravité, briser la barrière du son et me faire échouer sur le bord du lit, puis par terre sur mes genoux. Et que dire des vergetures! Si on avait mis mon corps nu à côté d'un globe terrestre, nous aurions eu l'air de jumeaux. Pour tout dire, je n'appréciais pas vraiment le dernier mois de ma grossesse.

Pourtant, jusqu'au neuvième mois, jusqu'à la trente-cinquième semaine, jusqu'au deux cent trente-huitième jour, jusqu'à la onzième heure... bref jusqu'à ce que je sois trop grosse pour bouger, j'ai adoré être enceinte. J'ai aimé avoir des nausées le matin; ça voulait dire que mon corps travaillait fort pour faire un enfant. J'ai aimé voir la façon dont mon ventre bougeait d'un côté et de l'autre, comme une montagne mouvante. Et que dire de ces moments où je pouvais réellement sentir un petit coude, le talon d'un pied minuscule, la rondeur d'une petite tête… ou d'une petite fesse. Je n'étais jamais certaine de laquelle il s'agissait.

Cependant, une semaine après la date prévue pour mon accouchement, j'étais vraiment plus que lasse d'être enceinte. J'étais presque résignée à ce que mon bébé et moi cohabitions dans cet état inconfortable pour l'éternité. Mon mari, Lee, et moi étions à l'affût du moindre signe. Chaque hoquet, chaque éternuement, chaque toux, chaque rot et chaque douleur d'un gaz nous portait à regarder nos montres dans l'espoir que le travail ait enfin commencé. Puis, tard un soir, alors que j'essayais de m'endormir dans mon lit d'eau, quelque chose est arrivé! Une DOULEUR, comme je n'en avais jamais ressentie auparavant.

« Wooo! Lee! » criai-je à mon mari. « Lee! RÉVEILLE-TOI!!! »

Lee s'est levé du lit à une vitesse qui rivalisait celle d'une locomotive. Il s'est empêtré dans la jambe de son pantalon qu'il essayait d'enfiler, mais sans se laisser démonter il a continué de s'habiller à la vitesse de l'éclair. Ses yeux allaient dans tous les sens parce qu'il cherchait frénétiquement ses lunettes. Quand j'ai vu mon mari avec les cheveux tout ébouriffés, le pantalon à moitié monté et les yeux égarés comme un animal coincé, je n'étais plus certaine de vouloir lui faire confiance pour lui dire ce qui se passait réellement.

J'ai alors levé une jambe dans les airs pour essayer de bouger, en faisant appel à toutes les stratégies que j'avais développées au cours des derniers mois, mais je n'ai réussi qu'à créer l'effet d'un raz de marée dans le lit d'eau.

« Lee, peux-tu m'aider à me lever? » Occupé à chercher ses lunettes, il semblait m'avoir oubliée.

« J'ai trouvé mes lunettes! Et mes clés? J'ai besoin de mes clés! Et mon chandail? Où est mon chandail? »

« Lee! Peux-tu juste M'AIDER à me LEVER? Je n'ai pas de contractions! J'ai simplement une stupide crampe dans le mollet! »

Il s'est arrêté net, comme s'il avait heurté un mur de briques. En faisant un tour de 360° sur lui-même, il est finalement venu près de moi. Une, deux et trois, j'étais sur mes deux pieds et Lee, sur ses genoux, massait mon pauvre mollet torturé… ce qui n'a fait qu'empirer les choses.

« Oh! retourne donc te coucher! » lui ai-je dit avec ingratitude. « C'est pas ce soir que je vais avoir un bébé! »

Mon cher mari s'est recouché sans prendre la peine d'enlever son pantalon et ses lunettes. Deux minutes plus tard, il ronflait de nouveau.

J'ai marché un peu dans la chambre pour faire partir la douleur, en me disant qu'être « pansue de neuf mois » faisait vraiment un drôle d'effet. Mon corps allait-il revenir « normal » un jour? Allais-je pouvoir cesser de surveiller nuit et jour, jour et nuit, la moindre de mes fonctions corporelles? Quel genre de mère allais-je être? Allais-je jamais être mère, au fait? Chose certaine, ce bébé m'enseignait déjà des leçons de la vie, par exemple la patience! Valait mieux apprendre cette leçon avant qu'après sa naissance.

La douleur disparue, je suis retournée rouler dans mon lit, répétant encore et encore... que cet enfant allait bien finir par sortir un jour ou l'autre... qu'il allait bien finir par sortir un jour ou l'autre. Je me suis collée à mon mari du mieux que mon gros ventre me le permettait, puis je me suis endormie en pensant à de petits chaussons roses, à de douces couvertures duveteuses et à l'odeur du shampoing pour bébé. Avec un soupir satisfait, je me suis dit que ce serait vachement bon de pouvoir dormir à nouveau sur le ventre.

Melanie L. Huber

Le jour des ordures

Quand les éboueurs sont descendus de leur camion pour ramasser nos ordures, ma femme remontait les marches du perron pour rentrer dans la maison. Une des poubelles était très lourde. « Eh! Madame! On ne peut pas prendre cette poubelle-là. Elle dépasse les limites de poids », a lancé un des éboueurs.

Enceinte de huit mois, ma femme s'est tournée vers les éboueurs, qui ont alors vu son gros ventre. « Elle ne semblait pas si lourde quand je l'ai transportée jusqu'au trottoir tout à l'heure », a répondu ma femme.

Sans dire un mot de plus, l'homme a vidé la poubelle dans le camion.

Gil Goodwin

Journal d'un futur papa

Une heure avant notre premier cours prénatal, je promis à Virginia que je serais aidant, agréable et affectueux. Je lui promis également de ne pas raconter de blagues, de ne pas rire au mauvais moment, de ne pas soulever de sujets bizarres, de ne pas prendre de notes avec l'idée d'écrire ensuite une histoire sur l'expérience exaltante, bien qu'intensément personnelle, d'avoir un premier enfant.

« Une minute! dis-je. Tu sais toutes les petites choses que tu veux acheter pour la petite personne qui s'en vient? Eh bien, l'histoire que j'écrirais permettrait justement de payer ces petites choses! »

D'accord, d'accord, j'écrirais une histoire, mais sans donner de détails trop personnels. Et je me montrerais aimable envers les autres participants du cours prénatal. Et j'écouterais attentivement le professeur.

L'heure venue, donc, je me rendis au centre communautaire avec ma femme. C'est là que les cours allaient avoir lieu chaque mercredi durant sept semaines. Nous suivîmes une femme enceinte jusqu'à une salle de cours du deuxième étage. Assoiffée, ma femme Virginia partit alors s'acheter un jus et me laissa seul avec trois femmes enceintes. Je m'assis avec elles autour d'une grande table.

« Il fait beau dehors », dis-je.

« Oui », répondit une des femmes. Elle rougit et baissa les yeux.

Sachant très bien que la moindre parole fâcheuse pouvait déclencher des larmes, je continuai sur un ton plus amical: « J'ai vraiment hâte au grand jour. »

Les trois femmes sourirent, rougirent et baissèrent les yeux. Une quatrième femme enceinte entra dans la pièce et s'assit.

Je supposai que leur timidité était attribuable aux flux et reflux des hormones de la grossesse, mais pourquoi diable n'y avait-il pas d'autres hommes? Nous n'étions plus à l'époque où le mari laissait sa femme à la porte de l'hôpital pour la reprendre une semaine plus tard avec le bébé! Nous étions à l'époque où l'homme reste près de son épouse du début à la fin. Il s'agissait d'une expérience gratifiante d'amour, de la façon responsable de faire les choses.

Je n'osai pas demander à ces femmes enceintes où étaient les maris, mais une petite conversation sur l'oreiller me sembla inoffensive. Personne n'avait apporté d'oreiller. Y compris mon épouse et moi. Oreillers et cours prénataux sont pourtant aussi inséparables que Dalmatiens et casernes de pompiers. Un jour ou l'autre, il faudrait bien en apporter un en classe. J'espérais seulement que ce soit plus tard.

« On a oublié d'apporter nos oreillers, dis-je, pensez-vous qu'on en aura besoin ce soir? »

« On n'a pas besoin d'oreillers dans un cours sur l'allaitement maternel. »

Le cours prénatal avait lieu dans la salle voisine. Je m'y rendis. Des femmes enceintes déambulaient dans la pièce en se dandinant, ou restaient assises le long du mur. Je n'avais jamais vu autant de femmes enceintes en même temps, pas même au rayon maternité d'un grand magasin. Les maris étaient assis à côté de leur femme, un oreiller dans les bras.

Dans chaque cours, on discutait ouvertement de sujets intimes et délicats: les hauts et les bas émotionnels, les peurs, les malaises, les douleurs, les substances qui s'écoulent du corps, et autres questions personnelles — bref, toutes sortes de bons sujets de rédaction. Malheureusement, au premier cours, j'oubliai d'apporter un stylo et du papier pour prendre des notes.

Virginia et les autres femmes enceintes, elles, n'avaient pas oublié leur calepin. Elles prirent activement des notes pendant que le professeur parlait. Elles notèrent la date du cours où nous visionnerions un film, la date du cours où nous apprendrions comment accoucher un bébé pour le cas où il nous serait impossible de nous rendre à l'hôpital à temps, et d'autres dates importantes. Pourquoi écrire tout cela? Les cours avaient lieu tous les mercredis soir. Il s'agissait de s'y rendre et voilà, c'est tout. Si c'est la semaine du film, alors on regarde le film. Si ce n'est pas la semaine du film, alors on ne regarde pas de film. Simple, non?

Entre-temps, moi, j'aurais bien aimé noter quelques-uns des commentaires étonnants que j'entendis, ou quelques-unes des variantes subtiles et inattendues que j'observai dans le langage corporel et les expressions faciales des autres participants.

À un moment donné, désespéré de n'avoir ni papier ni stylo, je demandai à Virginia de prendre note chaque fois que j'entendais un commentaire insolite. « Note ça », lui disais-je. « N'oublie pas d'écrire ça », répétais-je. « Ne manque pas ça ! » continuais-je. Notre professeur utilisa souvent un terme que je voulus noter à tout prix : « consultante en allaitement ».

« Écris ça, écris ça, écris ça », chuchotais-je de plus en plus fort et de plus en plus proche à l'oreille de Virginia.

Virginia s'écarta vivement de moi et, tel un serpent à sonnette, me siffla un long « chhhhhuuut ! »

Tous les regards se tournèrent vers moi. Réprimandé publiquement par ma femme, j'eus un peu honte. Je savais ce que les autres pensaient : « C'est elle qui porte les culottes. »

Les femmes enceintes aiment beaucoup parler de la date prévue de leur accouchement. Cette date leur sert d'ailleurs à briser la glace.

« C'est pour quand ? »

« Le 20 avril. Et toi ? »

« Le 30 mars. »

« Je m'appelle Anne. »

« Contente de te rencontrer, Anne. »

Les hommes aussi parlent de la date prévue pour l'accouchement. « Votre femme, c'est pour quand ? » signifie en fait : « Devez-vous passer à travers tout ça avant moi ou après moi ? »

Le gain de poids est un autre sujet de prédilection des femmes enceintes. Toutefois, la façon dont les participantes en parlèrent dans ce cours prénatal évolua avec le temps. Au début, survoltées par les joies de leur grossesse et de leur future maternité, elles se disaient publiquement combien elles pesaient, chose assez taboue en temps normal. Elles continuèrent de le faire jusqu'à ce que l'une des participantes annonce qu'elle pesait quatre-vingt-six kilos. Tout le monde écarquilla les yeux. Quatre-vingt-six kilogrammes! C'était quatorze kilos seulement de moins que cent kilos! Au cours suivant, les femmes parlèrent seulement de leur gain net, c'est-à-dire du nombre de kilos qu'elles avaient pris en tout. Selon les femmes, ce gain variait entre neuf et vingt kilos. Vingt kilos! Les semaines suivantes, elles se contentèrent de dire combien elles avaient pris depuis le mercredi précédent.

Les hommes discutaient de poids également. Plusieurs, solidaires de leur femme, avaient pris autant de poids qu'elle.

« J'ai pris un kilo et demi cette semaine », disait une femme.

« Ce n'est rien, répliquait son mari, j'en ai pris deux. »

Pendant un des cours prénataux, les femmes se redressaient sur leur siège et fronçaient les sourcils quand le professeur décrivait avec détail les grosses vagues de douleurs qui les submergeraient durant le travail. Je peux dire courageusement que la souffrance physique du travail ne figurait pas sur la liste de mes préoccupations — et elles étaient nombreuses — au sujet de l'accouchement. Cette douleur était peut-être intense, mais elle était temporaire et durait quarante heures maximum! Les futurs frais de scolarité de la petite personne qui s'en venait me préoccupaient beaucoup plus que cette douleur.

« Entre dans la douleur », conseillais-je à Virginia en roulant mes « r », gestes à l'appui. « Rrrréjouis-toi de la douleur. Ne la fuis jamais. C'est grâce à cette attitude que les fakirs réussissent à faire ce qu'ils font. »

Quand je me moquais ainsi, Virginia pouvait aussi bien me dire: *Arrête tes conneries* que me lancer une remarque beaucoup moins polie. Sa grand-mère lui avait déjà dit que seul un homme qui avait éliminé un calcul rénal pouvait comprendre les douleurs de l'enfantement. Son mari en avait eu l'expérience. Lorsque la grand-mère de Virginia avait vu son mari couché sur le plancher, plié en deux, hurlant de douleur, sa première pensée avait été: *Dorénavant, il aura une idée de ce que j'ai vécu durant mes accouchements.*

Les autres couples du cours s'habituèrent assez rapidement à me voir prendre des notes. En général, quand eux prenaient des notes, mon stylo demeurait sur la table. Et quand ils posaient leurs stylos, je prenais des notes.

À force de discuter de sujets intimes et délicats, ces sujets étaient devenus moins intimes et moins délicats. Aussi familièrement que le menuisier parle de son marteau ou de sa scie, nous parlions des deux mots qui commencent par V, par S et du point G. Je m'étais même désensibilisé à dire le mot qui commence par B: bébé, bébé, bébé… j'étais maintenant capable de le dire dix fois d'affilée.

Le professeur disait que c'était normal. Elle disait que plus nous apprendrions de choses sur l'accouchement, plus nous serions détendus et à l'aise avec le sujet. Elle disait aussi aux participantes que la présence d'étrangers durant leur accouchement n'allait pas les déranger ou les embarrasser.

« Quand on est en train d'accoucher, une cavalerie entière pourrait entrer qu'on ne la remarquerait même pas », s'exclama le professeur une fois. « Certaines d'entre vous diront des choses qu'elles ne se savaient pas capables de dire. Peut-être même que vous frapperez votre mari et lui lancerez des injures! »

Bonne idée pour une histoire, notai-je. Demander à des obstétriciens de vous raconter ce qu'ils ont vu et entendu dans la salle d'accouchement.

Une fois, trois médecins nous ont parlé pendant vingt minutes au début d'un cours. C'était l'un d'entre eux, ou bien l'un des huit obstétriciens qui ne travaillaient pas à notre centre hospitalier, qui allait mettre au monde notre enfant. Les trois médecins répondirent à nos questions tandis que nous les scrutions du regard. Cela ne nous donnait pas grand-chose de les scruter ainsi puisque ce serait le médecin de garde, quel qu'il soit, qui allait s'occuper de nous au jour J. Tous les participants prirent quand même la peine de les évaluer en leur accordant des points.

Le médecin préféré des participants était la femme médecin qui avait elle-même accouché quelque temps auparavant. Elle parvint à établir un rapport instantané avec la classe, à répondre aux questions de façon directe, à expliquer toutes les options possibles. Le deuxième choix des participants était difficile à faire. Les docteurs X et Y avaient gagné autant de points l'un et l'autre pour leur humour. Le docteur X avait une voix douce et un humour subtil. Il nous fit sourire avec ses mots d'esprit. De son côté, le docteur Y raconta des blagues qui déclenchèrent une rafale de rire gras — aussi gras qu'il se peut pour un groupe de femmes enceintes et leurs maris. Lorsque Y répondit aux questions, il bondit de son siège et se balança sur le bout des pieds. Les deux perdirent des points à cause de leurs lunettes: sait-on jamais, elles pouvaient s'embuer si les choses venaient à surchauffer dans la salle d'accouchement.

Le docteur Y avait une caractéristique particulière, qui nous permit d'ailleurs d'arrêter notre choix: ses mains bougeaient constamment. Il les frottait ensemble, pianotait sur la table, redressait ses lunettes, se grattait le nez, se tapait la cuisse, pliait ses doigts et les dépliait sans arrêt. Il me faisait penser à un joueur de troisième but qui tape sans cesse dans son gant, l'esprit concentré sur le jeu, prêt à attraper une balle frappée en flèche. Le docteur Y était prêt à attraper des bébés.

Nous avons donc accordé la deuxième place au docteur X.

Au dernier cours prénatal, le professeur invita tous les couples à exprimer leurs sentiments et à poser leurs dernières questions. Au cours des sept dernières semaines, une grande camaraderie s'était développée entre les participants. Nous avons donc convenu d'une date pour nous revoir dans plusieurs mois. Puis, tous remercièrent le professeur et discutèrent de ce qu'ils avaient appris.

Qu'avais-je appris? Eh bien, j'avais appris beaucoup, mais je ne me souvenais de rien: surcharge d'information. Il y avait tant de détails à se rappeler. Si la substance A s'écoule du corps et dégage l'odeur B, ne pas s'inquiéter. Si la substance A dégage l'odeur C, cependant, appeler le médecin. Pour comprendre tous ces détails, l'anatomie féminine et les différentes odeurs possibles, on devrait remettre aux maris un livre à colorier qui contient des petites cases à gratter pour les odeurs, et un bébé qui fait Coucou! à la dernière page.

Mais ce genre d'outil d'apprentissage n'existe malheureusement pas. J'espère seulement qu'au jour J, tout me reviendra en mémoire. D'ici là, je vais revoir mes notes.

Scott Cramer

Mon héros

Si je sais ce qu'est l'amour, c'est grâce à toi.

Herman Hesse

Quand mon mari, Larry, a sorti la voiture du garage à quatre heures et demie, ce matin-là, il y avait déjà une dizaine de centimètres de neige au sol. C'était très beau, surtout sous les phares allumés de la voiture, mais ce n'était pas une bonne nouvelle pour nous. Chaque jour, pour se rendre à son travail, mon mari faisait vingt-deux kilomètres en voiture jusqu'à la gare la plus proche, puis prenait un train de banlieue jusqu'à son bureau. Or, j'étais enceinte de notre troisième enfant et nous étions à douze jours de la date fixée pour ma césarienne. Et il n'y avait aucun moyen de s'assurer que les contractions ne commenceraient pas avant la date fixée. J'étais en proie à des accès d'anxiété. Ces moments de panique arrivaient apparemment chaque fois que les météorologues annonçaient du mauvais temps dans un rayon de cent kilomètres de la maison. Nous vivions à la campagne. Le village le plus proche était à une douzaine de kilomètres de chez nous, tandis que l'hôpital où j'allais mettre au monde notre fille était à une heure et demie de route. J'avais déjà rêvé que je n'arrivais pas à l'hôpital à temps et que les ambulanciers devaient m'opérer sur le bord de la route en pleine tempête de neige. Le mois de février ne m'avait jamais paru aussi menaçant que maintenant.

Ce matin-là, bien conscient de mes peurs, mon mari m'a assurée qu'il rentrerait à la maison le soir même

« coûte que coûte », qu'il ne me laisserait pas seule à la maison avec deux jeunes enfants et une autre sur le point de naître. Heureuse et mariée depuis huit ans avec cet homme absolument intègre et loyal, j'avais confiance qu'il rentrerait à la maison puisqu'il l'avait dit.

D'heure en heure, puis beaucoup plus rapidement à mesure que la grisaille de l'après-midi se transformait en noirceur, la neige s'accumulait: vingt centimètres, quarante centimètres, soixante-quinze centimètres! J'essayais de sourire en voyant mon fils de cinq ans et ma fille de sept ans regarder dehors avec excitation. Je mesurais presque chaque heure la quantité de neige tombée. Les enfants trouvaient la tempête formidable, car ils savaient qu'ils allaient jouer dehors le lendemain. Pendant qu'eux s'émerveillaient de voir les rafales de neige ensevelir peu à peu ma voiture garée devant la maison, j'ai commencé à paniquer. Larry m'avait téléphoné plusieurs fois dans la journée pour me dire de ne pas m'inquiéter, que le train fonctionnait normalement et qu'il rentrerait facilement à la maison. Vers 19 heures, il m'a téléphoné encore pour me dire que son train venait d'arriver de la ville. Il était maintenant à la gare. J'étais soulagée. Je l'avais imaginé bloqué dans un train pour la nuit, se pressant contre les autres passagers pour survivre. J'étais loin de me douter qu'il s'apprêtait à vivre le périple le plus dangereux de sa vie.

Même si sa voiture était ensevelie sous la neige, à la gare, il était convaincu de pouvoir trouver un transporteur pour rentrer à la maison. Je voulais bien le croire, mais je me demandais comment quoi que ce soit pourrait se déplacer dans ce blizzard. Les minutes se sont alors transformées en heures. Moi, je restais plantée à la fenêtre du salon, aux aguets, à attendre, à m'inquiéter de plus en plus. Les heures s'égrenaient et je ne savais que faire. J'ai prié souvent, demandant à Dieu de veiller sur mon bien-aimé, où qu'il fût, et de nous le ramener sain et sauf à la maison.

Vers deux heures du matin, à moitié endormie dans ma berceuse de vigile, j'ai vu un chien dans la neige. La dernière fois que j'avais mesuré la neige, il en était tombé quatre-vingt-onze centimètres. Pourtant, toute cette neige n'avait pas l'air d'empêcher le chien d'avancer. En fait, le chien semblait gambader sur la neige, plus précisément sur le chemin où passe habituellement la voiture pour se garer devant la maison. Quand le chien a été suffisamment proche, je me suis rendu compte avec étonnement que c'était mon mari! Il se frayait un chemin dans la neige, qui lui allait jusqu'à la poitrine. Arrivé finalement à la porte, il m'a serrée avec gratitude dans ses bras. Il était incroyable: ses cheveux, ses sourcils, sa moustache et son nez étaient givrés, couverts de neige et de glaçons. Son corps entier était mouillé et gelé, mais Larry était sauf.

Larry est rentré à la maison à pied — vingt-deux kilomètres! — dans plus de trois pieds de neige, dans la nuit noire, au milieu du blizzard, pour être avec nous. Il avait promis de rentrer à la maison, et il a honoré sa promesse, comme toujours. Quel mari courageux et loyal j'ai eu cette nuit-là! L'amour qu'il savait que j'avais pour lui l'a soutenu, tandis que Dieu l'a protégé.

Notre fille, Anna Patricia, est née dix jours plus tard.

Patricia Franklin

Je sais
ce que vous avez fait!

Ma sœur ne savait plus quoi faire pour inciter mon neveu de quatre ans, Todd, à cesser de sucer son pouce. À un moment donné, elle lui a dit que, s'il n'arrêtait pas de sucer son pouce, son ventre deviendrait très gros et tout gonflé.

Le dimanche suivant, à l'église, une femme très enceinte était assise sur le même banc que nous. Todd l'a fixée durant toute la messe. Une fois la messe terminée, il l'a tirée par la manche et lui a chuchoté: « Votre ventre est gros et tout gonflé... Je sais ce que vous avez fait! »

Becky Walker

C'est seulement quand on a vécu l'inflexibilité
d'une grossesse avancée qu'on apprécie
pleinement l'utilité de pouvoir
se pencher à la taille.

Audrey Hull

Un état de grâce

On dit que l'ignorance, c'est le bonheur suprême. Je crois que ce dicton s'applique à beaucoup de choses. En effet, je nage dans le bonheur de ne pas connaître les ingrédients de la saucisse à hot dog ou le nombre d'acariens qui grouillent dans mon matelas. Je suis contente aussi de ne pas avoir la moindre idée de l'anniversaire de naissance d'Elvis, du nombre d'estomacs du lama, ou de la meilleure technique de nettoyage de la truite. On peut se sentir formidablement libre lorsqu'on déclare: « Je ne sais pas et je m'en moque. »

Ainsi, il y a certaines choses que je suis contente de ne pas avoir sues avant de devenir enceinte.

Par exemple, je suis contente de ne pas avoir su que mon fils pèserait 4,2 kg à la naissance, ou qu'il aurait une grosse tête. (Quand on a demandé à une de mes amies enceinte quel genre de bébé elle aimerait avoir, elle a répondu: « Un bébé avec une petite tête ».)

Personne ne m'a jamais dit que j'aurais un gros bébé, et je suis véritablement reconnaissante de ne pas l'avoir su.

Qu'est-ce que cela aurait pu me donner que mon médecin me dise, à la fin de ma grossesse: « Wow! Préparez-vous à recevoir des médicaments forts, car vous aurez un très gros bébé à faire sortir de là! »

J'aurais dû deviner que j'aurais un gros bébé. Contrairement à certaines de mes amies qui avaient l'air d'avoir un peu de ventre à leur neuvième mois, j'étais très ronde. Je ne pouvais plus voir mes pieds à partir du septième mois et, à plusieurs reprises, j'ai fait lacer mes chaussures par quelqu'un d'autre.

Un jour, peut-être à cause d'un moment de folie causé par un flux d'hormones excessif, j'ai acheté une robe en tricot à rayures horizontales! Pourtant, pas besoin d'être abonné à *Vogue* pour savoir que les rayures horizontales vous élargissent… Quand je regarde des photos de moi dans cette robe, je trouve que j'ai l'air d'un gigantesque parasol de plage bleu et blanc qui bouge. La blague qu'on aurait pu me faire: « Quand Dieu a dit: *Que la lumière soit*, il voulait dire: *Pousse-toi.* »

J'ai entendu dire qu'accoucher, c'était comme essayer de faire passer un saint-bernard par une chatière. Dans mon cas, c'était plutôt un bébé hippopotame.

Je suis contente aussi qu'on ne m'ait pas dit que je n'aimerais plus magasiner pour moi-même. C'est maintenant ainsi. Après la naissance, je suis allée magasiner pour me trouver des vêtements normaux et un tant soit peu à la mode. Malheureusement, je n'avais plus le même corps — mon poids était réparti d'une drôle de façon, dans des endroits qui faisaient mon affaire (ma poitrine) et dans d'autres qui faisaient moins mon affaire (mes cuisses). J'ai lu quelque part que les femmes qui nourrissent leur bébé au sein conservent de la graisse dans leurs cuisses pour pouvoir continuer d'allaiter si jamais une famine survenait. Eh bien, je pouvais dormir sur mes deux oreilles: si jamais une famine survenait, je pourrais nourrir mes enfants jusqu'à ce qu'ils soient à l'école primaire et qu'ils puissent aller eux-mêmes cueillir des baies sauvages dans les bois.

Toujours est-il qu'aucun de mes anciens vêtements ne me fait encore. L'autre jour, je suis allée au centre commercial pour me trouver des vêtements en prévision d'une soirée. Plusieurs heures plus tard, je suis revenue le coffre de la voiture chargé de... — vous l'avez deviné: vêtements pour bébé. Le problème avec les vêtements pour bébé, c'est qu'ils sont tous si adorables, particulièrement sur notre bébé à nous, évidemment. Alors pour ne pas risquer de voir ces adorables vêtements sur un autre bébé, je les achète tous.

Finalement, à la soirée en question, j'ai essayé d'avoir une conversation très brillante pour ne pas qu'on remarque que je portais la robe vert lime de mon bal de finissants. Faite de polyester à cent pour cent, elle a pu s'étirer suffisamment pour contenir mes hanches et, pour la première fois, je remplissais le corsage sans l'aide d'un soutien-gorge rembourré!

Cela fait maintenant dix ans que je suis mère. J'ai retrouvé mon ancien corps. Je n'ai plus de bébé pour qui magasiner, mais je n'ai plus le temps de magasiner de toutes façons. La bonne nouvelle, c'est que ma vieille robe de bal de finissants est de nouveau à la mode. J'ai même ressorti ma robe en tricot à rayures horizontales bleues et blanches: nous en ferons un auvent pour notre voyage à la plage ce mois-ci.

Jan Butsch

Le postiche

Lorsqu'un homme est « dans l'armée », toute sa famille l'est également. C'est une chose que j'ai comprise rapidement dans les années 1970, en tant que jeune épouse d'un lieutenant. Plusieurs des épouses d'officiers étaient volontaires en poste, surtout à l'hôpital militaire.

Un jour, alors que j'étais enceinte de mon deuxième enfant, le beau médecin de cet hôpital militaire m'a fait un examen de routine au cours duquel il a eu de la difficulté à remettre en place la partie escamotable de la table d'examen. Les deux bénévoles présentes, toutes deux femmes d'officier, ont essayé de l'aider, et il a finalement dû se mettre à genoux pour pousser en même temps qu'il maintenait la table au niveau. À un moment donné, pendant qu'il essayait de replacer la partie escamotable, j'ai senti un chatouillement sur mon pied, qui était encore dans l'étrier. En s'activant sous la table d'examen, le médecin avait perdu son postiche, qui était resté accroché sur mon pied! Plus précisément sur mon petit orteil. Le médecin a saisi vivement son postiche et l'a replacé sur sa tête sans dire un mot.

Quelques semaines plus tard, je suis allée prendre un café avec des bénévoles de l'hôpital. L'une des bénévoles m'a demandé si j'aimais travailler à l'hôpital militaire. Je n'ai pu m'empêcher de m'esclaffer et de raconter l'histoire du postiche.

J'admets que j'avais trouvé l'incident plutôt embarrassant quand il s'était produit, mais je l'ai trouvé hilarant quand je l'ai raconté. Après m'avoir entendue raconter cet incident tordant, quelques-unes des femmes ont fouillé dans leur sac à main et en ont sorti de l'argent qu'elles ont tendu à d'autres. Elles avaient fait un vieux pari: ce médecin portait-il ou non un postiche? Certaines sont donc reparties avec un grand sourire et un peu plus d'argent dans leurs poches. Le chat était sorti du sac.

Susan Everett

L'aventure de la maternité

Ma vie a changé aussitôt que tu as été conçu,

Avant même que ton cœur dans mon corps
  ait battu.

Tu as grandi petit à petit, semaine après semaine,

Quelle couleur, rose ou bleue, choisir ma laine?

Puis vint le jour où je t'ai pris dans mes bras,

Il fallait te protéger maintenant que tu étais là.

Tu avais tous tes doigts et tous tes orteils,

Des poumons puissants, pardi, et de mignonnes
  oreilles.

Ce jour-là j'ai promis de te chérir toute la vie,

De te donner du soleil même les jours de pluie.

Elizabeth Butera

L'attente

Ce dont je me souviens le plus au sujet des mois qui ont précédé l'arrivée de notre fille, c'est l'attente dans laquelle je vivais. Il y avait la douce attente, celle qui allait me conduire à l'adoption d'une belle petite fille qui changerait à jamais la vie de mon mari, la vie de mes deux fils et ma vie à moi.

Cette attente, je la chérissais.

Malheureusement, il y avait également une attente moins heureuse, celle qui faisait en sorte que ma mère, en phase terminale de cancer et n'ayant plus que quelques mois à vivre, ne verrait probablement jamais sa nouvelle petite-fille. Une petite-fille dont elle rêvait depuis des années.

Cette attente, je la redoutais.

Curieusement, c'est le mélange de ces deux types d'attente qui m'a fait comprendre le vrai sens du mot « attente ».

Un peu avant le congé de l'Action de grâce, ma sœur aînée, Linda, m'a téléphoné pour me dire que notre mère était hospitalisée de nouveau. *Elle n'allait vraiment pas bien*, m'a chuchoté ma sœur. Je ne savais pas trop si je devais aller la voir durant le congé de l'Action de grâce. J'étais déchirée. Plus tôt dans l'année, j'avais déjà pris l'avion plusieurs fois pour aller la voir. Mes fils, alors âgés de cinq et sept ans, allaient sûrement préférer rester à la maison cette fois-ci. Mon mari, Brian, était aussi fatigué de voyager, mais il comprenait la situation difficile dans laquelle je me trouvais.

« Va voir ta mère, m'a-t-il dit ce soir-là. Les garçons et moi nous débrouillerons. Tu as besoin d'être avec ta mère. »

Lorsque je suis arrivée à l'hôpital, le lendemain, j'ai vu que mes sœurs n'avaient pas exagéré. Ma mère me souriait faiblement de son lit.

« Je dois aller bien mal pour que tu viennes me visiter de si loin », a-t-elle murmuré. J'ai haussé les épaules et j'ai blagué en disant que je n'aurais pas à faire cuire une dinde. Nous avons ensuite gardé le silence, régulièrement interrompu par le cliquetis des machines autour d'elle. Au bout d'un moment, ma mère a parlé.

« Alors, parle-moi de la petite fille que vous allez adopter. » Les yeux de ma mère, sombres et ternes, venaient de s'allumer. Les miens s'allumèrent également, je le sais, quand j'ai commencé à lui décrire la petite fille de quatre mois que nous attendions. Nous avons parlé longuement. Ma mère m'a raconté les souvenirs qu'elle gardait de nous, ses quatre filles. Elle a raconté qu'elle avait eu beaucoup de plaisir à nous habiller, à nous coiffer, à partager la sagesse féminine et nos secrets. Puis le silence s'est installé de nouveau. Dans la chambre, il y avait une nouvelle mère et une vieille mère sur le point de se retirer pour toujours.

Le lendemain, sachant qu'il ne pouvait plus faire grand-chose pour elle, le médecin a donné congé à ma mère, qui s'est installée chez ma sœur. Grâce à une autre transfusion de sang, elle allait probablement pouvoir survivre à une autre fête de l'Action de grâce, vivre jusqu'à ce que son sang recommence à se détériorer. Nous avons réussi à nous rendre à l'Action de grâce en feignant la gaieté, puis nous avons continué à faire ce que nous faisions: attendre.

Un jour ou deux plus tard, ma mère a interrompu le terrible silence de la maison.

« As-tu fait des achats pour le bébé qui s'en vient? »

J'ai secoué la tête. J'avais de l'expérience comme mère adoptive puisque j'étais déjà passée par le système de placement en familles d'accueil pour nos fils. Nous savions fort bien qu'il ne fallait pas présumer que la paperasserie se passerait bien, même si notre expérience avec les deux premiers enfants avait été positive. Moins je préparais l'arrivée du bébé, matériellement parlant, plus j'avais confiance en son arrivée. Je crois que c'est une des choses que les parents adoptifs apprennent rapidement.

Ma mère a souri faiblement, tandis que ma sœur Linda la redressait un peu dans son fauteuil. « Hé! Il y a une boutique pour bébé qui vient d'ouvrir près d'ici! Allons magasiner! »

J'ai hésité. Devais-je leur expliquer que j'avais peur d'attirer le malheur en magasinant trop tôt pour le bébé? Devais-je leur dire que j'essayais de me protéger, que je ne voulais pas remiser au grenier des petites robes et couvertures roses qui ne seraient jamais portées?

« Ce serait agréable », a dit ma mère d'une petite voix. J'ai vu ses yeux s'allumer encore. « Des petites robes roses et des petits chaussons, des couvertures douces pour emmailloter… »

Il ne nous a pas fallu longtemps pour décider d'embarquer le fauteuil roulant de ma mère dans la voiture. En chemin, nous avons ri et bavardé, nous nous sommes remémoré nos sorties de magasinage ensemble, les soldes que nous dénichions, les repas que nous éternisions au comptoir-lunch du centre commercial, les chocolats chauds que nous nous concoctions en rentrant à la maison. Cette sortie de magasinage allait être notre dernière. La dernière sortie d'une mère avec ses filles, une sortie qui était comme la promesse d'une nouvelle vie, d'une nouvelle compagne de magasinage qui n'était pas encore arrivée.

Aussitôt entrée dans la boutique, ma mère s'est mise à regarder les robes aux tons pastel ornées de rubans de satin et de fleurs à l'ourlet, à les toucher de ses mains bleuies par les nombreuses intraveineuses. Elle lançait des « ooooh! » et des « aaaah! » devant les couvertures roses et les serviettes de bain à capuchon, passait les doigts sur les frisons des chapeaux, peut-être en s'imaginant la douce odeur de la tête du bébé qui serait bientôt dedans. Elle nous dirigeait partout dans le magasin, de la manette de son fauteuil roulant, et nous appelait pour nous montrer de minuscules débarbouillettes ou des pyjamas à motifs. La vie dans les yeux de ma mère me soutenait et apaisait mon sentiment de désespoir. Elle disait à toutes les vendeuses que j'attendais un bébé. On allait avoir un bébé fille dans la famille, s'exclamait-elle, et on allait l'habiller en princesse.

Quand nous sommes rentrées à la maison, nous avons sorti un à un les trésors roses et doux qui remplissaient les nombreux sacs déposés sur le plancher du salon. J'ai vu ma mère poser des yeux humides sur chacun des petits ensembles, puis me sourire affectueusement. Elle me passait le flambeau.

Ma fille, Ellie, est arrivée deux mois plus tard, c'est-à-dire trois semaines après que ma mère a finalement perdu son combat contre le cancer. Et c'est avec amour que j'ai fait porter à Ellie les ravissantes robes achetées avec ma mère. Quand je me suis rappelé ma dernière sortie de magasinage avec maman, je me suis rendu compte qu'elle m'avait permis de comprendre le vrai sens de l'attente. Ce jour-là, j'ai appris que l'attente est plus que simplement attendre que quelque chose arrive. Ce jour-là, il était question de savourer les moments entre cette attente.

Barbara Warner

3

LES FUTURS PAPAS

Rose dit qu'aujourd'hui est le grand jour.
Je n'en ai pas l'impression.
Après tout, nous n'avons entendu
aucun clairon du paradis
et n'avons vu aucune cigogne passer
dans le ciel glacial de l'hiver.
C'est une journée beaucoup trop ordinaire
pour un événement aussi extraordinaire
que la naissance de notre bébé.

Martin Paule

Cours accéléré sur les péridurales et les couches

Les acteurs ont souvent l'air méfiant quand ils donnent des entrevues, mais la plupart deviennent sincères quand ils parlent d'enfants. L'acteur Kevin Bacon, par exemple, a récemment prodigué un conseil gratuit à un futur papa.

« Vous savez, il existe des centaines de livres conçus pour les femmes sur la grossesse, l'accouchement ou la première année de vie, mais il n'y a rien pour les hommes. Nous, on navigue aux instruments. »

C'est vrai. Jake Thompson est né il y a deux semaines, et je peux le confirmer: de mon point de vue de père, je trouve que la littérature destinée aux futurs papas est très insuffisante, surtout en matière cruciale d'accouchement.

Comme la naissance de mon fils est encore fraîche dans ma mémoire, permettez-moi de dire quelques mots sur les choses auxquelles il faut s'attendre lors d'un accouchement.

Je tiens à dire, par exemple, qu'après avoir vu les aiguilles énormes qui servent à l'anesthésie péridurale, après les poussées, après les blasphèmes et autres détails à ne pas nommer pour rester poli, j'ai vu le personnel médical exaspéré attaquer soudainement ma femme avec un aspirateur géant.

Du moins, ça ressemblait à un aspirateur. J'ai demandé ce que c'était. « C'est un aspirateur », m'a-t-on répondu. Avec, au bout du tuyau, un accessoire qu'on pose sur la tête du bébé. Je me souviens d'avoir pensé que, si Louis de Funès avait été médecin, c'est ce qu'il aurait essayé!

Plus tard, j'ai fait une recherche dans des livres et nulle part on ne faisait mention de cette procédure… En aucun temps, durant les dix heures de cours prénatal que nous avons eues, personne n'a dit que, si les poussées ne fonctionnaient pas, la porte de la salle d'accouchement s'ouvrirait toute grande pour laisser passer une équipe munie d'un aspirateur portable que le médecin utiliserait pour tenter d'extirper le bébé hors de sa maman.

Ayant vu, de mes yeux vu, l'aspirateur fonctionner plusieurs fois, je peux vous dire que je comprends pourquoi les livres et les cours sur l'accouchement n'en parlent pas: si les gens étaient au courant, ils n'iraient sûrement pas à l'hôpital.

Premièrement, quand on aperçoit l'aspirateur et le tuyau en question et qu'on pense aux trois heures de poussées énergiques qui ont précédé son apparition, on se dit qu'il n'y a aucune chance que ça fonctionne. Et on a raison de le croire.

En y repensant, je dirais que la véritable utilité de l'appareil, c'est de mouler la tête de votre bébé comme un chocolat Petit Bec de Hershey. C'est ce qui est arrivé à Jake. Jake pesait plus de quatre kilos, on n'allait sûrement pas réussir à le faire sortir avec cet espèce d'aspirateur à bébé.

Alors nous voilà partis pour une chirurgie, grâce à laquelle Jake a connu le luxe accordé à tous les bébés têtus: un utérus avec vue. Lors d'une césarienne, Papa, tu as dix minutes environ pour te faire à l'idée que toute ta préparation à l'accouchement ne servira plus à rien.

Tu te retrouves probablement désorienté. L'hôpital profite de ce moment de confusion pour te mettre dans un costume de clown: un bonnet de douche trop grand, une jaquette ample, des pantoufles de papier, et un pantalon qui couvre à peine tes genoux. Dépourvu de ta dignité, tu es ensuite poussé dans la salle d'opération où ta femme est étendue sur une table, coupée en deux par un rideau, comme une malheureuse volontaire pour un tour de magie. « Regardez-nous sortir un bébé du ventre de votre femme alors qu'elle est éveillée! » semble dire l'équipe médicale.

Bien entendu, un médecin est penché au-dessus de la future maman avec des outils coupants dans les mains. Un conseil, les gars, concentrez-vous sur votre épouse, car elle sera bien éveillée et aura besoin de réconfort. Quoi que vous fassiez, vous ne devez pas lui dire ce qui se passe derrière le rideau et vous ne devez pas regarder de trop près quand l'infirmière vous annonce que le médecin est en train « d'extraire » le bébé.

Si vous décidez de jeter un œil, sachez que vous ne voudrez probablement plus manger de steak pour, disons, trois ou quatre ans.

Vous devez aussi oublier ces scènes de cinéma où le nouveau-né tout dégoulinant est mis dans les bras de sa maman. Elle est malheureusement en train de se faire recoudre le ventre, alors l'infirmière vous apporte directement le bébé.

Vous vous retrouvez alors avec un nouveau-né dans les bras et vous vous sentez obligé de vous rendre utile, par exemple en chantant *Au clair de la lune* dans une pièce où des gens posent des agrafes sur votre femme.

C'est à ce moment que vous devez vous rappeler le véritable rôle du père : un rôle de soutien. Car malgré le chaos, le bruit des appareils, le cliquetis des instruments, le bavardage médical habituel (« Eh ! Regarde-moi ce fibrome ! ») et le monologue un peu loufoque de votre épouse, médicaments aidant, votre bébé cessera soudainement de pleurer et vous fixera des yeux, et vous comprendrez tout aussi soudainement qu'il vient de reconnaître votre voix.

Mais attendez, ce n'est pas tout.

À partir de la naissance du bébé, on a droit à une pause bien méritée. Votre femme a une chambre pour se reposer, et si elle a eu une césarienne, vous pourrez manger toute la nourriture qu'on lui apporte. Profitez de votre dernier moment de flânerie.

Quand bébé pleure, vous l'envoyez à la pouponnière de l'autre côté du couloir. Quand bébé a besoin qu'on le change de couche, une infirmière se fera un plaisir de le faire pour vous. Au début. Graduellement, les infirmières vous inviteront à le faire vous-même, car elles savent ce qui vous attend mais, vous, vous ne le savez pas.

Le méconium. Considérez-le comme un traitement de choc. Dieu a décidé qu'une des premières selles de bébé serait inoubliable. La selle de méconium, c'est comme un tas de goudron suffisamment important pour refaire le toit d'une maison de cinq chambres à coucher.

Le méconium ne ressemble pas du tout aux selles plus inoffensives qui suivront, bien que l'incroyable fréquence de celles-ci compensera pour le volume de la selle de méconium. Ne vous inquiétez pas, il existe des solutions: les couches.

Chez nous, à côté de deux de nos divinités, en l'occurrence notre grille-pain Grill Master et notre exerciseur Thigh Master, nous avons ajouté une autre divinité, le Diaper Genie. C'est un appareil qui fait disparaître les couches souillées.

Les poubelles à couches de type Diaper Genie font partie de la panoplie moderne essentielle des nouveaux parents, au même titre que le berceau portatif, le siège pivotant, la poussette « huit-en-un », la chaise musicale… Ces accessoires prennent seulement sept mois à assembler et coûtent seulement quelques dizaines de milliers de dollars.

Plusieurs pères d'expérience m'ont toutefois assuré que tout cela en vaut la peine. Car lorsque vous rentrez à la maison à la fin de la journée, le petit vous attend. Vous le prenez dans vos bras, il vous regarde avec ses beaux grands yeux lumineux et vous fait un petit sourire qui ne peut vouloir dire qu'une chose.

Il vient de faire dans vos mains.

Gary Thompson

Pères poules

Je ne peux trouver un besoin durant l'enfance aussi fort que le besoin de protection paternelle.

Sigmund Freud

Le soir où nous avons ramené notre premier-né à la maison, aux lendemains de sa naissance, je l'ai bercé dans la pénombre du salon que seuls les réverbères de la rue éclairaient. Joshua pleurait. Il ressemblait à un petit oisillon déplumé, la voix éraillée, les bras et les jambes allant dans tous les sens. Je lui ai chanté une vieille chanson irlandaise.

Dans ces premiers instants de ma paternité, j'imaginais toutes les choses héroïques que je ferais pour protéger mon fils, tous les intrus que je pourfendrais. J'ai pensé avec un rire et un frisson au contraste qui existait entre mes cauchemars les plus obscurs et le petit garçon parfait que j'avais dans les bras. Alors qu'il s'endormait, avec de légers bâillements et miaulements, j'ai pensé à mon propre père et à l'héritage qu'il avait laissé dans mon cœur.

Mon père était un père poule. C'est ma mère qui nous élevait, moi et ses six autres enfants, et qui s'occupait des mille et une tâches de la maisonnée, mais c'est mon père qui s'inquiétait de nous. Pour lui, c'était un article de foi: le monde était là pour nous avoir, aucune créature aussi délicate que ses enfants n'était en sécurité dans ce monde brutal.

Il n'était pas craintif pour rien. Il était médecin généraliste et sa clientèle était nombreuse. Il voyait les choses épouvantables qui ne pouvaient possiblement arriver aux enfants, sauf qu'elles arrivaient quand même. Il nous prévenait contre les tondeuses à gazon, les tremplins, l'essence à briquet, les hameçons, les gros morceaux de steak, les « projectiles » de toutes sortes. Il nous prévenait contre le trafic, les portes, les fenêtres, la glace. Il nous racontait des récits édifiants d'os cassés, d'accidents de toboggan, de chutes à cheval. Homme bavard et souriant, mon père était aussi un grand connaisseur du drame humain.

Quand notre fils est né, ma femme et moi avons commencé à rendre la maison plus sécuritaire. Nous avons acheté des cache-prises et des « pare-coins ». Nous avons posé des verrous pour les placards, installé des barrières, caché les allumettes, inspecté le plancher à la recherche d'éclats de bois qui pourraient faire des échardes. Nous avons même inspecté le plafond!

Nous avons ensuite vu Josh grandir et aller vers le danger, lever la tête, se tourner sur le ventre, ramper. À un moment donné, il s'est levé et a marché, petit ivrogne hésitant vêtu d'un t-shirt à motifs de lapin. Désormais, il était assez grand pour se cogner la tête contre la table à manger, assez agile pour monter sur une chaise. Chaque nouvel accomplissement s'accompagnait de nouveaux dangers. Je me disais que nous ne pourrions jamais le protéger. Une fois, quand il avait six mois, j'ai rêvé à lui. Nous étions pris dans un orage avec de la foudre, et je m'étais jeté sur lui pour le protéger des éclairs.

En ce qui concerne la foudre, mon père en avait peur. Non seulement nous faisait-il rentrer à la première goutte de pluie, mais il nous demandait aussi de rester loin des fenêtres. Selon mon père, aucune personne prudente ne prenait de douche quand il pleuvait. Lorsque mon frère Kevin et moi étions adolescents, papa était venu nous chercher en voiture au beau milieu d'un terrain de golf, au quatorzième trou. Nous pensions que maman était morte. Non : il avait tout simplement entendu à la radio qu'il y aurait de la pluie dans l'après-midi.

Papa était un génie dans sa prudence. Oui, on pouvait bien admettre qu'il n'était pas impossible de s'étouffer avec un maillet de croquet et, oui, ce n'était probablement pas impossible non plus de suffoquer dans un gant de baseball, mais nous n'avions jamais entendu parler de tels cas.

En ce qui concerne la conduite automobile, il était un maître. Les statistiques avaient prouvé qu'il y avait plus d'automobilistes en état d'ébriété le dimanche après-midi qu'à tout autre moment de la semaine. Ou peut-être était-ce durant le Carême, ou quand il faisait chaud. En fait, il adaptait ses avertissements à chaque situation présente. Pour ce qui était d'aller coucher chez des copains, mon père n'en démordait pas : il voulait ses enfants à la maison.

Un jour, il a fait une exception. Quand Kevin et moi étions dans les scouts, nous lui avons demandé, sans grand espoir, si nous pouvions aller faire une expédition de canoë. Il nous a répondu en posant toutes sortes de questions. Quels adultes allaient être présents ? Quelle était la durée de l'expédition ?… Nous avons essayé de lui donner des réponses rassurantes, mais nous étions certains qu'il nous rétorquerait qu'un plus grand nombre de petits Irlandais catholiques étaient morts en expédition de canoë qu'au cours de la Seconde Guerre mondiale.

Il s'est toutefois levé et a téléphoné au chef des scouts pour lui poser des questions. Chaque fois que le chef lui donnait une réponse, mon père laissait entendre un grognement. Il a ensuite raccroché en se frottant les mains, l'air enthousiaste. « Bonne nouvelle, les garçons, a-t-il lancé, j'y vais avec vous. Les O'Neil s'en vont dans le Grand Nord. »

Incroyable! Papa savait-il qu'en camping, on couche dehors, là où il peut pleuvoir! Là où il y a des ours! Quand nous sommes arrivés au lac, nous étions convaincus que la vue de l'eau rappellerait à papa que la plupart des gens meurent noyés. Mais non. Nous sommes partis au coucher du soleil, à la queue leu leu, un homme et deux jeunes par embarcation. Plus tard, ce soir-là du mois d'octobre, nous avons planté les tentes, cuit des hamburgers et revêtu des chandails chauds. Nous nous sommes ensuite endormis, lovés dans nos sacs de couchage, au bout de nos forces de petits garçons.

Au matin, il faisait froid et humide. Emmitouflés dans nos chandails et nos cirés, nous avons traversé le lac. Nous étions le dernier canoë de la file, et le vent nous rendait la tâche difficile. À un moment donné, le brouillard s'est levé, le vent a continué d'agiter l'eau et nous avons perdu de vue les autres canoës. La voix de papa nous est parvenue de l'arrière de l'embarcation: « Essayons de les rejoindre, les garçons. » J'ai mis tout mon poids sur ma rame et j'ai ramé avec cœur. Soudain, une vague a frappé le côté du canoë et l'a renversé, nous plongeant du même coup dans les eaux froides du lac. Nous étions à quelques centaines de mètres d'une petite île. Quand je suis remonté à la surface, je me disais que ce serait une aventure super, mais quand j'ai vu mon père les cheveux trempés, le visage blanc comme un mort, j'ai compris que ce ne serait pas drôle. C'est la seule fois de ma vie où je l'ai vu terrifié. Il m'a regardé et a jeté un coup d'œil autour. « KE-VIN! » a-t-il hurlé.

« Je suis ici, papa! » de l'autre côté du canoë renversé. « Ça va! »

« Agrippez-vous au canoë, les garçons, a dit papa d'un ton calme. Je vais le pousser jusqu'à l'île. »

« On devrait plutôt nager, non? » ai-je demandé.

« Accroche-toi au canoë, Hugh! » a-t-il crié comme un étranger.

Après quelques difficultés, papa a commencé à pousser le canoë en direction de l'île, flanqué de deux formes frigorifiées, tel un sous-marin, terre en vue. Soudain, mon père a lancé un cri assourdissant. « Au secours! Au secours! » J'ai eu peur. « Au secours », a-t-il beuglé de nouveau.

« Ils ne nous entendent p... », a commencé Kevin.

« Chut! » a alors crié papa. Sa voix s'est perdue dans le vent, puis nous avons entendu une embarcation se diriger vers nous. Enfin, une chaloupe est sortie du brouillard. Un homme se tenait debout à l'avant tandis qu'un autre conduisait le moteur. Ils nous ont repêchés.

« Ne vous inquiétez plus, les garçons, ça va aller. »

Quand nous sommes arrivés sur l'île, les hommes ont fait un grand feu. Papa a enlevé tous ses vêtements et nous a dit de faire de même. Nous sommes ensuite restés debout près du feu comme trois barbares nus. Je me souviens que la chaleur du feu nous parvenait par grosses vagues. Je me souviens aussi que mon père mettait ses bras autour de nos épaules, qu'il nous réchauffait les mains, les bras, les pieds, le cœur. « Merci, les gars », a-t-il dit aux hommes de l'autre côté du feu. « Vous avez sauvé mes fils. »

Quand j'ai eu seize ans, la prudence de mon père a commencé à me taper sur les nerfs. J'essayais de voler de mes propres ailes, mais il me tenait par les pieds comme pour m'en empêcher. J'imaginais la vie romantique que mes amis menaient: ils laissaient le vent entrer par les fenêtres, sortaient jusqu'aux petites heures, prenaient des douches même s'il pleuvait.

Maintenant que je suis père de famille à mon tour, la prudence de mon père prend tout son sens. Même que parfois, je trouve qu'il était un peu désinvolte. Après tout, il m'a laissé jouer au baseball… C'est tout de même un sport où un garçon de douze ans habituellement très costaud pour son âge lance une sphère dure comme le roc avec autant de vélocité que possible vers un autre garçon!

En tant que parents, nous voulons les deux côtés. Nous voulons que nos enfants découvrent toutes les merveilles du monde. Mais nous préférerions qu'ils les découvrent dans une pièce capitonnée mur à mur. Et ce sentiment ne nous quitte jamais. Il n'y a pas très longtemps, nous avons loué une maison sur le bord de la mer avec mon frère Kevin et sa famille, et nos parents sont venus nous visiter. Pendant que Kevin et moi avions du plaisir à faire du surf, à chevaucher follement les vagues, j'ai vu ma mère et mon père marcher sur le bord de l'eau. Ils essayaient d'avoir l'air détendu, mais ils n'ont pas pu s'empêcher de gesticuler dans notre direction et de nous crier, à nous leurs fils adultes: « N'allez pas trop loin, les garçons! »

Même si je parle rarement à mon père, ces jours-ci, il n'est jamais loin. Récemment, ma femme et moi avons projeté de prendre quelques jours de vacances sans les enfants, pour la première fois. Je me suis surpris à suggérer que nous prenions des avions séparés. De cette façon, le risque que Josh perde un parent était deux fois plus grand, mais le risque de perdre ses deux parents en même temps était pratiquement nul. Après m'avoir remercié de commencer si joyeusement nos vacances, Jody a reconnu le style de mon père.

« Tes parents prenaient-ils des avions séparés? » m'a-t-elle demandé.

« Non », lui ai-je répondu. « Ils restaient à la maison. »

Hugh O'Neil

Des nouvelles d'un père

Bonjour à tous mes amis…

Je vous envoie ce courriel pour vous dire que je vais bien. Gardez-moi ma place de régulier au bistrot chez Charlie, et ne laissez personne prendre ma position dans l'équipe de baseball, pas encore du moins. Je reviendrai. Je ne sais seulement pas quand.

Si vous n'avez pas eu de mes nouvelles dernièrement, c'est parce que je me cache dans un fort de plastique derrière mon garage. Il y a une bande de jeunes intrépides de trois à six ans qui me cherchent ces temps-ci. Quelques-uns d'entre eux font même partie de ma propre progéniture. J'ai essayé de les inciter à jouer à la cachette, mais ils voulaient absolument jouer à « Pulvérisez l'extraterrestre ». Devinez qui est l'extraterrestre.

Cela se passait il y a quelques semaines. J'ignorais à quel point les enfants peuvent souffrir d'obsessions. Je me considère chanceux qu'ils aient surtout joué au Vaisseau de l'espace avec la grande boîte de carton dans laquelle le fort était emballé. Ils ne sont pas plus brillants que nous l'étions à leur âge, mais ils ont certainement plus de liquidités.

Aujourd'hui, je suis père à temps plein. Si on m'appelle encore une fois *monsieur Maman* ou qu'on me dit que j'ai l'air d'avoir les mains pleines, je pense que je vais me fâcher. Ma situation n'est pas temporaire. Croyez-moi, le travail ne me manque pas. Il ne peut pas me manquer. Je travaille actuellement plus fort que jamais dans ma vie. Aucun jour de congé. Pas de discussions du lundi matin près du distributeur d'eau réfrigérée. Pas de pauses décontractées autour de la machine à café. Au bureau, comme la plupart d'entre vous le savent, j'ai passé les quelques dernières années à peiner sur des tâches virtuellement insignifiantes dans un environnement inhospitalier, noyant ma créativité dans une routine abêtissante. La majorité de mes emplois ont été de ce type. Sauf en ce moment.

En réalité, c'est comme si j'essayais de creuser un petit trou de compétence dans une dune de sable de stupidité, armé seulement d'une cuiller de plastique et d'une tasse à anses remplie de gin. C'est la dune de sable qui a gagné. Et voilà où j'en suis aujourd'hui. Ma jambe gauche est engourdie. Elle est à la verticale et dans la même position immobilisée depuis jeudi dernier.

Le premier enfant est facile. On commence par acheter des cigares fins. On pratique sa jonglerie. On a neuf mois pour peinturer une chambre (wow!). On apprend à coacher la respiration de sa femme (aïe!). On lit quelques articles sur les méthodes de changement de couche et les temps de repos, dans des magazines dont la couverture montre de beaux bébés chauves. Difficile? Tout le monde vous traite comme si vous aviez gagné la loto! Félicitations! Vous êtes promu au statut de père. Vous faites maintenant partie du Club des papas. Vous pouvez maintenant visiter l'allée des couches et des petits pots à l'épicerie, une allée que vous n'aviez même jamais *vue* auparavant.

Quand le deuxième enfant arrive (et le troisième aussi, car après le troisième on ne compte plus), vous découvrez réellement dans quoi vous vous êtes embarqué. C'est là où j'en suis. Pour être honnête, on ne m'a pas tiré le bras. Je me suis enrôlé de mon plein gré. Sauf que je ne savais pas combien de temps le camp d'entraînement pour recrues durerait.

Du côté positif, je pense que notre benjamin, Bartholomew, est un génie. Son vocabulaire évolue à un rythme extraordinaire. Aujourd'hui, à l'âge de trois mois seulement, nous sommes presque certains qu'il parle environ quatre langues et six dialectes. Nous avons consulté un spécialiste en langage précoce et en linguistique pour savoir lesquels exactement, car à nos oreilles inexercées, il parle comme un éléphant de mer extrêmement drogué ou comme une chouette au cri perçant qui accouche d'un ballon de basket.

Nos autres garçons vont bien aussi. Ces temps-ci, Kevin est occupé à renommer les sept nains dans le cadre d'un projet de thèse de maternelle et il les dessine: Gluant, Dégueulasse, Graisseux, Bouffon, Mâcheux, Boule de poils et Patate. Il va nous présenter ses dessins à sa cérémonie de graduation qui s'en vient. Franchement. Une cérémonie de graduation à la maternelle? Avec toque et toge? Je pense sincèrement que toute cette histoire d'estime de soi a pris des proportions exagérées!

Joey, le frère cadet, a entrepris un projet de bricolage que sa mère a trouvé dans un de ces magazines dont je parlais. Il remplit de vieux bacs à glaçons avec des restes de purée de céréales pour bébé et il les fait cuire au soleil pour obtenir des petites briques. Il veut ensuite se construire une maison de jeu en adobes dans laquelle il veut habiter en permanence avec ses figurines. Les médecins disent qu'il fait des progrès. Nous croisons les doigts.

Mais que voulez-vous. La paternité est gratifiante. Vraiment. C'est vraiment extraordinaire de s'agenouiller sur un petit bloc de plastique quand on fait le cheval pour deux petits cavaliers. (Peut-être est-ce à ce moment-là d'ailleurs que le bébé apprend tous ces nouveaux mots de vocabulaire…) Et que dire des merveilles des histoires à l'heure du dodo! Passer une heure entière à endormir les enfants en leur lisant un million d'histoires de lapins égarés et de ballons esseulés pour finalement les réveiller en marchant sur un livre parlant qui traînait par terre… et devoir tout recommencer. Ou trouver une banane morte de froid à l'arrière du sofa du salon. Ou trouver le téléphone sans fil dans le bol d'eau du chien. Je pourrais continuer longtemps comme ça. Je suis certain que vous reconnaîtriez votre propre famille.

Comme vous vous en doutez probablement, je passe beaucoup de temps avec les enfants. J'apprends de nouvelles choses chaque jour, même au sujet de ma propre maison. Les seules parties de la maison que je connaissais auparavant étaient la cour arrière et peut-être le garage. Maintenant, je connais chaque pièce comme le fond de ma poche, principalement parce que je dois les nettoyer trois ou quatre fois par heure. Les appareils électroménagers ne sont plus seulement des machines pour moi. Ils ont chacun leur personnalité, leurs particularités, leurs tendances et même leurs habitudes.

Je crois avoir franchi un certain seuil. Je suis même allé à une journée portes ouvertes de l'école prématernelle avec un autocollant de Batman collé sur l'épaule. Une femme étrange au sourire perplexe me l'a enlevé d'un geste familier, un peu comme si elle enlevait quelques pellicules du chandail de son mari ou comme si elle essuyait du beurre d'arachide laissé sur la joue de son bambin. Nous nous sommes contentés de rire poliment. Ça ne me dérangeait pas. Elle avait des miettes de biscuits dans les cheveux…

Oups! je dois vous quitter. Je pense que j'entends des petits pieds trottiner. Envoyez-moi un courriel pour me donner des nouvelles du monde extérieur. Moi, je ne bouge pas d'ici. Du moins pas pour les dix-huit prochaines années environ. Tout va bien pour le moment.

T. Brian Kelly

« *A-t-il dit :* Je vais sur le pot*? »*

Lettres d'amour

Steve a été un coach dévoué durant mon accouchement. Dans le cours prénatal, il m'a soutenu la tête avec douceur et a haleté avec moi. Il a appris le nom de chaque type de respiration et a mémorisé l'ordre dans lequel j'allais les utiliser. Je n'ai pas eu besoin de réfléchir durant le travail; mon travail, disait Steve, c'était de relaxer et de mettre au monde notre bébé. Steve était détendu et en pleine possession de ses moyens, deux qualités qui m'ont beaucoup rassurée étant donné que je ne savais pas trop à quoi m'attendre pour cette première naissance.

Quelques semaines avant la date prévue pour l'accouchement, j'ai fait faire deux t-shirts: un pour Steve sur lequel était écrit « Coach », et l'autre pour notre enfant à venir sur lequel était écrit « Assistant coach ». Le t-shirt du bébé était si petit que les lettres le couvraient entièrement à l'exception du col et des manches. Steve n'a pas hésité avant d'essayer le sien. « Maintenant, tu fais partie des officiels », lui ai-je dit en souriant.

Pendant toute ma grossesse, j'ai entendu des histoires d'hommes qui compatissaient tellement à la condition de leurs femmes qu'ils prenaient du poids eux aussi ou ressentaient des palpitations cardiaques nerveuses. Steve n'a jamais montré ce genre de lien émotionnel à mon expérience. Il était heureux et fier, mais il voulait demeurer calme pour pouvoir m'aider. C'est pourquoi je ne me suis jamais attendue à ce qui allait arriver la nuit de l'accouchement.

Je minutais mes contractions depuis la mi-journée et, dans mon esprit, il ne faisait aucun doute que c'était le grand jour. Aussi, quand Steve est rentré à la maison vers 21 h, je lui ai simplement dit: « On doit se rendre à l'hôpital. Tout de suite. »

« Tout de suite? » a-t-il demandé la tête dans le frigo à la recherche de quelque chose pour se faire un sandwich.

« Oui. Tout de suite! » lui ai-je répondu en me tenant le ventre parce qu'une autre vague de pression commençait à monter.

« As-tu perdu tes eaux? » a-t-il ensuite demandé d'un ton neutre en étendant de la moutarde sur son pain.

« Non, mais les contractions sont déjà commencées depuis un moment. Allons-y. »

« Donne-moi un stylo », a-t-il dit, aussi coulant que le camembert qu'il était en train de manger. Il a sorti un carnet de notes de sa poche. « Tu me préviendras quand t'auras ta prochaine contraction. »

J'ai tracé deux colonnes sur la feuille, une qui disait « Heure », l'autre qui disait « Durée », puis j'ai noté moi-même la contraction suivante, car Steve n'avait pas fini de manger. Ensuite, Steve a noté les trois contractions suivantes et a dit: « T'as raison, c'est peut-être le grand jour. Je vais te conduire à l'hôpital et on verra. »

Le reste de la nuit s'est un peu déroulé dans le brouillard pour moi. Travail, poussées, puis à l'aube, nous avions une belle petite fille dans nos bras. Ce que je ne savais pas, c'est que je n'étais pas la seule à être en travail. Mon mari, monsieur Calme et Sang-Froid en personne, a vécu chaque moment avec moi et a pris des notes très détaillées de tout ce qui est arrivé.

Lorsque je me suis réveillée le lendemain matin, Steve m'a remis six feuilles de papier ainsi que l'album de bébé, flambant neuf, de notre nouvelle fille. Sur les six feuilles de papier, il y a notamment la contraction que j'ai notée à la maison, suivie de cinquante autres. Au fil des pages, avec la fatigue, et la nuit qui avançait, l'écriture de Steve perd de sa netteté habituelle. Moi, je dormais entre les contractions, mais pas lui. Il veillait, silencieux, pour ne rien manquer et tout noter. En fait, il a noté tout ce que lui et les autres ont dit durant mon accouchement. Il a bien essayé de faire un compte rendu objectif de l'expérience, mais ses propres émotions émanent de chaque phrase. Il a vraiment été solidaire de moi lorsqu'il m'aidait à respirer tout en gardant son masque chirurgical sur son visage. Une phrase sur deux se termine par un point d'exclamation, alors que sa hâte et son émerveillement grandissent. En fait, il a vécu la naissance beaucoup plus consciemment et avec plus de présence que moi, et aussi avec plus d'émerveillement devant le résultat. « J'ai été le premier à crier: *C'est une fille!* » a-t-il écrit. Moi, je me rappelais seulement avoir pensé: *Quel soulagement de pouvoir arrêter de pousser!*

Je l'ai regardé. Durant la nuit, je ne sais pas trop quand, il avait enfilé son t-shirt « Coach ». Ensemble, nous avons enfilé le t-shirt « Assistant coach » à notre petite fille. Il lui couvrait tout le corps, jusqu'à ses mignons petits orteils roses.

Les vraies lettres d'amour ne sont pas celles qui sont inscrites sur le t-shirt de Steve ou sur celui de notre fille. Les véritables lettres d'amour sont celles que Steve a écrites durant la nuit de mon accouchement. Ces lettres seront toute ma vie un trésor.

Robin Silverman

L'amour est le véritable moyen d'apprécier le monde : notre amour pour les autres et l'amour des autres pour nous.

Thomas Traherne

La Mercedes

Rien de tel que la nouvelle voiture d'un voisin pour réunir tous les hommes du voisinage.

« Belle voiture, Wayne », ai-je dit à mon voisin Wayne.

Mike, un autre voisin, s'est approché: « Hé, Wayne, elle est neuve ou usagée? »

« Usagée. »

John, le voisin de Mike, est ensuite apparu derrière. « Six ou huit cylindres? »

« Quatre. »

Jim s'est aussi pointé au-dessus de la clôture: « Lecteur CD ou cassettes? »

« Ni l'un ni l'autre. »

Nous étions tous impressionnés par le nouveau véhicule de Wayne. Mais tout à coup, arrivant d'on ne sait où, le nouveau voisin d'en face a fait tourner toutes les têtes.

« Oh là là! Regardez-moi ça! » a lancé l'un de nous.

La bouche grande ouverte, nous avons tous regardé Bob Henderson garer sa nouvelle Mercedes dans son entrée. Puis nous l'avons regardé entrer dans la maison.

« On sait bien, ils n'ont pas d'enfants… », a dit Mike après un long silence.

« Ils attendent probablement d'avoir terminé leur stade de l'égoïsme pour en avoir. »

« Ouais », avons-nous dit en chœur. Ensemble, nous avions assez d'enfants pour former notre propre équipe de baseball, préposé aux bâtons inclus.

Jim a pointé du doigt la Mercedes. « Imaginez que vous avez une voiture semblable sans personne derrière qui donne des coups de pied dans votre siège. »

« Avez-vous remarqué à quel point le lait maternisé a vite fait de prendre le dessus sur la bonne odeur de neuf d'une voiture neuve? »

« Ouais », avons-nous répondu en chœur.

« Lui et sa femme sont encore sortis hier soir, vêtus comme des rois. »

« Ce doit être agréable de ne pas avoir de gardienne à payer... »

« L'autre jour, on a reçu une charmante carte de notre gardienne qui nous remerciait d'avoir contribué à son REER! »

« Il part tôt le matin et revient tard le soir du travail, chaque fois qu'il le veut. »

« Nos femmes ont besoin de nous seulement pour faire la police. »

« Ouais », avons-nous répondu en chœur.

« Je parie que personne n'enterre sa montre dans le carré de sable pour faire une chasse au trésor. »

« Je suis certain qu'il n'a jamais passé toute la journée au bureau avec un autocollant Barbie sur la fesse. »

« Il peut manger ses repas quand ils sont encore chauds. »

« Et sans se lever dix fois. »

« Ouais », avons-nous dit en secouant tous la tête.

C'est à ce moment que la femme de Wayne a apporté un grand pichet de limonade et des verres. « Qu'est-ce que vous regardez tous? »

Wayne montra la Mercedes de l'autre côté de la rue: « La nouvelle voiture des voisins d'en face. On disait justement que s'ils avaient des enfants… »

« Ils ne peuvent pas avoir d'enfants, vous savez », a dit la femme de Wayne. Nous nous sommes regardés tous les cinq.

« Ils sont infertiles », a continué la femme de Wayne. Elle a servi la limonade et s'en est retournée dans la maison. À part le tintement des glaçons dans les verres, le silence a plané un bon moment.

« Ouais, vraiment, t'as une belle voiture, Wayne », a dit l'un de nous.

« Je pense que je vais aller voir ce que font les enfants. »

« Ouais. »

Ken Swarner

La fille à son père

Alors que je boutonne le dernier bouton de sa nouvelle robe à frisons, elle me dit: « N'oublie pas de faire bouffer les manches, maman. » Une fois ses manches bien gonflées, ses collants enfilés, ses souliers bien vernis, elle se précipite devant le miroir sur pied. « C'est la plus belle robe du monde, n'est-ce pas, maman? »

« Absolument », dis-je. Dans quelques heures aura lieu la soirée de danse « Père et fille » de son école. Nous préparons cette soirée depuis plusieurs semaines.

« Ça va être encore mieux que Noël! » s'exclame-t-elle en gloussant pendant que j'attache ses cheveux avec un beau ruban.

Je l'imagine danser toute la soirée avec son prince charmant (son père). Je me remémore l'image de cette enfant qui a eu un père seulement quand elle a commencé à pouvoir dire le mot *papa*. Mon mari, Ron, un bel homme d'âge mûr, a dit à la travailleuse sociale: « Ça m'est égal que ce soit un garçon ou une fille. »

Quelques mois plus tard, sans grand préavis, nous avons pris l'avion avec nos deux autres enfants. La nuit suivante, à l'hôtel, nous n'avons pratiquement pas fermé l'œil.

Le lendemain matin, impatients de rencontrer le nouveau membre de notre famille, nous sommes arrivés à l'agence d'adoption avant même l'ouverture des bureaux. Après une attente qui nous a semblé des heures, nous avons enfin pu voir Susie, la mère biologique de notre fille, arriver en tenant chacune des mains d'Elaina pour la guider. Elaina a regardé Ron et a crié : « Pa-pa ».

Nous étions émus. Ron a soulevé Elaina dans ses gros bras pour lui dire bonjour. J'avais envie d'étreindre Susie autant qu'Elaina.

La décision de Susie a demandé du courage. Elle avait déjà le projet de faire adopter son enfant quand elle était enceinte, mais le père biologique était venu à l'hôpital après l'accouchement et avait proposé à Susie de revenir ensemble pour élever l'enfant. Susie avait accepté en espérant que cela fonctionnerait. Quelques mois plus tard, malheureusement, Susie était seule de nouveau, poursuivait ses études, travaillait et essayait d'élever Elaina. Après une année de ce régime, elle a décidé qu'elle voulait mieux que cela pour sa fille. Elle voulait qu'Elaina soit élevée avec une maman, un papa, des frères et sœurs. Elle s'est présentée à l'agence avec laquelle nous faisions affaire et nous a choisis à partir d'un album de famille que nous avions remis à l'agence.

Dès que nous avons rencontré Susie, j'ai eu l'impression d'être en lien avec elle, probablement en raison de l'amour qu'elle et moi ressentons pour Elaina.

Susie a poursuivi ses études et gardé contact avec nous pendant un certain temps. Même si nous n'avons plus jamais de nouvelles d'elle, je sais qu'elle fera toujours partie de notre vie.

Je mets un peu de rouge à lèvres sur les lèvres de notre petite fille. Son père entre dans la chambre. Il porte son complet rayé bleu marine et sa cravate ornée d'animaux colorés qu'Elaina lui a offerte pour son dernier anniversaire. Il regarde Elaina et s'exclame: « Wow! Que t'es belle, ma princesse! »

Je sais qu'il est presque aussi content qu'elle. Aujourd'hui, il y a de la magie dans l'air. Ce soir, le papa d'Elaina connaîtra la joie de faire danser sa fille sur ses pieds en la faisant tournoyer. Ils savoureront des mets délicats, comme des macaronis au fromage, de la pizza et des hot dog. Ils joueront au limbo et mangeront des glaces.

Tandis qu'Elaina et son père se dirigent vers la porte, Elaina se regarde une dernière fois dans le miroir. « Je ressemble vraiment à une princesse, n'est-ce pas, papa? »

Ron me regarde et ses yeux me disent que nous pensons tous les deux à ce dont nous avons discuté déjà: rien ne se compare à l'amour qui existe entre une petite fille et son papa.

Nancy M. Surella

Pour comprendre l'amour de ses parents,
il faut élever ses propres enfants.

Proverbe chinois

La peur de ma vie

Chère Blair,

Bon anniversaire! C'est difficile de croire que ma fille a trois ans aujourd'hui. « Ma fille »... Ces mots signifient tant pour moi.

Ma fille, je voulais t'offrir un présent spécial aujourd'hui. Je vais te faire part des pensées que j'ai notées il y a trois ans, alors que j'étais dans un avion au-dessus de la Californie pour aller vous chercher, ta mère et toi, éternellement reconnaissant envers ta mère biologique de nous avoir permis de t'adopter.

Ton frère Max et moi nous trouvions dans un avion à neuf milles mètres au-dessus du Nevada, en direction de Los Angeles. Nous avions quitté New York quatre heures plus tôt. Max, qui avait trois ans et demi à cette époque, venait finalement de s'endormir. Je l'ai regardé et j'ai ressenti l'amour que les pères ressentent pour leurs enfants depuis la nuit des temps.

J'allais à ta rencontre, toi ma nouvelle fille, et à la rencontre de ta mère à l'aéroport international de Los Angeles. J'étais heureux, mais j'avais peur. Tu avais seulement deux jours et d'après ce que tout le monde m'avait dit au téléphone, tu étais belle. Avant même de te rencontrer, je savais que tu étais ma fille et que tu ferais partie de ma vie à cause de circonstances hors de notre contrôle.

Je savais aussi que tu devrais un jour faire face au fait que tu es une enfant donnée en adoption par des parents biologiques capables de concevoir un enfant mais incapables de subvenir à ses besoins. Je me suis engagé à faire tout en mon pouvoir pour t'expliquer ton adoption d'une manière qui favoriserait ta croissance comme femme et comme personne, d'une manière qui ne t'inciterait pas à te sentir comme une victime.

Ta mère et moi croyons que Dieu t'a choisie parce que nous avons des choses à nous apprendre les uns les autres. Max, à trois ans et demi, m'a déjà appris des choses précieuses sur ma capacité d'aimer et d'éduquer. Et que dire de la joie de se faire appeler « papa »!

Je ne sais pas si toi ou Max saurez un jour à quel point vous étiez désirés. Je suis certain cependant que vous saurez à quel point vous êtes aimés. J'imagine que les parents qui adoptent des enfants gâtent leurs enfants en les couvrant d'amour. Nous connaissant, ta mère et moi, je sais que c'est fort probablement ce que nous ferons. Saurez-vous combien de consultations en clinique d'infertilité, combien d'examens et d'analyses, combien de fausses couches il nous a fallu pour comprendre qu'avoir une famille (et non une grossesse) était ce que nous voulions le plus? Saurez-vous, aussi, qu'un matin nous avons compris qu'il y avait plusieurs façons de fonder une famille et de devenir parent? Concevoir un enfant n'est pas l'unique façon de devenir parent.

Je ne sais pas si Max et toi saurez avec quel soin votre mère a placé toutes ces petites annonces dans des journaux de petites villes un peu partout au pays, en espérant trouver une future maman qui donnerait le cadeau de la vie à un enfant pour ensuite nous en faire l'ultime cadeau d'amour. Chaque fois que le téléphone a sonné par la suite, nous avions la gorge serrée en pensant que ce pourrait être l'appel que nous attendions. Nous étions très nerveux quand nous pensions à ce qu'il fallait dire à ces mamans biologiques qui nous téléphoneraient. Nous ne devions pas avoir l'air trop vieux, ni trop stressés, ni même trop éduqués pour cette fille de dix-sept ans à l'autre bout du fil. J'ignore si tout cela te préoccupera. Je me demande si tout cela sera important pour toi et ton frère.

L'adoption m'a enseigné des choses que je n'aurais jamais apprises sans les vivre. Par exemple, j'ai appris qu'il existe une seule définition des mots « mère », « père », « fils » et « fille »: c'est une personne capable d'aimer tout être humain comme un des siens.

C'est pourquoi j'avais si peur. Quand tu es née, nous venions d'entendre parler de deux cas d'adoption dans les journaux. Dans le cas de bébé Jessica, la mère biologique a changé d'idée juste avant que l'adoption soit finalisée. Le juge a décidé d'enlever la petite fille à ses parents adoptifs pour la redonner à ses parents biologiques — des gens qu'elle ne connaissait pas.

Nous avons aussi entendu parler d'une adolescente qu'on a retournée à ses parents biologiques sous prétexte qu'elle avait été échangée par erreur à la naissance. Normalement, personne n'aurait jamais rien su, mais une des deux enfants échangées est morte après une grave maladie, et des tests sanguins pendant sa maladie ont démontré qu'elle ne pouvait pas être l'enfant biologique des gens qui l'élevaient. L'adolescente vivante a donc été enlevée, contre son gré, à la seule famille qu'elle connaissait. Dans le cas de Jessica comme dans le cas de l'adolescente, les parents (biologiques et adoptifs) ont vécu le cauchemar. Et les deux cas m'ont rappelé que, dans certaines régions, la loi ne tient pas compte suffisamment des liens tissés depuis longtemps entre l'enfant et ses parents.

Malgré ces deux cas très médiatisés, jamais je n'ai douté de notre décision d'adopter. J'admets que j'aurais bien aimé demander au juge comment il aurait réagi s'il avait été le père d'une enfant malencontreusement échangée à la naissance. Comment aurait-il pu accepter d'abandonner une enfant que son épouse et lui auraient aimée comme leur propre enfant, une enfant qu'ils auraient élevée durant treize ans, deux ans, un an ou même un seul mois, juste parce qu'elle n'était pas leur fille biologique? Est-ce qu'un parent peut faire cela? J'en doute.

C'est l'aspect angoissant de l'adoption dans notre pays. On sait très bien qu'avant l'adoption officielle, les parents adoptifs ont constamment peur qu'on vienne leur retirer l'enfant. Les cas où les parents biologiques changent d'idée sont rares, heureusement, mais ces rares cas font des malheureux et sèment la peur dans le cœur des parents adoptifs. Quand on vous confie un bébé, vous voulez l'aimer et le protéger pour toujours. Et vous voulez oublier le fait que, durant la période nécessaire pour finaliser l'adoption, un simple appel téléphonique peut tout briser.

Pendant que je jonglais à toutes ces choses dans l'avion, l'agent de bord a annoncé que nous arrivions dans dix minutes. Dix minutes, et j'allais descendre de l'avion pour rencontrer ma nouvelle fille, la nouvelle sœur de Max. Je savais que j'allais étreindre et embrasser mon épouse, la mère de nos deux enfants. J'allais prendre des photos avec ma caméra et nous allions pleurer de bonheur. Puis, lentement, mes peurs s'apaiseraient. Avec le temps, l'amour triompherait, mais pour le moment j'avais peur. Tout ce que j'espérais, c'était que personne n'ait changé d'idée ou de sentiment.

Pour le moment, Blair, je suis tout simplement reconnaissant que l'attente soit terminée et que tout aille bien. Ces mots ne veulent rien dire pour toi aujourd'hui, mais j'espère qu'un jour tu pourras les partager avec tes propres enfants. Je veux que tu puisses leur dire un jour, avec fierté, que ta famille a été conçue de la façon dont toutes les familles devraient être faites: d'amour. Je veux que tu puisses dire à tes enfants que leurs grands-parents ont mis beaucoup d'amour dans la création de leur famille.

Joyeux anniversaire, ma fille.

Avec amour,

Papa

David E. Mittman

4

LES DIFFICULTÉS DE PARCOURS

Tu n'étais pas encore conçu que je te désirais.
Tu n'étais pas encore né que je t'aimais.
Tu n'étais pas au monde depuis une heure
que j'étais prête à donner ma vie pour toi.
N'est-ce pas le miracle de l'amour?

Maureen Hawkins

La réserve secrète
pour bébé

« Comment allons-nous trouver l'argent pour ce bébé? » a demandé ma femme, Lois, avec une pointe d'inquiétude dans la voix. Le médecin venait de nous apprendre que mon épouse était enceinte de notre premier enfant. Sur le coup, nous avons accueilli la nouvelle avec une joie innocente, mais la réalité nous rattrapait. Nous habitons aux États-Unis, où il n'y a pas de régime public d'assurance-maladie. Ceux qui n'ont pas d'assurance avec leur employeur doivent payer les soins de santé, y compris les consultations prénatales et l'accouchement. Nous devions réfléchir sérieusement à cela.

Je venais de commencer un nouvel emploi qui ne m'accordait qu'une assurance-maladie minimale. Quant à Lois, elle travaillait à temps partiel seulement et ne bénéficiait d'aucune assurance. « Ne t'en fais pas, ma chérie, lui ai-je dit finalement. Je trouverai bien un moyen. » Et c'est ce que j'ai fait.

Les soins prénataux et l'accouchement de notre premier enfant, je les ai payés avec des billets de 2 $. Je vous explique. À mon travail, j'étais payé chaque semaine en argent comptant si je présentais ma feuille de temps. La dernière tranche de 10 $ de notre salaire nous était toujours versée en billets de 2 $. Mon employeur faisait cela pour voir si les employés dépensaient quoi que ce soit dans leur établissement, les billets de 2 $ en circulation étant rares à cette époque aux États-Unis (à la fin des années 1950).

Le médecin nous avait dit que les consultations prénatales coûteraient 150 $ et que le séjour à la maternité de l'hôpital coûterait 175 $. Ces coûts étaient énormes pour un homme qui gagnait 58,50 $ net par semaine. Aujourd'hui, plus de cinquante ans plus tard, les interventions médicales ont peu changé, mais l'aspect monétaire des soins médicaux est toujours aussi terrifiant. Toujours est-il qu'à chaque jour de paye, quand je rentrais à la maison, je donnais à Lois tous mes billets de 2 $.

Lois avait trouvé une cachette dans l'armoire, qu'elle appelait en riant « la réserve secrète pour bébé ». Je n'ai jamais su où était cette cachette, alors je ne savais pas combien d'argent s'accumulait. Chaque fois que je m'en informais auprès de Lois, elle souriait et montrait son ventre qui grossissait: « Faudra demander au bébé ». Je me contentais de sourire, de prendre le journal et de lui répondre: « Il n'est pas très bavard, ce soir. » Comme vous pouvez le constater, j'avais déjà décidé que ce serait un garçon. C'est peut-être un peu macho de la part des hommes, mais les femmes semblent comprendre, heureusement.

Au fil des semaines, puis des mois, je savais que la réserve secrète grossissait presque aussi vite que le bébé. Le plus drôle, c'est que ces billets de 2 $ ne m'ont jamais manqué puisque je considérais qu'ils ne m'étaient pas destinés. Comme pour toutes les grossesses, le jour J est finalement arrivé.

Je me suis réveillé au beau milieu de la nuit pour m'apercevoir que Lois n'était plus à côté de moi. Sa place était encore chaude. Puis, j'ai entendu un bruit dans la pièce d'à côté. *Quel est ce bruit?* me suis-je demandé. *On dirait qu'elle repasse.* Je me suis levé et l'ai rejointe. « Qu'est-ce que tu fais là? » lui ai-je demandé. « Je repasse », m'a-t-elle répondu comme si de rien n'était. « Tu repasses? Au beau milieu de la nuit? » ai-je encore demandé. « C'est le moment d'aller à l'hôpital et je veux que ma robe de nuit soit bien pressée. Prépare-toi donc. Prends la valise, sors et démarre la voiture. » Quand notre quatrième enfant est né, je connaissais cette routine par cœur, car elle n'avait pas changé. La seule chose qui a changé après le premier, c'est la façon dont nous avons payé les soins médicaux. Il y a la voiture, aussi, qui s'est modernisée et qui est devenue plus facile à démarrer…

Au fil des ans, j'ai été promu. J'ai pu bénéficier d'assurances médicales complètes pour nos trois autres enfants. J'en étais heureux et Lois aussi, mais c'était dommage aussi. Les chèques de mon assureur n'ont jamais valu le sourire surpris du médecin quand je lui ai remis une pile de billets de 2 $ pour lui payer ses honoraires : « Voilà pour vos honoraires, docteur. » Les chèques de l'assureur ne valaient pas non plus la réserve secrète pour bébé et le plaisir que j'éprouvais à donner à Lois mes 2 $ hebdomadaires.

Jusqu'à récemment, j'avais tout oublié de cette période de ma vie, qui date de plus de quarante ans. J'étais à l'épicerie quand la caissière m'a donné un vieux billet de 2 $ chiffonné en même temps que ma monnaie. En regardant les coins écornés du vieux billet, j'ai senti ma gorge se serrer et des larmes me monter aux yeux. Notre réserve secrète pour bébé m'est revenu à l'esprit, ainsi que tout ce qu'elle représentait.

Les bras chargés de sacs et la tête pleine de souvenirs, je me suis dirigé vers ma voiture puis vers mon appartement désert. En arrivant chez moi, j'ai songé que ce serait un grand bonheur de commencer une réserve secrète de nouveau. Malheureusement, la réalité est ce qu'elle est: il ne me reste plus assez de temps dans ma vie et il n'y a plus assez de billets de 2 $ en circulation. Et pourquoi pas, pensai-je en souriant, peut-être, juste peut-être, je pourrais commencer une autre réserve secrète avec nos nouveaux dollars en or? Vieux rêveur, va.

James A. Nelson

Un cadeau précieux

« Vas-tu demander ce que ce sera? »

« Eh bien, nous espérons vraiment que c'est un bébé, quoique j'aie lu sur la couverture d'un magazine à sensations qu'une femme a eu des chatons... » D'accord, d'accord, je n'ai jamais fait cette réponse à personne, mais j'ai été tentée plusieurs fois. Quand je suis arrivée à mon septième mois de grossesse, j'étais déjà habituée aux questions ridicules (*T'as pas encore eu ton bébé?* ou *Te sens-tu prête?* et, évidemment, *Tu dois avoir hâte d'accoucher?*). Mon mari et moi avions choisi de ne pas demander le sexe de notre premier enfant, mais nous avons décidé de le demander lors de ma deuxième grossesse, à l'occasion de l'échographie du septième mois. Comme nous avions déjà un beau garçon de quatre ans, notre décision de demander le sexe de notre second enfant a généré toutes sortes de commentaires: a) *Peut-être que ce bébé sera une fille*, b) *Si c'est une fille, tu auras la famille parfaite*, c) *Matt a besoin d'une sœur*. Secrètement, je désirais une fille, mais je disais que ça n'avait pas vraiment d'importance.

Le matin de mon échographie, j'étais très nerveuse. Le médecin m'avait dit de boire beaucoup d'eau et, docile comme je suis, c'est ce que j'ai fait. Après le trajet de trente minutes en voiture pour aller au bureau du médecin, j'étais au bord de l'explosion, alors imaginez comment se portait ma vessie après les trente minutes que j'ai passées dans la salle d'attente une fois rendue! Il n'y a pas pire torture qu'empêcher une femme enceinte d'aller faire pipi. J'ai supplié l'infirmière de me laisser aller aux toilettes, mais elle m'a remis un minuscule contenant en me disant: « juste un peu » sur un ton pas très amical. Une fois enfermée dans les toilettes, j'ai dû faire un effort surhumain pour arrêter le flot et retourner dans la salle d'attente. Heureusement, mon tour était arrivé. Après avoir répandu une quantité astronomique de gel sur mon gros ventre, on m'a demandé sans délicatesse de me coucher sur le dos sur un lit de camp. L'infirmière a ensuite attaché (serré!) toutes sortes de moniteurs autour de ma taille. Je me sentais comme une baleine échouée! Je m'attendais à voir un groupe de militants de Greenpeace débarquer pour me dire de ne pas m'en faire. Le médecin a commencé à me décrire l'image qu'on voyait sur l'écran. « Je vois le cœur. Tous les ventricules ont l'air parfaitement formés. Le cerveau semble normal aussi. En mesurant les jambes, on peut déterminer le poids approximatif et voir si nous concordons avec votre date d'accouchement. » Silence lourd. Puis l'annonce. « Et si vous désirez connaître le sexe, je peux vous dire en toute certitude que… c'est un garçon! »

Les lèvres du médecin continuaient de bouger, mais je n'entendais plus ce qu'il disait. Tout ce dont je me souviens, c'est que j'ai essayé de ne rien laisser paraître tandis que mon mari prenait dans ses bras notre fils de quatre ans qui jubilait à l'annonce de la nouvelle. Je suis assez honnête pour admettre que j'ai été déçue sur le coup. Les trente minutes de voiture pour revenir à la maison ont été les plus longues de ma vie. Et quand j'ai fermé derrière moi la porte de ma chambre à coucher, j'ai pu enfin laisser monter les larmes. Des larmes qui me disaient que je ne voulais pas une fille pour « avoir le couple, la famille parfaite », ni pour donner à mon fils « une sœur qu'il pourrait protéger à l'école ». Je voulais une fille pour moi. Je voulais une fille pour porter des robes semblables, avec qui aller au salon de coiffure, avec qui aller magasiner (pour sa robe de bal et sa robe de mariée), et pour renifler en écoutant des téléromans. Plus j'y repensais, plus je me rendais compte que mon désir le plus profond n'était pas d'avoir une fille, mais de retourner en arrière pour revivre mon adolescence.

Pendant que je pleurais, le téléphone a sonné. C'était une grande amie à moi, enceinte elle aussi. Nous avions seulement quelques semaines de différence. Malheureusement, elle venait d'apprendre de mauvaises nouvelles de son obstétricien cet après-midi-là: il y avait des complications. Nous avons pleuré et prié ensemble. Quand j'ai raccroché le récepteur, ma façon de voir les choses avait changé. J'ai pris conscience du cadeau formidable qui grandissait en moi.

Le lendemain matin, alors que je conduisais pour me rendre au travail, je me suis préparée à la question imminente : « Alors, sais-tu ce que c'est? » Et immédiatement, j'ai su la réponse: Oh oui! Je sais ce que c'est. C'est un cadeau. Un cadeau de la vie. Un trésor sans prix. Il est en santé. Il a tous ses morceaux. C'est comme une nouvelle chance. C'est la joie, le rire. C'est la chair de ma chair. C'est mon fils.

Kelli S. Jones

Sauvée par mon bébé à naître

Mon mari et moi avions été heureux d'apprendre que j'étais enceinte après une année entière à essayer de concevoir. Ma grossesse se déroulait bien jusqu'à maintenant. Nous étions à la toute fin de l'automne. Un matin, la première neige de l'hiver est venue recouvrir nos buissons de rhododendrons comme une duveteuse couverture de bébé. En regardant par la fenêtre de ma chambre, je me suis demandé si l'enfant qui grandissait en moi aimerait faire des anges dans la neige et regarder les flocons cristallisés fondre sur ses petites mitaines.

J'avais trente et un ans, j'étais enceinte de cinq mois et je me sentais pleine de vie et d'énergie. Steve et moi avions très hâte d'être parents. Les médicaments que j'avais pris pour stimuler l'ovulation avaient fonctionné. Tout s'annonçait enfin bien pour nous.

Ce matin-là, je n'avais pas trop le temps de rêvasser au sujet de mon bébé ou d'aller faire une longue promenade dans la neige. Je devais me préparer pour aller travailler. Je travaillais pour une station de télévision en tant que reporter, et la première neige qui venait de tomber m'indiquait mon emploi du temps de la journée: j'allais rester debout dans la neige, les joues fouettées par les flocons mouillés, à dire aux gens qu'il valait mieux ne pas prendre la route.

C'est arrivé pendant que je m'habillais. Sans avertissement, une douleur vive m'a traversé le ventre. Je me suis pliée en deux et recroquevillée dans mon lit. J'ai réussi à appeler Steve, qui était déjà rendu à son bureau. « Il faut que tu viennes à la maison tout de suite », lui ai-je dit, la respiration coupée. « Ça ne va pas du tout », ai-je ajouté. Il a raccroché pour immédiatement replonger dans le gros trafic du matin pour revenir à la maison.

Tandis que la douleur revenait par vagues, j'ai téléphoné au bureau de mon obstétricien. « J'ai tellement mal! » ai-je dit à l'infirmière. Je pleurais à chaudes larmes à présent et j'avais du mal à parler. « J'ai peur de perdre mon bébé. »

« Respirez profondément et essayez de vous relaxer », a dit l'infirmière au bout du fil. « Vous devez venir ici pour qu'on vous examine. Dans combien de temps pourrez-vous venir? »

Une heure plus tard, mon mari et moi étions dans la salle d'examen avec un gynécologue-obstétricien, un radiologue et un technicien en échographie. Le médecin et le radiologue observaient attentivement l'écran d'échographie. Leur visage n'exprimait rien. Quant au technicien en échographie, il essayait de nous expliquer ce qu'il voyait. Il y avait plein de choses à voir: les valvules cardiaques qui pompaient le sang et un ravissant profil qui laissait deviner un tout petit nez. Notre bébé nous semblait parfait.

Lorsque l'examen a pris fin, les médecins et le technicien ont quitté la pièce pour discuter de leurs observations. Puis le gynécologue-obstétricien est réapparu dans la salle d'examen. « Eh bien, on dirait qu'il y a une masse, nous a-t-il dit, laissez-nous vous montrer. »

Il nous a montré une zone sombre sur l'écran que le technicien avait mesurée mais ne nous avait pas décrite. Il a ensuite expliqué que j'avais une tumeur de la taille d'un petit pamplemousse sur l'ovaire droit. Étant donné que la tumeur grossissait rapidement (on ne l'avait pas vue deux mois et demi plus tôt lors d'une échographie complète de la région pelvienne), les médecins la jugeaient très dangereuse. En fait, le médecin m'a recommandé de m'opérer dès le lendemain.

Sur le coup, Steve et moi étions abasourdi, puis terrifiés. Et nous avions beaucoup de questions: cette intervention sous anesthésie générale allait-elle faire du mal au bébé? Moi qui avais abandonné mon occasionnel verre de vin blanc et mon cappucino du matin, que devais-je penser de tous les médicaments qu'on m'administrerait? Les médecins nous ont toutefois assurés qu'une quantité limitée d'anesthésiques ne nuirait pas au développement de notre bébé. Ils ont ajouté que le cinquième mois de grossesse était l'un des meilleurs moments pour opérer lorsqu'une femme enceinte a besoin d'une intervention chirurgicale. Une opération pratiquée plus tôt durant la grossesse peut provoquer une fausse couche, tandis qu'une opération plus tardive peut entraîner un accouchement prématuré.

Comment le médecin allait-il enlever la tumeur sans déranger le bébé? On nous a expliqué qu'il pratiquerait une incision verticale sous mon nombril, qu'il déplacerait doucement le bébé de côté et enleverait la tumeur.

J'ai appelé mon gynécologue de longue date pour une consultation, et j'en ai ensuite discuté avec mon mari et mes parents. Tout le monde était d'accord pour dire que l'opération était la seule solution possible.

Quatre médecins étaient dans la salle d'opération pour mon intervention chirurgicale. On a enlevé la tumeur et, en même temps, mon ovaire droit. Les tissus prélevés ont immédiatement été envoyés au laboratoire pour analyse.

Quand les résultats sont revenus du laboratoire, un des médecins a quitté la salle d'opération pour informer ma famille du diagnostic. « Les nouvelles ne sont pas bonnes », a-t-il annoncé. « Le bébé va bien et a très bien supporté l'intervention, mais la tumeur d'Elisa est maligne. Elle a un cancer de l'ovaire. »

On m'a annoncé la nouvelle quand je me suis réveillée: « Vous avez un cancer. » C'étaient les mots les plus laids du monde pour moi. En tant que journaliste, j'avais déjà entendu beaucoup d'histoires horribles, et l'annonce de cette nouvelle avait quelque chose d'irréel, comme si on parlait de quelqu'un d'autre.

Nous avions des décisions sérieuses à prendre. Si le cancer s'était propagé et que j'avais besoin de radiothérapie ou de chimiothérapie, je pourrais porter le bébé seulement jusqu'à sept mois, a dit le médecin, moment où le bébé serait capable de vivre par lui-même après un accouchement provoqué, puis je commencerais le traitement. Toutefois, si le cancer était agressif, j'allais peut-être devoir commencer la chimiothérapie tout de suite. Durant l'opération, l'équipe médicale a prélevé des échantillons de tissus dans d'autres organes et les a envoyés au laboratoire pour vérifier si le cancer s'était propagé. Cette analyse en laboratoire prendrait plusieurs jours, cependant.

Une infirmière a ensuite attaché un moniteur fœtal sur mon ventre et on a pu entendre les battements rapides du cœur de mon bébé. Une musique à mes oreilles! J'espérais de tout mon cœur pouvoir continuer de porter cet enfant.

Sonnée par les médicaments antidouleur, je me suis endormie. Lorsque je me suis réveillée au milieu de la nuit, j'ai vu Steve endormi dans un fauteuil à côté de moi. J'éprouvais tant d'amour pour lui. Il avait cru (comme moi) qu'une fois nos problèmes d'infertilité surmontés, nous pourrions enfin fonder une famille sans autre embûche. Mais en quelques heures, il avait appris que sa femme avait le cancer et que la vie de son bébé était en danger. Steve continuait malgré tout de me remonter le moral et de m'épauler. Il est resté avec moi les quatre nuits de mon séjour à l'hôpital.

J'ai beaucoup parlé de mes peurs avec Steve. Lorsqu'on vous dit que vous avez le cancer, vous vous voyez soudainement chauve à cause de la chimiothérapie, maigre et affaiblie, couchée dans un lit d'hôpital. Je me répétais constamment que le cancer n'était pas forcément une condamnation à mort et que beaucoup de victimes du cancer survivent. « Mon heure n'est pas encore arrivée », ai-je dit à Steve. « Il me reste tant de choses à faire. Je veux surtout être une mère. »

Les jours qui ont suivi ont été les plus longs de ma vie. Quand le médecin a fait sa ronde du soir, le troisième jour, il nous a annoncé la nouvelle tant espérée:

« Votre cancer s'est limité à votre ovaire droit, car la tumeur était entièrement encapsulée. »

« Cela signifie, a-t-il continué, que nous avons enlevé toute trace de la maladie quand nous avons enlevé l'ovaire cancéreux. Vous n'aurez pas besoin de traitement. » Il était certain à 95 % que j'étais guérie du cancer. En fait, mes chances ne pouvaient pas être meilleures. S'il n'y avait pas d'autres complications, je pouvais m'attendre à accoucher à la date prévue d'un bébé en santé.

Le bonheur commençait à m'inonder lorsque le médecin a ajouté quelque chose d'étonnant.

« Votre bébé vous a probablement sauvé la vie. » Il nous a alors expliqué ce qui suit: si j'avais été en mesure de ressentir la douleur qui a permis de découvrir la présence d'un cancer, c'était grâce à mon utérus qui grossissait et comprimait la tumeur. Si je n'avais pas été enceinte, je n'aurais probablement pas eu de signes du cancer jusqu'à ce que la tumeur soit très grosse et la maladie, beaucoup plus avancée.

Le cancer de l'ovaire est une des formes les plus mortelles de la maladie. Selon l'American Cancer Society, 26 700 femmes par année sont atteintes du cancer de l'ovaire et seulement 44 % d'entre elles survivent plus de cinq ans après le diagnostic. Cette situation est due au fait que le cancer de l'ovaire passe souvent inaperçu. En effet, il n'y a habituellement aucun symptôme jusqu'à ce que l'abdomen de la femme grossisse, et il est souvent trop tard pour intervenir à ce moment-là. Pour détecter précocement la maladie, une femme doit subir un examen gynécologique complet et peut-être aussi une échographie de son appareil reproducteur. Mon médecin a même dit qu'il faut être presque chanceux pour détecter le cancer de l'ovaire. Après tout, ma tumeur n'était pas encore visible à mon échographie dix semaines auparavant.

Énormément soulagée, j'ai souri et je me suis séché les yeux. J'ai embrassé tout le monde autour de moi.

Lorsque ma famille est partie prendre une bouchée à la cafétéria, je me suis rendue, seule, en marchant, à la pouponnière pour voir les nouveau-nés. Jusqu'à maintenant, j'avais évité l'endroit. Je ne voulais pas voir ces minuscules visages parce que j'avais peur de ne jamais pouvoir accoucher de mon bébé ici. En peignoir et en pantoufles, j'étais maintenant capable de regarder les rangées de bébés dormir de l'autre côté de la vitre. J'ai posé une main sur mon ventre et j'ai pleuré.

Plus tard, j'ai repris mon travail à la station de télévision. Les téléspectateurs me voyaient rondir à chaque jour. Puis la neige a fondu dans les montagnes et les narcisses sont sortis. J'étais prête à devenir mère.

Quatre mois après mon opération, j'ai donné naissance à une belle fille en santé de plus de quatre kilos. Nous l'avons appelée Mariel, un nom qui signifie « enfant désirée ». Elle a de grands yeux bleus curieux et deviendra peut-être journaliste comme sa mère un jour.

Je surnomme Mariel mon petit ange. Je sais que toutes les mères adorent leur bébé, mais combien peuvent dire que leur bébé leur a sauvé la vie?

Elisa Kayser Klein

L'amour en cadeau

*Il n'y a aucune difficulté
que l'amour ne puisse vaincre.*

Emmet Fox

Deux ans après une grossesse ectopique et la découverte que je ne pourrais pas porter d'enfant, mon mari et moi avons décidé d'adopter un bébé. Toujours entourés par une famille avec des enfants en abondance, nous nous sommes rendu compte que la façon dont notre bébé arriverait en ce monde n'avait pas d'importance. Chose certaine, nos vies seraient incomplètes sans la présence d'enfants avec qui partager l'amour que nous avions à offrir. Une fois la décision prise, nous nous sommes inscrits immédiatement dans plusieurs agences d'adoption reliées aux services sociaux. Malheureusement, ces agences offraient peu d'espoir, et nous savions dans notre cœur que notre seule chance d'adopter un bébé serait de recourir à l'adoption indépendante.

Nous avons donc retenu les services d'un avocat en adoption qui nous a conseillé de placer une petite annonce dans les journaux locaux de plusieurs villes. Nous nous sommes ensuite procuré une ligne téléphonique distincte et un répondeur, puis nous avons attendu. Au début, nous avons eu très peu d'appels, mais après quelques semaines d'annonces assidues cependant, nous avons commencé à en recevoir. Notre avocat nous avait remis une liste de questions à poser poliment, ce qui s'avéra être une excellente idée, car j'étais très nerveuse quand le téléphone sonnait... j'avais du mal à me rappeler mon propre nom! Sans cette liste de questions, j'aurais sûrement eu de la difficulté à trouver des questions intelligentes. Au cours des mois qui ont suivi, nous avons eu quelques appels obscènes, quelques farceurs, et quelques candidates plus ou moins certaines. Mon cœur battait fort et je tremblais chaque fois que le téléphone sonnait. À un moment donné, j'ai parlé à une dénommée Julia.

Julia était jeune, célibataire, pauvre et enceinte de quatre mois. Elle nous a invités chez elle, dans une ville pas très loin de chez nous, invitation que nous avons acceptée avec reconnaissance. En montant les marches branlantes de son perron, j'ai respiré profondément en me disant que mon avenir dépendait du moment que j'allais vivre dans quelques secondes. Lorsque Julia a ouvert la porte, j'ai eu envie de pleurer. Elle était tellement belle. Elle avait de longs cheveux dorés et de beaux grands yeux bleus. Son ventre paraissait à peine. Nous avons rencontré sa mère et sa grand-mère. Pendant que ces trois générations de femmes nous bombardaient de questions sur nos principes et nos croyances, je priais en silence pour avoir l'honneur de mériter leur précieux cadeau.

Après trois longues heures interminables et quelques étreintes à la porte, nous sommes partis. J'étais tellement énervée durant le trajet de retour que je n'arrêtais pas de parler. « As-tu vu son petit nez? » ai-je demandé à mon mari qui s'est immédiatement mis à rire, car nous avons tous les deux des nez assez imposants. Au cours des mois qui ont suivi, avec l'aide de notre avocat comme médiateur, nous avons aidé Julia à assumer les coûts reliés à sa grossesse. Nous avons payé ses vêtements de maternité ainsi que les honoraires de son médecin, et je lui parlais tous les soirs au téléphone, m'informant chaque fois de sa santé et de son bien-être. J'avais l'impression qu'elle était ma sœur. Je me sentais en lien avec elle, ce qui était bon pour nous deux. C'est pourquoi je me suis sentie si dévastée quand Julia, à huit mois de grossesse, a décidé de garder son bébé. Cette perte a été aussi pénible que ma grossesse ectopique, peut-être même pire puisqu'on en était au huitième mois. Je suis restée au lit durant trois jours à pleurer constamment, à peine capable de manger, ne voulant parler à personne à l'exception de mon mari. J'étais en deuil et j'avais désespérément besoin de pleurer ce bébé.

Aussi difficile que ce fût, j'ai continué à faire paraître des petites annonces, regardant les mois passer sans que je reçoive de réponse. Tous mes espoirs s'effritaient. Deux semaines après Noël, notre avocat m'a téléphoné au travail. Il m'a demandé si je pouvais quitter mon bureau dans l'heure qui venait pour aller rendre visite à une femme qui avait accouché deux semaines auparavant. Aurea était une Philippine célibataire. Craignant le déshonneur causé par sa grossesse, sa famille l'avait envoyée en visite chez des amis aux États-Unis. Maintenant qu'elle avait accouché, elle devait retourner dans son pays, mais il n'était évidemment pas question qu'elle y retourne avec un enfant. Être mère célibataire était une réelle disgrâce dans son pays, et Aurea aurait été incapable de subvenir elle-même aux besoins de son bébé. Elle avait répondu à l'annonce d'un autre couple client du même avocat, mais ces gens étaient des Juifs orthodoxes qui ne pouvaient pas adopter un bébé philippin. Étant donné qu'Aurea avait déjà pris contact avec mon avocat, il était parfaitement légal pour celui-ci de m'informer de l'existence d'Aurea et de son enfant. Deux heures plus tard, mon mari et moi étions devant Aurea, charmante et timide, et son beau petit garçon âgé de deux semaines. Lorsqu'elle m'a tendu le nouveau-né, nos yeux se sont rencontrés. J'ai vu à la fois de la souffrance et de l'espoir dans son regard. Le sourire qui se trouvait sur son visage n'était là que pour l'appui qu'elle voulait me donner. J'ai pris le bébé et j'ai humé la douce odeur de sa peau. Je ne voulais pas paraître trop accaparante, mais j'avais du mal à contenir ma joie. Nous sommes restés une heure avec elle, arrivant à peine à nous comprendre en anglais. Lorsque nous sommes partis, Aurea était d'accord pour nous donner son enfant en adoption. Elle avait toutefois besoin d'un peu plus de temps pour lui faire ses adieux.

La semaine a été cauchemardesque. Nous nous sommes beaucoup questionnés. Nous avons cherché dans notre âme si nous serions capables d'aimer et d'élever un enfant d'une race différente. Aucun problème pour l'amour, mais étions-nous capables d'accepter le fait qu'il n'est pas toujours simple d'élever un enfant de race différente? Oui, nous en étions capables. L'adage qui dit que l'amour vient à bout de tout serait notre devise. Un peu plus tard, cette semaine-là, Aurea nous a fait savoir qu'elle avait changé d'idée. Pas à notre sujet, mais elle était simplement incapable de se séparer de son fils. Qui aurait pu l'en blâmer? Je ne me suis pas sentie en colère et amère comme la première fois, cependant. Je comprenais.

Deux ou trois jours plus tard, Aurea nous a demandé, par l'entremise de notre avocat, de venir: elle avait changé d'idée de nouveau. Il neigeait ce jour-là. Malgré la tempête qu'on annonçait à la radio, rien ne pourrait nous arrêter. Lorsque nous sommes arrivés, son fils était vêtu de ses plus beaux habits. Aurea a tendu à mon mari un sac en plastique dans lequel se trouvaient les quelques effets personnels qu'elle avait accumulés pour son fils au cours des trois dernières semaines. Ensuite, elle a mis son bébé dans mes bras, m'a serrée contre elle et m'a demandé tout bas de bien prendre soin de son fils. « Toujours », lui ai-je murmuré en retour, des sanglots dans la voix. La laissant en larmes dans la cuisine, je me suis dirigée en sanglots vers la voiture. Mon mari, les larmes coulant sur son visage, a reculé la voiture pour sortir de l'entrée. Nous sommes rentrés à la maison tous les trois, le cœur rempli d'amour et de gratitude, mais aussi très peinés par la souffrance d'Aurea.

Nous n'avons jamais changé le prénom de notre fils. À notre avis, c'est le plus cadeau que nous pouvions faire à Aurea et à notre garçon. Il a maintenant douze ans. Chaque jour, le geste de bonté d'Aurea comble notre cœur et notre âme.

Phyllis DeMarco

À mon enfant

Les enfants sont le but de la vie. Nous avons
déjà été des enfants, et quelqu'un a pris soin
de nous. C'est à notre tour, maintenant, de
prendre soin d'un enfant.

Cree Elder

Je te sens donner des coups de pied et bouger d'un
côté à l'autre. Je ne te vois pas ni ne connais tes pensées. Quand je m'endors, quand je marche ou quand je
me réveille, tu es là. Tu dois bien te demander pourquoi
la capsule dans laquelle tu te trouves est soumise à tant
de turbulence. Quand le jet de la douche me martèle le
ventre, ça doit faire autant de boucan qu'un orage à tes
oreilles.

Je sais que tu sens mes émotions. Quand je suis
calme, tu me parais calme, toi aussi. Quand je pleure ou
quand je suis terriblement fatiguée ou stressée, tes
coups et tes mouvements saccadés semblent plus forts
que jamais. C'est comme si tu disais: « Allez, maman,
tiens bon si tu veux que je tienne bon. »

Pour être honnête, je ne savais pas que tu allais
apparaître. Tu m'as surprise. Cependant, tu es très aimé
et accepté, tant par moi que par plusieurs autres personnes. À l'heure qu'il est, j'imagine que tu es habitué à
ma voix. On m'a dit que tu pouvais entendre des choses
de ta capsule de gestation. C'est vrai? Tu n'as pas
entendu la voix de ton père. Te demandes-tu pourquoi?
Sache seulement qu'il t'aime aussi.

Quand je me suis réveillée ce matin, je suis restée étendue, le ventre nu, pour te regarder bouger à travers ma peau. J'aurais beaucoup aimé partager cette expérience inoubliable avec quelqu'un. Dieu te souriait d'en-haut. N'oublie pas qu'Il ne crée pas d'accidents. Mon désir de t'avoir conçu à l'intérieur d'un bon mariage est très fort, mais cela n'en fait pas moins de toi une personne, et ça n'enlève rien à l'incroyable amour et au lien que j'ai pour toi.

Je te demande pardon si je mange pour nous deux des aliments que tu n'aimes pas. Si je connaissais tes aliments préférés, je te jure que j'en mangerais. Et ma musique? Je suis certaine que tu l'entends. Comme tu l'as probablement deviné, j'adore la musique. Es-tu un fan de Bing Crosby ou plutôt un amateur de *rythm and blues*?

Je sais qu'après ta naissance, quand je t'aurai pris dans mes bras et quand je t'aurai allaité, je t'aimerai encore plus. Quand je verrai que tu me ressembles, que tu ressembles à mes parents ou même à ton père, ce lien sera renforcé. C'est pourquoi, quand je te remettrai à tes nouveaux parents, ce sera sans l'ombre d'un doute la chose la plus difficile et la plus douloureuse de toute ma vie. Je sais que, dans ma tête et aux yeux de Dieu, c'est la bonne chose à faire pour toi. Si je te gardais pour moi seule, ce serait égoïste de ma part. Tout ce que je fais, je le fais parce que je t'aime de tout mon cœur.

Je serai toujours ta mère biologique et tu seras toujours mon enfant biologique, même si je ne te revois plus. Et si je te revois, je ne te rejetterai jamais. Je t'aime.

Heather James

Le prénom de notre fils

Nous avons appelé notre premier fils Sam. Nous l'aimions tellement que nous avons décidé d'en avoir un autre. Quand ma femme, Leah, a commencé le deuxième trimestre de sa grossesse, nous avons commencé à penser aux prénoms. Nous étions d'accord sur une chose: nous voulions tous les deux donner un prénom biblique à notre enfant. Le défi, c'était d'en trouver un qui plairait aux deux parents.

Un soir, après le repas, j'ai proposé quelques prénoms. « Que penses-tu de Moïse? » ai-je demandé à la blague. « Nous pourrions le surnommer Moe. »

Leah a rejeté ma suggestion.

« Et que penserais-tu de Nimrod? ai-je encore demandé, Nimrod le chasseur intrépide. »

Elle a roulé les yeux et m'a tourné le dos. Quelques instants plus tard, elle est venue me voir avec ses suggestions à elle. « Jacob? »

Non. Trop populaire.

« Mathieu? »

Non. Nous avions failli nommer notre premier fils Mathieu. Ça m'aurait donné l'impression de donner des restes à notre deuxième fils.

Quelques semaines plus tard, alors que nous assistions à un atelier sur la Bible, nous avons vu le prénom Siméon: « … quand elle a donné naissance à son fils… elle l'a appelé Siméon » (Gn 29, 33). « Elle », c'est Leah et, quand on lit la suite, on découvre que Siméon était le second fils de Leah. Il y avait une espèce de chouette coïncidence que j'aimais bien dans tout cela.

« Eh! ai-je dit à Leah, que penserais-tu de Siméon? »

« Pourquoi pas Simon? »

Pas si mal. Nous étions d'accord sur ce prénom, du moins le croyais-je. Quelques jours plus tard, ma femme est venue me voir: « Je ne pense pas qu'on l'appelle Simon. »

« Pourquoi? lui ai-je demandé. Quel est le problème avec ce prénom? »

« Il va faire rire de son prénom. Les autres vont l'appeler Simple Simon. »

« Mais tu ne trouves pas que c'est bien, l'histoire biblique de Leah-et-son-deuxième-fils? » ai-je demandé.

« Voici ce qu'on peut faire », a répondu ma femme. « On peut lui donner le nom Simon, mais l'appeler par un autre nom. Simon pourrait être son deuxième prénom. »

Nous voilà donc encore replongés dans les prénoms. Nous avons trouvé Aaron et Zacharie, Jacques et Shaq, Moby et Toby. Aucun ne nous tentait.

Entre-temps, le ventre de ma femme rondissait. Un samedi après-midi de cet automne-là, alors que je regardais le football à la télévision, Leah a rappliqué: « Eh, que penses-tu de Luc? »

« Luc. » Je l'ai dit à voix haute. Je l'ai redit plusieurs fois. Je trouvais qu'il sonnait bien.

« Et ce qui est bien, a-t-elle continué, c'est que personne ne peut ridiculiser ce prénom. »

« Un prénom à l'épreuve des moqueries, ai-je résumé, Luc Simon Doughty. »

Nous étions enfin d'accord...

... Jusqu'au dimanche suivant. Je regardais encore le football à la télé quand ma femme est venue me voir: « Ça ne marchera pas. »

J'ai tout de suite su de quoi elle parlait. « Qu'est-ce qui ne va pas encore? »

« Ses initiales. Luc Simon Doughty, ça donne les initiales LSD. Il n'est pas question que les initiales de mon fils soient celles d'une drogue hallucinogène. »

« Écoute », lui dis-je en fermant la télévision. « C'est un peu tard pour changer de prénom, tu ne trouves pas? »

Ma femme secoua la tête. « Ça ne marche pas. Mon fils n'aura pas les initiales LSD. »

Puis la solution m'est venue: « J'ai une idée. Nous le nommons Simon Luc Doughty et nous l'appellerons par son deuxième prénom. »

Leah a réfléchi un moment puis a hoché la tête: « Oui, Simon Luc Doughty, mais nous l'appelons Luc. Je suis d'accord. »

Soulagé, j'ai rouvert la télévision.

Le jeudi suivant exactement, Leah a mis au monde notre deuxième fils, un garçon de 3,175 kilogrammes plein de vie. Une joie, comme son frère. Deux jours après sa naissance, nous avons ramené bébé Luc à la maison. Parenté et amis sont venus nous rendre visite avec des cadeaux et de bons petits plats, heureux de voir le nouveau-né. Le grand frère, Sam, était heureux, lui aussi. « Est-ce que je peux prendre bébé Tuque? » a-t-il demandé toute la soirée.

Quand la maisonnée est redevenue calme, j'ai accompagné Sam jusqu'à son lit pour le dodo. Nous nous sommes agenouillés à côté de son lit pour faire une prière. Comme d'habitude, Sam a dit une partie de la prière : « Seigneur, bénissez maman et papa, bénissez Sam et… (comment se fait-il que je n'aie pas prévu le coup?) …et bénissez Luc la Tuque. »

Del Doughty

Il n'a pas la langue
dans sa poche

J'avais tellement hâte que mon fils parle. Ah!…
Ces premiers mots précieux… Je me souviens encore
de sa première tentative de phrase: « Encore manger,
maman! »

C'est seulement plus tard que je me suis aperçue
que j'avais bien peu de contrôle sur ce que mon enfant
disait — et sur le moment où il le disait! Peu après que
Sam a eu trois ans, un nouveau gardien de sécurité a fait
son apparition à la garderie. Plus vieux que l'ancien, le
nouveau gardien peignait le peu de cheveux qu'il lui
restait sur le côté pour compenser. Je m'en suis aperçue
seulement quand Sam me l'a fait remarquer.

« Regarde, maman! Le monsieur a les cheveux
brisés! » Je suis restée figée. Sam a répété plus fort.
« Eh! monsieur, vos cheveux sont brisés! » Le visage
de l'homme s'est empourpré. Moi, j'ai haussé les épaules et lancé au gardien un regard qui voulait dire: *Vous
savez comme les enfants peuvent être impolis!* Puis j'ai
poussé doucement mon petit observateur en herbe dans
la voiture.

C'était un endroit comme un autre pour commencer à lui enseigner les rudiments de la diplomatie. « Je
pense que tu as fait de la peine au monsieur », lui ai-je
dit gentiment. « Il le sait très bien qu'il n'a pas beaucoup de cheveux. » Je me suis arrêtée au feu de circulation et j'ai jeté un coup d'œil dans le rétroviseur. Sam
m'a regardée avec l'air de ne rien comprendre. « Bon,

ai-je continué, si quelqu'un te disait: *Eh! T'as des dents bizarres!* ça te dérangerait, non? »

Un silence comme réponse. Puis…

« Maman? »

« Oui, mon chéri? »

« T'as des dents bizarres! » a-t-il lancé en rigolant. Il en a ri jusqu'à la maison.

Je commençais à découvrir la petite personne qu'il était. Son comportement ne m'étonnait pas. N'avions-nous pas encouragé Sam à regarder le monde qui l'entourait? « Regarde le beau petit chaton! » « Vois comme la lune est grosse! » Et n'avions-nous pas toujours ri des critiques candides qu'il faisait? Quelques semaines avant l'incident des cheveux, nous sommes allés dans un restaurant italien et nous avons commandé des bâtonnets de mozzarella, un mets très aimé des enfants. Sam en a pris un et a repoussé aussitôt l'assiette. Quand le serveur est venu nous voir, un peu plus tard, il a demandé à Sam s'il avait aimé son mets principal, des spaghettis. « Oui », a-t-il dit. Ensuite, il a pointé les bâtonnets de mozzarella qu'il n'avait pas mangés en entrée et s'est exclamé: « Mais ça, c'était pas bon du tout! »

Pendant plusieurs semaines, nous avons ri de Sam devenu critique culinaire: oui, les bâtonnets de mozzarella n'étaient pas mangeables! Quel fin palais il était déjà!

Sam était spontané, brillant, ouvert — tout ce qu'on aime voir chez les enfants. Cependant, je constatais maintenant que notre attitude parentale avait mené à l'humiliation de ce gardien à moitié chauve. Nous avions enseigné à notre fils à être bon observateur, certes, mais nous ne lui avions pas expliqué qu'il devait parfois garder ses observations pour lui-même.

Toujours est-il que nous ne savions jamais à quoi nous attendre lorsque nous étions en public avec Sam, une véritable bombe verbale. Chaque fois que nous sortions avec lui, nous nous demandions ce qu'il nous réservait. Une fois, il a hélé un couple de vieilles dames. « Vous l'aimeriez, ma grand-mère », a-t-il dit avec aplomb. « Elle est vieille, elle aussi. » Un jour, il a fait signe à un fumeur : « Eh ! vous allez mourir ! »

Chaque fois, nous trouvions une excuse plate pour la victime et nous nous isolions avec Sam pour lui expliquer certaines choses. Nous lui disions par exemple qu'on ne dit pas à une personne qu'elle est vieille ou à un fumeur qu'il va mourir. Non pas que ce ne soit pas vrai, mais on ne dit pas aux gens des choses qui les font se sentir mal. À un moment donné, nous avons résumé le principe ainsi : si tu ne peux pas dire quelque chose de gentil, alors ne dis rien. Malheureusement, « gentil » est un terme plus relatif que nous le pensions.

C'est ce que nous avons découvert peu après le quatrième anniversaire de naissance de Sam, un soir que mon mari avait invité un vieil ami à souper. C'était un homme brillant et très corpulent dont les rondeurs n'avaient pas échappé à Sam. Malgré nos efforts pour le distraire, Sam avait passé tout le repas à fixer le ventre de notre invité, jusqu'à ce qu'il ne puisse plus se retenir. Finalement, il s'est levé et a tapoté le ventre de notre invité. « Oh là là !, a-t-il dit avec une réelle admiration, vous êtes vraiment gros ! »

J'ai fixé mon verre de vin en me disant que j'aurais bien aimé m'y noyer sur-le-champ, tandis que notre invité (sans enfant) a vaillamment essayé de rire du commentaire de Sam. Le climat s'est rétabli seulement au dessert.

Le jour suivant, dans la voiture, j'ai eu une autre discussion avec Sam. « On ne dit pas aux gens qu'ils sont gros, vieux ou chauves », lui ai-je dit encore. Cette fois, quand j'ai regardé Sam dans le rétroviseur, j'ai vu une lueur de compréhension. Je me suis aperçue qu'un enfant de quatre ans est capable de saisir cette notion qu'un enfant de trois ans ne saisit pas : les mots peuvent embarrasser ou faire de la peine. « Je m'excuse », a dit Sam, un peu mal à l'aise.

Jusqu'à quel point Sam avait-il compris ? J'ai eu ma réponse quelques semaines plus tard, lorsque je l'ai amené avec moi à la piscine de mon centre d'entraînement. Quand nous sommes passés devant la salle de musculation, j'ai aperçu un ami à moi, un homme sympathique et charmant dont le bras gauche se terminait juste sous l'épaule. J'ai souri à l'ami en question, mais j'étais terrifiée à l'idée de ce que Sam allait lui dire. Alors que je le tirais avec moi, Sam a écarquillé les yeux mais n'a rien dit.

Le lendemain, j'ai voulu féliciter Sam de n'avoir fait aucun commentaire.

« Te souviens-tu de l'homme qui avait un seul bras que nous avons vu dans la salle à côté de la piscine ? » Occupé à démanteler un dinosaure en Lego, Sam a hoché la tête.

« Je suis très fière de toi. Tu as remarqué qu'il était différent, mais tu n'as rien dit. C'est super! »

« Il sait déjà qu'il a un seul bras, maman, a-t-il répliqué avec patience. Je ne voulais pas lui faire de la peine. »

« C'est très bien! » Seigneur, il avait compris! Puis…

« Maman? On pourrait prendre sa photo? »

J'ai l'impression qu'il nous reste encore du pain sur la planche!

Barbara Hoffman

Les larmes

Les larmes sont les soupapes de sûreté du cœur qui l'empêchent d'éclater quand il y a trop de pression.

Albert Smith

« Je n'entends pas le cœur. » Le docteur Deasy a dit ces mots sans émotion dans la voix. Ses cheveux grisonnants étaient un peu ébouriffés, mais il était très professionnel quand il faisait glisser sa sonde sur mon ventre visqueux (et déjà gonflé). Il a ajusté ses lunettes sur son nez comme si une meilleure vision lui permettrait d'entendre des battements de cœur plus distinctement. Je commençais à être nerveuse, mais je ne m'inquiétais pas outre mesure. Je me disais qu'il n'avait tout simplement pas trouvé le bon endroit encore, que s'il continuait d'essayer, il finirait par entendre le cœur du bébé. Parfois, le fœtus est dans une telle position qu'il est difficile de trouver l'emplacement du cœur avec la sonde.

« Vous êtes un peu plus grosse que la moyenne pour quatorze semaines de grossesse. Peut-être avez-vous un placenta qui grossit à un rythme anormal sans avoir de fœtus à l'intérieur. »

« Quoi ? »

« Ce pourrait être une "fausse" grossesse. Ou alors vous étiez bel et bien enceinte, mais le fœtus n'a pas survécu. Dans ce cas, votre corps a réagi en produisant en grande quantité les hormones nécessaires à la poursuite d'une grossesse, créant l'apparence d'un stade de grossesse plus avancé. »

À présent, j'étais vraiment inquiète. Debout à côté de moi, mon mari a pris ma main et l'a serrée. Toutes les anciennes émotions sont revenues. Trois fois auparavant, j'avais perdu des bébés par fausse couche en début de grossesse. Trois fois, j'avais pleuré la perte de ces bébés que je ne connaîtrais jamais. Par la suite, cependant, j'avais porté deux bébés à terme et l'intensité de ma peine s'était quelque peu apaisée.

Je ne crois pas que ceux qu'on aime puissent être « remplacés », mais quand on entre en relation avec d'autres, la souffrance d'avoir perdu quelqu'un s'atténue. Les deux garçons en santé que j'ai mis au monde (et qui ont maintenant un et deux ans) m'ont apporté tant de joie que j'ai surmonté la peine éprouvée à mes trois premières fausses couches. En fait, je les avais presque oubliées. Mes grossesses « réussies » m'avaient donné confiance en mes capacités de porter un enfant.

Mais voilà que je me retrouvais encore avec cette peine. Les larmes n'ont eu aucun problème à remonter ! Pour une femme qui n'a jamais fait de fausse couche, il peut être difficile de comprendre cette tristesse. Je savais que plusieurs de mes amies ne la comprenaient pas à l'époque. Je n'ai jamais pensé que cette tristesse était comparable à celle ressentie par une mère qui perd un enfant qu'elle a connu et aimé. Rien au monde n'égale ce tourment. Mais il reste qu'un lien unique se tisse entre une mère et un enfant à naître bien avant qu'ils se voient. L'amour commence à grandir quand la mère devient de plus en plus consciente que la vie grandit en elle. Et quand cette vie disparaît abruptement, la peine éprouvée est aussi réelle que toute autre perte.

Quand je suis sortie du bureau du médecin, ce jour-là, j'étais sonnée. On m'avait donné rendez-vous l'après-midi même pour un examen échographique plus détaillé, mais j'avais plusieurs heures à attendre. Comme le bureau du médecin était plus près du domicile de ma mère que du nôtre, nous sommes allés chez elle pour passer les heures avant de pouvoir nous rendre à l'hôpital pour l'échographie — et la confirmation de notre perte. Mes parents étaient en voyage, mais j'avais la clé. Nous sommes donc entrés. Quand je me suis assise sur le lit pour donner quelques coups de fil, je me suis mise à pleurer. J'ai appelé ma tante et l'épouse de notre pasteur pour leur demander de prier. Elles m'ont réconfortée, m'ont assurée de leur affection et de leurs prières, et m'ont promis d'appeler quelques autres personnes pour prier pendant notre attente. Steve m'a prise dans ses bras et nous avons aussi pris nos fils dans nos bras pour nous réconforter mutuellement.

Pendant que les heures passaient lentement, je déprimais. Toute la confiance que j'avais retirée de mes deux grossesses à terme avait disparu. J'ai toutefois réussi à rassembler mes forces contre la peine à laquelle je devais faire face. Quand je me suis rendue à la clinique dans l'après-midi, j'étais émotionnellement prête au pire. J'avais pleuré toutes mes larmes et j'étais prête à accepter la nouvelle que je redoutais tant. J'avais une espèce de nœud dans l'estomac à cause du stress que j'avais accumulé dans la matinée. Je savais que j'avais pris le contrôle de mes émotions, mais mon corps continuait de ressentir la souffrance, refusant de se laisser apaiser par les larmes.

Comme nos deux fils nous accompagnaient, Steve n'a pas pu entrer dans la salle d'échographie avec moi. Je me suis étendue sur la surface dure et froide de la table d'examen et j'ai attendu que la technicienne commence. Elle était gentille, mais il y avait aussi quelque chose de « professionnel » dans sa façon de faire. En tant que technicienne, elle n'avait légalement pas le droit de me faire part de tout diagnostic, mais son comportement pouvait en dire long. Ainsi, elle a commencé l'examen avec une approche professionnelle et réservée, mais après quelques minutes, elle est devenue détendue et positive. Je n'avais pas besoin qu'elle fasse de diagnostic ou qu'elle dise quoi que ce soit: en regardant l'image sur l'écran, j'ai remarqué tout de suite les mouvements actifs et très vivants de mon tout petit bébé (j'avais seulement quatorze semaines de grossesse). Je voyais même cette minuscule créature sucer son pouce pendant qu'elle flottait librement dans le liquide amniotique.

Immédiatement, je me suis sentie inondée par un immense soulagement. Jusqu'à cet instant, je ne crois pas que je savais à quel point j'avais eu très peur de perdre cet enfant. Le barrage que j'avais érigé a soudain cédé, et les larmes ont jailli encore. Cette fois, cependant, c'étaient des larmes de joie et de soulagement. Je me disais que rien ne me rendait plus heureuse que de savoir cet enfant en santé en moi. J'avais tort.

Lorsque la technicienne a terminé son travail, elle est allée dans la pièce d'à côté pour faire son rapport au radiologue. Moi, je devais attendre que le radiologue vienne me confirmer officiellement que mon fœtus se portait bien. Le radiologue est entré et m'a demandé comment j'allais. « Bien, ai-je répondu, super bien maintenant que j'ai vu le bébé. »

« Quel bébé avez-vous vu? »

Je trouvais sa question plutôt idiote.

« Mon bébé à moi, voyons. »

« Mais lequel avez-vous vu exactement? »

« Quoi? Que voulez-vous dire? Le bébé que j'ai vu, c'est celui que j'ai dans mon ventre en ce moment. »

Il avait un sourire moqueur, comme s'il conspirait. « C'est parce qu'il y en a deux là-dedans. Vous n'avez pas remarqué? Vous êtes enceinte de jumeaux! »

Non. Je n'avais pas remarqué. Je n'avais pas remarqué que la technicienne avait fait glisser son appareil partout sur mon ventre pour me montrer d'abord un bébé puis l'autre bébé. Mais moi, je m'étais sentie tellement contente et tellement soulagée de voir un bébé vivant qui bougeait que je n'avais rien remarqué. Elle ne m'avait jamais montré les deux en même temps, alors moi je pensais voir le même bébé.

Le radiologue a fait entrer Steve qui, jusque-là, avait attendu patiemment et prié dans la salle d'attente en surveillant nos deux fils. Il nous a ensuite montré les deux bébés sur l'écran. Nous étions émerveillés.

Évidemment, le trajet pour rentrer à la maison a été aux antipodes de celui qui nous avait conduits chez mes parents quelques heures plus tôt. Moi qui étais si triste, voilà qu'une grande nouvelle me remplissait de joie et d'espoir. Il y a eu de nouveau quelques longs moments de silence dans la voiture, mais cette fois ils étaient entrecoupés de rires, d'émerveillement et d'étonnement. Certes, une appréhension toute nouvelle montait en moi, à cause de l'inconnu qui nous attendait, mais les seules larmes étaient maintenant des larmes de joie.

Bonnie J. Mansell

*L'espoir fait travailler la foi
alors que le doute serait bien plus facile.*

E.C. McKenzie

Une leçon de courage

La naissance est l'ouverture soudaine d'une fenêtre à travers laquelle vous voyez un avenir formidable.

William Dixon

L'air hébété, je suis entrée à l'unité de soins intensifs néonatals.

« Il a enduré tellement de choses », ai-je soupiré, les yeux posés sur mon petit garçon couché dans un incubateur. Combien de temps encore pourra-t-il continuer comme ça?

« C'est un battant », m'ont dit les médecins. Moi, cependant, je ne trouvais pas le courage d'espérer et j'étais loin d'imaginer que ce serait ce petit battant lui-même qui allait me donner une leçon de courage. Voici comment l'histoire s'est passée.

Tout d'abord, mon mari, Jon, et moi étions très heureux lorsque nous avons appris que j'étais enceinte.

« Un petit frère — ou une petite sœur! » ont crié Samantha, quatre ans, et Emma, trois ans.

Puis, une nuit, durant ma vingt-quatrième semaine seulement de grossesse, une douleur vive et un écoulement de liquide m'ont réveillée. « Il y a quelque chose d'anormal », ai-je crié, paniquée. Nous sommes allés à l'hôpital.

« Il y a une petite déchirure dans la poche amniotique », a dit le docteur. Il m'a donné un médicament en

160

espérant retarder le travail jusqu'au moment où les poumons du bébé seraient suffisamment développés. Malheureusement, une semaine plus tard, mes contractions ont commencé pour de bon.

« Vous avez une infection utérine », m'a alors annoncé le médecin. « Nous devons mettre au monde le bébé tout de suite, ou nous pourrions vous perdre tous les deux ! »

« Non ! » ai-je dit entre deux sanglots. « C'est bien trop tôt ! »

Jon m'a prise dans ses bras. « Tout va bien aller. Il sera un battant, comme toi. Tu verras. »

Dans mon for intérieur, cependant, je savais qu'il avait tort de me considérer comme une battante, car chaque contraction multipliait la peur en moi. L'idée de perdre cet enfant m'était insupportable.

Sept heures plus tard, Sean Eric Fox est né. Pesant à peine 650 grammes, il a émis un pépiement chétif et a été transféré d'urgence aux soins intensifs, avant même que je puisse le prendre dans mes bras.

Le lendemain, quand je l'ai vu pour la première fois, j'étais au désespoir. Contrairement à ses sœurs nées toutes roses et en santé, Sean était rouge comme un homard, les yeux fermés. Il était branché à tant de fils que je pouvais difficilement trouver un endroit sur son corps où le toucher.

« Va-t-il survivre ? » ai-je demandé.

« Nous faisons le maximum », a répondu son médecin. Il nous a expliqué que Sean était tellement prématuré, avait les poumons tellement sous-développés qu'il risquait la cécité, les lésions cérébrales, la mort. « Ça dépendra beaucoup de Sean, a dit le médecin, s'il est un battant, il y a des chances qu'il survive. »

Cependant, je n'entendais rien.

« On va le perdre! » ai-je pleuré.

« Non! » a lancé Jon avec insistance. « Il va survivre! »

De retour à la maison, j'ai essayé de faire comme si tout allait bien. « Est-ce que Sean va venir à la maison bientôt? » demandaient les filles.

Comment pouvais-je leur expliquer que leur petit frère ne viendrait peut-être *jamais* à la maison? Quand j'étais à l'hôpital, assise près de l'incubateur de Sean, mon cœur battait la chamade chaque fois qu'une sonnerie retentissait pour signaler une baisse d'oxygène. *Et s'ils n'arrivaient pas à l'aider?* Je paniquais quand les infirmières se précipitaient vers l'incubateur.

Trois semaines après la naissance, quand les infirmières m'ont enfin permis de prendre Sean dans mes bras, j'avais infiniment peur de lui faire mal. Sean, lui, montrait beaucoup de courage. Même si ses poumons fonctionnaient mal au point que ses ongles bleuissaient, il fermait les mains pour en faire de tout petits poings qu'il brandissait furieusement comme pour dire: *Je n'abandonnerai pas!*

Je suis si fière de lui, songeais-je alors. Au fond de moi, cependant, il y avait le doute. Je me demandais combien de temps il tiendrait. Le reverrais-je? J'ai pleuré quand les médecins ont dit qu'il avait besoin de se faire opérer parce qu'une hernie étranglait ses intestins.

Même si l'opération s'est très bien déroulée, l'inquiétude me rongeait. Et quand, par la suite, sa saturation en oxygène baissait comme elle l'avait fait tant de fois auparavant, je ne pouvais pas retenir mes larmes. « Il ne va pas mieux », disais-je entre deux sanglots. « Il ne pourra jamais rentrer à la maison. » Le même soir, cependant, alors que j'étais assise près de l'incubateur, Sean s'est débattu vigoureusement pendant que l'infirmière changeait son pansement. Je n'ai pu m'empêcher de sourire. « Je crois qu'il est vraiment un battant! » ai-je dit en riant.

« C'est pour ça qu'il a survécu jusqu'à maintenant », a répondu l'infirmière. « Peu importe ce que la vie lui apporte comme obstacle, il se bat de toutes ses forces. C'est pour ça que les bébés comme Sean s'en sortent. »

En entendant ses mots, j'ai eu un petit pincement au cœur. *Elle a raison!* ai-je pensé, la gorge serrée. Sean continuait de se battre même quand la saturation en oxygène chutait, même quand la fièvre grimpait, même quand la douleur le dérangeait. Je savais bien que les médecins et les infirmières faisaient tout pour le garder en vie, mais je sentais qu'il y avait quelque chose de plus qui permettait à Sean de continuer. *Il ne sait pas que les chances sont contre lui!* me suis-je dit. *Tout ce qu'il sait, c'est qu'il est en vie et qu'il doit continuer de lutter — battre ces jambes, bouger ces bras, agripper avec ces petits doigts.*

Si un prématuré de six semaines peut se battre aussi fort, alors pourquoi ne le pourrais-je pas? me suis-je demandé en essuyant une larme. *Ma tendance à penser constamment au pire n'aide personne — ni Sean, ni ma famille, ni moi.* Je ne savais pas trop comment j'y arriverais, mais je savais que je devais devenir davantage comme Sean.

« Ce ne sera pas facile pour une vieille anxieuse comme ta mère de changer ses façons de faire, ai-je murmuré, mais je te promets, Sean, de continuer à me battre si tu continues à te battre. »

Comme s'il comprenait mes mots, Sean a serré mon doigt de toutes ses petites forces.

Jusque-là, j'avais eu trop peur de faire mal à Sean pour apprendre à lui donner les soins spéciaux dont il avait besoin. Maintenant, je pensais différemment: *plus je saurais comment faire, moins j'aurais peur.* « Pourriez-vous me montrer comment fonctionne ce moniteur? » ai-je demandé à l'infirmière.

Le lendemain, à la maison, quand je suis allée dans la chambre vide de Sean, je ne me suis pas apitoyée sur moi-même. Je me suis plutôt imaginé en train de bercer Sean.

Quand les filles m'ont demandé à quel moment Sean viendrait à la maison, je n'ai pas sombré dans le désespoir. J'ai plutôt répondu: « Il grossit à chaque jour; il a gagné tout un gramme hier! »

Quelques semaines plus tard, quand j'ai emmené Samantha et Emma voir leur petit frère pour la première fois, mon cœur s'est rempli de joie lorsque je les ai vues s'émerveiller devant l'incubateur. À mon grand étonnement, je ne doutais plus que Sean allait un jour se balancer dans notre cour avec ses grandes sœurs. Lentement, j'ai laissé l'espoir emplir mon cœur et j'ai découvert en moi une force que je n'avais jamais connue auparavant.

Comme si Sean avait senti cette force en moi, il s'est mis à lutter encore plus fort. Et après douze semaines, il est enfin rentré à la maison. Il pesait 1 800 grammes!

« Je t'avais dit qu'il était un battant! » m'a dit Jon quand j'ai installé Sean pour la première fois dans sa chambre. « Comme sa maman! »

« Merci du compliment, lui ai-je dit en souriant, mais c'est lui qui m'a tout appris sur les battants. »

Aujourd'hui, Sean est un petit garçon en santé. Il trottine partout, il mange des Popsicles et il joue à cache-cache avec ses sœurs. Je n'oublierai jamais l'ardeur avec laquelle il a lutté pour sa vie au cours des premiers jours. C'est lui qui m'a appris le courage et l'espoir.

Ami Fox,
tel que raconté à Dianne Gill
Extrait de Woman's World

Père un jour,
père toujours

Quand j'étais enceinte de mon premier enfant, j'ai passé un été interminable à étouffer de chaleur dans la canicule, les chevilles enflées, la peau collante. Je ne voulais qu'une chose: accoucher.

« J'ai tellement hâte que le bébé sorte de là », disais-je, essoufflée et frustrée.

Mon mari me rassurait amoureusement en disant que le bébé sortirait au moment prévu, que je finirais par être libérée de ce surpoids et de ces douloureuses chevilles enflées. Moi, cependant, j'avais l'impression que l'enfant avait décidé d'établir dans mon ventre sa résidence permanente.

« J'imagine que le bébé est trop bien pour vouloir sortir », disais-je.

« Très improbable, chérie. Le bébé arrivera au moment où tu t'y attendras le moins », a insisté mon mari, les pieds bien ancrés dans la réalité alors que les miens étaient continuellement surélevés (question de les faire désenfler!).

Comme de raison, mes eaux ont crevé un soir où je ne m'y attendais pas du tout. Notre fille a quitté l'utérus pour entrer dans l'atmosphère. Elle est même arrivée trois semaines plus tôt que prévu.

La naissance de Mary a été un bonheur total. Non seulement me suis-je sentie soulagée de la prendre enfin dans mes bras, mais j'ai été carrément éblouie par sa beauté rousse. Quelques minutes seulement après la naissance, j'avais l'impression que nous avions un lien unique. C'était bien normal puisqu'elle avait fait partie de moi, mais je n'aurais jamais cru que ce serait si difficile de laisser quelqu'un d'autre que moi s'en occuper.

Pendant les neuf mois qui m'avaient semblé une éternité, mon bébé était à moi... juste à moi. Elle était reliée à moi et dépendait de moi pour survivre. Même si Tom, mon mari, pouvait sentir ses coups de pied à travers mon ventre, c'était habituellement moi qui devais lui dire à quel moment elle bougeait. Il n'avait d'autre choix que se fier à moi. La communication qu'il y avait entre Mary et moi nous appartenait à elle et moi seules. Maintenant qu'elle était au monde, je devais la partager avec d'autres, incluant son papa.

Comprenez-moi bien, ce n'est pas que je n'avais pas confiance en lui. Tom est un époux et un père attentionné. C'est juste qu'il ne fait pas les choses comme je les fais.

Tout d'abord, il tenait le bébé différemment. Moi, je la tenais tout contre ma poitrine pour lui faire sentir mon amour maternel. Lui la prenait de telle manière qu'elle lui faisait dos et avait une vue sur tout ce qui l'entourait. Il la transportait différemment aussi. Moi, je la transportais dans mes bras d'une pièce à l'autre quand je mettais de l'ordre dans la maison. Lui l'installait dans la poussette et la faisait rouler à côté de lui pendant qu'il rangeait. Il la consolait différemment, aussi. Moi, pour la consoler, je la berçais doucement. Lui la faisait rebondir sur ses genoux. Enfin, il la nourrissait différemment. Moi, par exemple, je l'allaitais au sein à deux heures du matin, tandis que lui la nourrissait au biberon à deux heures de l'après-midi. (D'accord, d'accord, je ne comparerai pas mes capacités biologiques avec celles d'un pauvre homme, mais…) Il m'était juste difficile d'accepter que quelqu'un puisse s'y prendre autrement que moi avec Mary. J'étais sans aucun doute très insécure; et la partager m'était difficile. Même avec son papa.

Il faut que je raconte la fois où je suis descendue dans le bureau au sous-sol pour travailler sur un projet. C'était au tour de papa de s'occuper de sa petite fille. Quand je suis remontée du sous-sol après avoir terminé mon travail, il m'a demandé: « Où est Mary? »

« Comment ça, où est Mary? » ai-je hurlé.

« Je croyais qu'elle était avec toi », a-t-il répondu d'un ton nonchalant. « Ne t'en fais pas, je vais la trouver. » Il l'avait posée sur le plancher du salon pour un moment, puis il lui avait tourné le dos par mégarde. Nous avons donc commencé là nos recherches. En fin de compte, elle avait rampé jusqu'à la fenêtre en baie au niveau du plancher et se trouvait derrière les rideaux. Elle regardait, en gloussant, les oiseaux qui pépiaient sur la pelouse devant la maison et les voitures qui passaient. C'était la première fois qu'elle rampait. Je ne la mettais presque jamais par terre, mais Tom aimait lui offrir de l'espace pour s'étirer et jouer. Il n'y avait pas eu de mal. Au contraire, notre bébé avait atteint un nouveau stade de son développement grâce à mon mari, son père, qui l'avait laissée élargir ses horizons.

Durant tous ces mois de grossesse où je m'étais plainte, je n'avais jamais imaginé qu'il me serait si difficile de la confier à son papa après sa naissance. Cette difficulté a été mon premier test de maternité — laisser son papa être son papa, comprendre qu'il puisse s'occuper de Mary à sa façon à lui, et réaliser qu'il avait des choses à lui donner que je ne pouvais pas lui donner.

C'est là toute la beauté d'avoir deux parents. Chaque mère et chaque père ont une contribution unique à apporter. Un bébé a besoin de l'amour que chacun de ses parents peut lui offrir. Et cela porte fruit: quand j'ai été enceinte de notre deuxième enfant, Mary avait deux ans et vivait avec son père une relation merveilleuse tissée par toutes les expériences qu'eux seuls avaient vécues.

Après la naissance de notre deuxième fille, Kristi, j'ai été capable de donner plus de liberté — et d'espace — aux méthodes parentales différentes de mon mari. Moi aussi, j'avais grandi. J'avais appris en le regardant être père, et il avait appris en me regardant être mère. Après tout, nous formions une équipe.

« Bon, elles sont toutes à toi », ai-je déclaré un jour en partant pour le bureau.

« Avoue que ça t'inquiète un peu, non? » a-t-il dit d'un ton moqueur.

« Non, mais n'oublie pas de regarder derrière les rideaux si le bébé disparaît », ai-je répondu en riant. « Après tout, tu as la situation bien en main », ai-je ajouté.

Susan M. Lang

« *Es-tu CERTAIN que tu l'as mise au lit?* »

Le mignon dictateur

*De tout ce que j'ai fait dans ma vie, rien ne
m'a apporté autant de joie et de satisfaction
qu'être un bon père pour mes enfants.*

Bill Cosby

Que feriez-vous si l'on vous disait qu'un tyran
grossier, égoïste, illogique et exigeant allait emmé-
nager à votre domicile et vous garder en otage pour le
reste de votre vie?

Comment vous prépareriez-vous à l'arrivée d'une
personne qui représente la forme la plus primitive de
l'être humain, un illettré qui crie, qui bave, qui grogne
et pour qui les biens matériels ou l'hygiène personnelle
ne veulent strictement rien dire?

Toute personne dotée d'un minimum de bon sens
appellerait la police et même un commando spécial
entier.

Pourtant, au lieu d'alerter la police, nous nous préparons à l'arrivée de ces sangsues humaines en trico-
tant des chaussons, en préparant une chambre et en
ouvrant un compte de banque. Certaines personnes
refont même la décoration en prévision de cet invité
encombrant. D'autres vont même jusqu'à acheter une
nouvelle maison ou déménager dans un logement plus
grand.

Quand vient le temps d'accueillir un bébé, aucune
dépense de temps ou d'argent n'est trop grande. On

justifie et on rationalise, même si cet enfant va faire de nous les esclaves consentants de son bien-être éternel.

Si je semble avoir une idée quelque peu négative du rôle de parent, détrompez-vous: j'adore avoir des enfants. Cependant, je crois que personne ne devrait s'impliquer dans ce rôle sans être informé d'abord de ses conséquences et de ses bienfaits.

D'ailleurs, selon une étude que j'ai lue la semaine dernière, beaucoup de gens ne font que ça. Publiée dans l'édition de février du magazine *Baby Talk*, l'étude indique que 52 % des futurs parents ne croient pas qu'un bébé changera leur mode de vie. Et 25 % disent qu'être parents sera facile.

Oh là là! Ils vont avoir toute une surprise… Quiconque estime que l'arrivée d'un bébé ne changera pas son mode de vie est plus naïf que le nouveau-né!

La dernière fois que j'ai entendu un commentaire aussi naïf, il venait d'une collègue enceinte de sept mois. « Avoir un enfant ne changera pas notre vie *à ce point-là* », disait-elle. « Nous ne laisserons pas un bébé changer notre vie! »

Ah!!!, me suis-je dit en l'entendant. Elle est bien bonne, cette idée qu'on puisse « laisser » ou « ne pas laisser » un bébé changer une vie. J'ai une nouvelle pour vous: une fois le bébé né, c'est lui qui décide de vous « laisser » faire une chose ou non.

C'est bébé qui vous laisse dormir ou non, qui vous laisse aller à une soirée ou non, qui vous laisse souper tranquille ou non, qui vous laisse regarder les nouvelles ou une autre émission de télé. C'est aussi lui qui décide où et quand vous prendrez des vacances et, même, si vous allez en prendre.

En fait, les besoins de bébé et votre propre sens des responsabilités envers lui vont déteindre sur presque chacune de vos décisions et chacun de vos mouvements dès le jour de sa naissance.

Maintenant que son bébé a deux ans, mon amie admet que sa prédiction préparentale était bien naïve.

« Quand je m'assois enfin à neuf ou dix heures le soir, dit-elle, je suis trop fatiguée pour penser à faire quoi que ce soit pour moi. »

Pourtant, mon amie ignore bien des choses encore. Comme beaucoup d'autres parents (dont moi), elle entretient l'illusion que ça finira par devenir « plus facile », un jour.

Ce n'est pas vrai. En fait, c'est tout le contraire : ça se corse. Oubliez tout de suite cette liberté que vous aurez de nouveau quand votre enfant « ira à l'école » ou « sera assez vieux pour conduire » ou « partira pour l'université ». Car il y aura alors les devoirs, les comités de parents, les pièces de théâtre et autres formes de torture. Vous deviendrez probablement animateur scout, entraîneur ou bénévole de tout acabit à cause de votre statut de parent.

Qui plus est, vous paierez cher pour tout cela, non seulement en temps mais en argent.

Selon ce que j'ai entendu et lu dernièrement, vous n'êtes même pas certain d'avoir la paix quand ils termineront leurs études ou se marieront, car la dernière tendance indique qu'à cause de l'économie, beaucoup d'enfants devenus adultes retournent vivre chez leurs parents.

L'idée même que la présence d'enfants ne change pas votre style de vie — de façon immédiate, radicale et permanente — est vraiment tordante. La vérité, c'est qu'ils ne vous laisseront jamais seuls.

Du moins, pas si vous les élevez correctement et que vous avez la chance de votre côté.

Ray Recchi

*Je me rappelle quand je suis sortie
de l'hôpital… je me suis dit :
« Eh ! Attendez ! Vous n'allez pas
me laisser partir seule avec lui ?
Mais je ne connais rien aux bébés ! »*

Anne Tyler

5

LIVRAISON SPÉCIALE

Un bébé, c'est un peu de poussière d'étoile
soufflée de la paume de Dieu.
Bénies soient les femmes qui connaissent
les douleurs de l'enfantement,
car elles ont abrité une étoile.

Larry Barretto

Un amour véritable

Alors que j'étais en train de placer mes dernières affaires dans ma valise, je pouvais entendre la radio qui jouait dans la salle de bains. Mark, mon mari, écoutait toujours les nouvelles quand il se rasait le matin. « On rapporte qu'il y a eu des bombardements dans un rayon de cinq kilomètres des limites de Saigon. »

Mark vint me voir dans la chambre et me regarda dans les yeux. Nous étions incapables de parler. Il tourna les talons et sortit de la chambre. Lorsque je m'étais portée volontaire pour escorter six bébés du Vietnam jusqu'à leurs foyers adoptifs aux États-Unis, la guerre stagnait depuis plusieurs mois déjà. C'était quand même difficile pour moi de prendre la décision de laisser Mark et nos deux belles fillettes pour m'en aller au Vietnam durant deux semaines. Quand j'avais demandé à Mark ce qu'il pensait de cette idée de me porter volontaire, il s'était contenté de répondre: « Tu dois faire ce que tu as à faire, chérie. » Je savais toutefois qu'il se retenait de crier: « Ne pars pas, je t'en prie! »

Je me disais que mon voyage serait utile pour notre section locale d'une organisation qui venait en aide aux enfants du Vietnam: *Friends of Children of Vietnam*. Mark et moi avions fait une demande d'adoption d'un fils auprès de l'organisation FCV (*The Families with Children from Vietnam*) et on nous avait dit que nous pourrions l'accueillir dans deux ou trois ans. J'estimais aussi que ce serait une bonne chose que notre fils sache un jour que sa mère était déjà allée dans son pays d'origine. Chaque fois que nous téléphonions au gouvernement, on nous donnait le même avis optimiste: on ne prévoyait pas une escalade du conflit; vous pouvez partir au Vietnam. Après avoir beaucoup prié et réfléchi, je pris ma décision. Une semaine plus tard, une féroce offensive viêt-cong commença. Je ne crois pas que j'aurais tenu ma promesse de partir pour le Vietnam si je n'avais pas ressenti, la veille de mon départ, un dimanche de Pâques, la profonde conviction que Dieu allait veiller sur moi et me protéger.

Durant le trajet de trente minutes qui nous conduisit à l'aéroport, ni Mark ni moi ne prononça un mot. Nous étions encore incapables de parler de tout cela. Étrange pour deux compagnons qui avaient toujours eu une grande facilité à communiquer! Mark n'était pas seulement mon mari, il était également mon confident, mon meilleur ami. Jusqu'à maintenant, j'avais toujours pu lui ouvrir mon cœur.

À l'aéroport, je restai dans les bras de Mark durant toute l'attente du préembarquement. Quand l'heure de prendre mon avion arriva, je demeurai encore un peu dans ses bras en me disant que son amour et sa confiance étaient plus grands que ses peurs.

« Je présumerai que tu iras bien tant que la Croix-Rouge ne me contactera pas », me dit-il, sachant que la communication téléphonique depuis le Vietnam était impossible.

« Ça va bien aller », lui répondis-je pour le rassurer. Quand je traversai le hall qui menait au quai d'embarquement, je ne trouvai pas le courage de me retourner, de peur de voir la douleur sur le visage de Mark.

Une fois dans l'avion, je me forçai à regarder par la fenêtre et à lui souffler un baiser. Il retourna mon baiser en essayant de sourire, puis je m'adossai et laissai mes larmes couler.

Quelques jours plus tard, à ma destination finale (l'aéroport Tan San Nhut), la vue d'une rangée d'avions de guerre garés sur la piste ramena le doute en moi. Heureusement, la directrice de l'agence FCV à Saigon, qui s'appelait Cherie, vint m'accueillir juste à ce moment-là. « Avez-vous entendu la nouvelle ? s'exclama-t-elle. Le président Ford a autorisé le départ d'un énorme groupe d'orphelins ! Au lieu d'escorter six bébés, vous en escorterez probablement trois cents si nous avons de la chance ! » En disant cela, elle répondit à toutes mes questions, elle effaça tous mes doutes.

Pendant qu'elle conduisait dans les rues bondées et chaotiques, Cherie m'expliqua que des douzaines de bébés étaient emmenés au centre FCV afin de préparer l'évacuation. Malgré plusieurs années d'expérience comme infirmière pédiatrique, je n'étais pas prête à voir ce qui m'attendait. Dans le local du FCV, le plancher était entièrement recouvert de dizaines de matelas qui étaient eux-mêmes entièrement recouverts de bébés ! Je passai toute la première journée de mon séjour à aider les employés vietnamiens à changer des couches et à nourrir des nourrissons qui babillaient, pleuraient, criaient. La nuit suivante, on entendit des coups de feu. Ce n'était pas dangereux, nous assura le personnel. J'étais contente de faire partie de cette mission, mais j'avais hâte de la terminer pour retrouver Mark et mes filles.

Par conséquent, quand j'appris le lendemain que le FCV ne faisait plus partie du premier avion autorisé à quitter le pays en direction des États-Unis, je fis tout ce que je pus pour qu'on nous redonne la permission d'évacuer une première « cargaison » d'orphelins. En vain. Déçus, nous nous contentâmes, le cœur lourd, de préparer les bébés destinés à prendre le deuxième avion, celui qui s'envolait pour la section australienne de la FCV. Nous alignâmes donc vingt-deux bébés sur le plancher de la fourgonnette Volkswagen et nous nous dirigeâmes vers l'aéroport. Au bout de la piste de décollage, il y avait un énorme nuage noir. La rumeur disait que la première cargaison d'orphelins, celle que j'avais supplié d'accompagner, s'était écrasée après le décollage. La moitié des adultes et des bébés à bord étaient morts!

Stupéfaits, nous embarquâmes les bébés dans l'avion australien, puis nous retournâmes au FCV où l'on nous confirma la rumeur. Le personnel était atterré. Je regardai ma montre, encore à l'heure de l'Iowa. À l'heure qu'il était, mes filles déjeunaient dans leurs pyjamas duveteux, tandis que Mark devait se raser en écoutant la radio. Il allait sûrement entendre la nouvelle et être terrifié à l'idée que j'aie été sur ce vol. Malheureusement, je n'avais aucun moyen de lui téléphoner pour lui épargner cette horreur et ce chagrin. Je m'effondrai sur un sofa de rotin et pleurai sans pouvoir m'arrêter. Quelques heures plus tard, le téléphone sonna.

« LeAnn, c'est pour toi », dit Cherie. J'eus presque un rire : qui peut bien m'appeler à Saigon ?

C'était un journaliste de l'Associated Press. Il m'expliqua qu'un journaliste de l'Iowa avait fait plusieurs appels de l'autre côté du Pacifique pour parler à des reporters couvrant la guerre, pour finalement le rejoindre, lui, pour savoir si j'étais dans l'avion qui s'était écrasé. « Désolé de vous dire cela, dit le journaliste, mais le journaliste de l'Iowa a réveillé votre mari tôt ce matin pour lui demander si vous étiez sur l'avion qui s'est écrasé. Or, votre mari n'avait pas encore écouté les nouvelles du matin. Rassurez-vous, toutefois, nous allons vite lui annoncer que vous êtes sauve. » Je recommençai à pleurer, d'une part à cause du chagrin que je causais à Mark et d'autre part à cause de sa joie d'apprendre que j'étais vivante.

Ensuite, à nouveau remplie d'énergie, de foi et de confiance, je rejoignis le personnel qui préparait les bébés pour notre vol — quelle que fût la date du départ.

Le lendemain, au petit déjeuner, Cherie s'assit à côté de moi. « LeAnn, toi et Mark allez adopter un de ces bébés qui sont dans la salle à côté. Tous vos papiers d'adoption sont ici et tout est en ordre. Tu peux attendre d'être rentrée aux États-Unis pour qu'on te désigne un garçon, ou tu peux aller dans la pièce à côté et le choisir toi-même. »

Surprise et sans voix, je me rendis dans la pièce à côté et me frayai un chemin à travers la mer de bébés. Puis, un petit garçon vêtu seulement d'une couche rampa jusqu'à moi, s'agrippa à mes genoux et me conquit immédiatement. Je le pris dans mes bras et il nicha sa tête dans mon cou. On aurait dit qu'il me faisait un câlin. Je le gardai dans mes bras et fis le tour de la salle, regardant et touchant les autres bébés. Je récitai une prière pour la décision que je m'apprêtais à prendre, sachant que cette décision changerait plusieurs vies à jamais. « Oh, Mark! Comme j'aimerais que tu sois ici! murmurai-je. Comment faire pour choisir? » Le petit garçon que j'avais dans les bras me répondit en posant sa main sur ma joue.

« D'accord, fiston, chuchotai-je, je t'aime déjà, Mitchell. »

Deux jours plus tard, c'était notre tour de regagner les États-Unis. Le personnel du FCV nous aida à embarquer les bébés dans l'autobus qui partait pour l'aéroport. Neuf bénévoles pour une centaine de bébés, nous placions les bébés dans des boîtes de carton, à raison de trois ou quatre par boîte. Malgré le stress, les nombreux biberons à donner et les dizaines de couches souillées de diarrhée à changer, le travail se faisait dans la joie. Six heures plus tard, l'avion atterrit aux Philippines où la Croix-Rouge américaine nous accueillit. « Il n'y a pas d'accès téléphonique ici pour vous, me dit une bénévole aux cheveux gris, mais nous allons appeler votre mari pour lui dire que vous allez bien. » *Il va paniquer si la Croix-Rouge lui téléphone!* Je m'inquiétais de la réaction de Mark. La dame me tapota la main et me promit qu'ils lui diraient d'une façon qui le rassurerait. J'espérai qu'elle avait raison. Après avoir fait embarquer d'autres bénévoles dans un plus gros avion, nous nous dirigeâmes vers Hawaï, où chaque enfant fut sorti de l'avion pendant qu'on faisait le plein.

Je pus enfin téléphoner à Mark. Il y avait tellement de bruit autour de la cabine téléphonique que je dus crier mes instructions à l'opératrice à l'autre bout du fil. *Mark ne sait même pas que nous avons un fils*, marmonnai-je à moi-même. *Il ne se doute même pas que je ramène notre fils à la maison.*

J'avais déjà pensé à la façon dont j'allais lui annoncer la bonne nouvelle, mais lorsque j'entendis sa voix au téléphone, je ne pus que laisser échapper: « Mon chéri, c'est LeAnn! » et de me mettre à pleurer très fort.

Je l'entendais répéter mon prénom alors que lui aussi sanglotait. J'essayai de reprendre mon calme pour lui annoncer la venue de Mitchell, mais je n'arrivais pas à reprendre mon souffle.

C'est à ce moment qu'il me demanda à travers ses larmes: « Dis-moi seulement que tu ramènes notre fils. » « Oui! Oui! Oui! » répondis-je en pleurant alors que mon cœur explosait d'amour et de joie.

Arrivée à destination, je sortis de l'avion et j'entrai dans l'aéroport de ma ville avec Mitchell dans les bras. À l'intérieur, il y avait des journalistes et des photographes. Quand Mark apparut à travers les flashes des caméras, je fondis dans ses bras avec Mitchell. À Saigon, j'avais eu peur de ne plus jamais sentir l'étreinte de Mark. Je restai longtemps blottie contre lui, puis je lui montrai son fils. Mitchell tendit les bras à son papa. Des larmes coulaient sur les joues de Mark qui serra notre fils contre son cœur et m'attira contre lui. « Merci », me chuchota-t-il.

LeAnn Thieman

Pourquoi notre fils s'appelle Fox

L'histoire se passe en février 1968. J'attends mon premier enfant. La grossesse et la naissance d'un enfant sont une période stressante pour n'importe quelle famille, mais nos inquiétudes sont aggravées: mon mari, Gerry Seldon, vient de partir pour le Vietnam.

L'été précédent, en juin 1967, quand nous apprenons que je suis enceinte, nous débordons de joie. Comme je désire avoir un accouchement naturel, nous assistons à des cours prénataux Lamaze pour apprendre à respirer dans les moments critiques. Durant ma grossesse, je prends du poids et j'ai parfois mal au dos. Gerry est toujours là avec un oreiller pour me faire du bien. Tout le monde parle de la guerre, mais c'est une guerre qui se déroule très loin de nous et je suis beaucoup plus fascinée par ce qui se passe dans mon corps!

Puis, l'impensable se produit: Gerry reçoit un avis de l'Armée et dispose d'une semaine pour se présenter au camp d'entraînement. Que vais-je faire? Sur le coup, je me dis qu'il ne partira pas à la guerre parce que je suis enceinte, mais le conflit prend de l'ampleur. À cause de la tristement célèbre offensive du Têt, on a besoin de plus d'hommes au front.

« Ne t'inquiète pas, chérie, tu sais que je suis toujours avec toi. Je serai de retour pour la naissance du bébé. » Mais moi, je pressens une catastrophe. Toutes ces heures à apprendre à compter les contractions et à respirer! Toutes les fois où nous avons rigolé en disant que Gerry entrerait bravement dans la salle d'accouchement pour finalement s'évanouir à la vue d'une goutte de sang! Comment vais-je m'en sortir sans lui?

Et soudain je me rends compte d'une chose: je n'étais pas la seule qui allait vivre une épreuve et, surtout, mon épreuve à moi était cent fois moins dangereuse que la sienne.

Allons, allons, comment puis-je avoir peur alors que Gerry a été le meilleur coach d'accouchement qui soit? Allons, ça va bien aller!

La dernière semaine en compagnie de Gerry passe comme un éclair. Il y a les fêtes entre amis, les visites à sa mère et à sa tante Louisa, les bagages. Puis les bagages à refaire parce que je rajoute d'autres paires de chaussettes que Gerry s'empresse en cachette de remettre dans son tiroir. Puis, je fais du sucre à la crème et j'essaie de le congeler pour en mettre dans ses bagages. Mais Gerry s'en aperçoit et ça ne franchira pas le seuil de la porte de la chambre à coucher. À un moment donné, Gerry me prend sur ses genoux alors qu'il est assis sur le lit. Il rit. « Ça ne les empêchera pas de me faire mettre des vêtements de soldat! » Il me promet alors solennellement de m'écrire dès qu'il arrivera au camp. La veille de son départ, nous allons manger au restaurant. Il me taquine affectueusement au sujet de mon gros ventre pendant que nous dansons un dernier slow: « On dirait qu'il y a quelqu'un entre nous, ma chérie, tu ne trouves pas? »

Et voilà que, tout à coup, il est parti.

Les lettres qu'il m'envoie du camp sont pleines d'histoires hilarantes au sujet de son sergent instructeur, qui semble correspondre en tout point au stéréotype. Gerry me raconte aussi les erreurs que lui et d'autres membres de son peloton commettent durant l'entraînement. Je sais bien que la préparation pour aller à la guerre n'est pas une partie de plaisir, mais Gerry ne laisse aucune tristesse émaner de ses lettres.

Le camp d'entraînement terminé, je prends l'avion pour aller passer un week-end avec lui à San Francisco, mais voilà que je rate Gerry. Il est parti.

Ses lettres se font maintenant moins fréquentes, mais le ton demeure le même. C'est seulement beaucoup plus tard que j'apprends que les dix hommes qui formaient l'équipe initiale de sa patrouille, appelée « Fox », ne sont plus que huit et que Gerry lui-même a failli y passer. Je n'ai jamais prêté attention à tous ces noms qu'on entend aux nouvelles: Saigon, Da Nang, Long Binh. Mais je sais que Gerry était à Long Binh quand le campement Bear Cat, un kilomètre et demi plus loin, a été envahi et détruit par les Viêt-cong.

J'essaie de faire comme lui: dans toutes mes lettres, je lui fais des descriptions. Je lui décris le nouveau mobile que tante Louisa nous a offert pour suspendre au-dessus du berceau. Je lui décris les petits pyjamas et les ensembles que ma sœur m'a donnés à mon shower de bébé. Je lui décris la fois où une mère s'est excusée à moi dans la file de l'épicerie quand son fils de six ans m'a regardée et a demandé très fort: « Pourquoi la dame est si grosse, maman? » Je lui décris à quel point je suis rendue grosse. Cependant, je ne lui raconte pas que je me réveille la nuit quand le bébé me donne des coups et que je me roule pour le lui montrer — seulement pour sentir sa place froide dans le lit et l'oreiller vide.

Il arrive des moments précieux où le peloton de Gerry est dans un endroit sûr d'où lui et ses compagnons peuvent téléphoner. Les neuf minutes dont chaque homme dispose alors pour parler au téléphone s'envolent aussi vite que neuf secondes, mais la voix de Gerry nous rapproche et me donne l'impression qu'il est à mes côtés.

En l'absence de Gerry, mon beau-père et ma belle-mère font tout ce qu'ils peuvent pour me rassurer et me réconforter, mais ce n'est pas pareil. Quand mes contractions commencent au beau milieu d'une glaciale nuit de février, je leur téléphone.

« Je m'excuse de vous téléphoner, beau-papa, mais je pense que vous devriez venir. Je vais bien, mais je crois que je dois me rendre à l'hôpital. » Il arrive chez moi si vite que je le soupçonne d'avoir dormi tout habillé avec les clés de la voiture dans les poches et d'avoir enfreint la limite de vitesse, pour une fois dans sa vie. Quand il me confie à l'infirmière du poste d'accueil, à l'hôpital, je le sens vraiment soulagé.

À partir de ce moment-là, la réalité devient aussi floue qu'un rêve. Les heures passent et des silhouettes aux couleurs vives ne cessent de me dire des mots d'encouragement. Mais moi, tout ce que je veux, c'est mon mari. Le médecin me dit: « Maintenant, respirez bien, comme vous l'avez appris dans les cours prénataux. » J'essaie, mais sans Gerry pour me coacher et me tenir la main, je n'y arrive pas. Le bébé semble sentir son absence aussi, car malgré tous mes efforts il ne semble pas vouloir naître.

Puis le miracle se produit. Une infirmière vient à mon chevet et me met le téléphone sur l'oreille. C'est Gerry!!! Il savait que la date prévue pour l'accouchement était aujourd'hui, il a pris une chance et a téléphoné à la maison. Sa mère lui a donné le numéro de l'hôpital. Je nage de bonheur d'entendre sa voix, certes, mais une petite voix me dit: « Tu ne disposes que de neuf minutes — seulement neuf minutes. Il va raccrocher dans neuf minutes, et tu seras seule encore. »

Je fais mon maximum durant ces neuf minutes. « Respire », dit Gerry, alors je respire et je pousse. « Respire encore », continue-t-il. Le médecin a l'air très content.

J'ai l'impression que ça avance. Tout d'un coup, j'éprouve l'étrange sensation que la voix de Gerry est accompagnée d'autres voix. Et j'ai aussi l'impression que plus de neuf minutes ont passé. Je jette un coup d'œil à l'horloge sur le mur. Gerry me parle au téléphone depuis plus d'une heure! *Je dois halluciner!* Je regarde l'infirmière et elle sourit — mais elle pleure aussi. Qu'est-ce qui se passe? Lorsque je comprends enfin ce qui se passe, j'éclate de rire.

Chacun des hommes de la patrouille Fox a renoncé à ses neuf minutes pour que Gerry puisse assister à la naissance de son fils, à condition qu'eux puissent aussi assister. Ainsi, au lieu d'avoir un mari comme coach, j'ai huit soldats qui me crient: « Respire! 1-2-3-4… » au téléphone!

« OK, maintenant, une dernière grosse poussée… », dit mon médecin. Je suis épuisée, mais je rassemble toute mon énergie pour un dernier effort. En plus du personnel autour de moi, j'ai huit soldats qui m'encouragent. Au moment où mon fils voit le jour, les félicitations du personnel dans la salle d'accouchement sont noyées sous les cris de joie qui nous parviennent de l'autre bout du monde !

Sur le coup de l'impulsion, nous avons l'intention de nommer notre fils Gerald Luis Tyrone William Javier Chico Sung Li Carl Seldon, en l'honneur des huit hommes qui m'ont aidée à mettre au monde notre fils. Heureusement, notre gros bon sens reprend le dessus et nous avons pitié du petit garçon qui devra écrire son nom au complet tant de fois au cours de sa vie.

C'est *pourquoi* notre fils s'appelle Fox, comme le nom de la patrouille.

Mary Jane Strong

Bébé à bord

Nous sommes tous nés pour une raison, mais nous ne découvrons pas tous pourquoi. Réussir sa vie n'a rien à voir avec ce que vous gagnez dans la vie ou ce que vous accomplissez pour vous-même. Réussir sa vie se mesure à ce que vous faites pour les autres.

Danny Thomas

Sandy et Theresa de Bara, qui habitent Greenfield Park, New York, ont décidé un jour d'emmener leur fille de trois ans, Amanda, à Disney World. Ils voulaient lui offrir une gâterie spéciale avant l'arrivée de leur deuxième enfant, dont la naissance était prévue deux mois plus tard.

Le matin de leur départ pour Orlando, Theresa a téléphoné à son médecin pour lui dire qu'elle avait des problèmes gastriques et qu'elle ressentait une pression. Son médecin lui a répondu que c'était probablement le faux travail, comme à sa grossesse d'Amanda.

Peu après le décollage de l'avion, les contractions de Theresa sont devenues deux fois plus douloureuses. Elle savait que ce n'était pas une indigestion. C'était le travail de son accouchement qui était commencé. Sandy a prévenu l'agente de bord, qui s'appelait Meg Somerville. Quand l'agente Somerville a compris ce qui se passait, elle a immédiatement libéré une rangée de cinq sièges sur laquelle Theresa s'est allongée.

Ensuite, l'agente Somerville a fait une annonce au micro: « Nous avons à bord une femme qui va accoucher. S'il y a un médecin parmi les passagers, nous vous prions de vous présenter à la rangée vingt-huit. »

Steven Rachlin était médecin. Il pratiquait comme interniste à Old Brookville, New York, et lui aussi emmenait sa famille à Disney World. Il s'est présenté au chevet de Theresa. Il avait fait un seul accouchement dans sa vie — treize ans plus tôt.

Après un bref examen, il a vu que Theresa perdait du sang. « Je vois la tête qui commence à sortir », a-t-il annoncé à Somerville. « Cette femme est en train d'avoir son bébé à l'instant même! »

Tandis que les agents de bord se dépêchaient de rassembler draps et serviettes, le pilote a contacté les contrôleurs de l'aéroport international de Dulles, près de Washington D.C. pour leur demander l'autorisation d'atterrir d'urgence. Sandy, le mari de Theresa, n'avait d'autre choix que de demeurer au chevet de son épouse en priant pour elle et le bébé afin qu'ils s'en sortent. Une femme qui voyageait avec ses enfants s'est offerte pour s'occuper d'Amanda qui pleurait et demandait si sa maman allait mourir.

Pendant que l'avion amorçait son atterrissage d'urgence, Theresa a accouché d'un petit garçon. Toutefois, le cordon ombilical était enroulé autour du cou; l'enfant était bleu et ne pouvait pas respirer.

Steven Rachlin a entrepris une réanimation cardiorespiratoire. Il s'est mis à masser la poitrine du bébé avec deux doigts en criant: « Respire, bébé! Respire! »

« Mon Dieu, a murmuré Theresa, sauvez sa vie, je vous en supplie! »

Juste à ce moment, deux autres passagers, James et Jen Midgley, deux ambulanciers de Chelmsford, au Massachusetts, qui étaient également mari et femme, se sont offerts pour aider le bébé en détresse. La spécialité de Jen était justement la réanimation respiratoire des enfants. Elle s'est tournée vers l'agente de bord et a crié: « On a besoin d'une paille! »

« Nous n'en avons pas à bord », a répondu l'un des membres de l'équipage. Mais l'agente de bord Denise Booth avait apporté avec elle un jus; c'était une de ces boîtes à boire qui viennent avec une paille collée sur le côté.

Pendant que Rachlin continuait la réanimation cardiorespiratoire, Jen a introduit doucement la paille dans la gorge du bébé, puis elle a aspiré les sécrétions des poumons du bébé. Après cinq longues minutes angoissantes, le bébé s'est enfin mis à pleurer. Un lacet donné par un passager a ensuite servi à ligaturer le cordon ombilical. Maintenant, les pleurs du bébé remplissaient la cabine de l'avion. Tout le monde applaudissait et se réjouissait.

Quand l'avion a atterri, une ambulance attendait pour emmener la mère et le bébé au centre hospitalier le plus près. Quand on a fait sortir Theresa de l'avion, les passagers se sont levés pour l'applaudir. Sandy a serré Steven Rachlin dans ses bras et tout le monde a applaudi encore.

Après une heure au sol, le capitaine a décollé de nouveau pour Orlando et a offert des consommations gratuites à tous les passagers. Avant d'arriver à Orlando, il a annoncé que le bébé s'appelait Matthew Dulles, en l'honneur du site où s'était effectué l'atterrissage d'urgence, qu'il allait bien à la pouponnière des soins spéciaux, et que sa mère Theresa allait bien aussi.

Il s'est avéré cependant que Matthew souffrait de problèmes respiratoires. On l'a gardé trois semaines à l'hôpital avant que ses parents puissent le ramener à la maison.

« Il n'y a pas de mots pour remercier tout le monde », a dit Sandy aux journalistes un peu plus tard. « Des gens en Virginie qui habitaient près de l'hôpital nous ont aimablement logés chez eux durant l'hospitalisation du bébé, ils ont gardé Amanda et ils ont même offert de faire notre lavage. Une équipe de hockey de l'Alaska a même envoyé un nouvel équipement pour Matthew en disant qu'un enfant qui survivait à une telle naissance était assez fort pour jouer à leur jeu. »

Amanda était trop petite pour comprendre grand-chose de ce qui s'était passé. Tout ce qu'elle sait, c'est que durant le vol sa maman a eu mal au ventre, que Matthew est né, et que beaucoup de gens couraient autour de nous.

Mais la petite a compris quelque chose dans tout cela. « Maintenant, je sais d'où viennent les bébés », a-t-elle dit après l'aventure.

« D'où? » lui a-t-on demandé.

« Des avions! »

Allan Zullo et John McGran

Magasin de bébés

Un jour, mon mari amène nos trois jeunes enfants à la maternité où je viens d'accoucher. Il s'arrête devant chaque porte pour laisser les enfants saluer les nouvelles mères qui câlinent leur bébé. Une fois arrivés à ma chambre, mon mari montre aux enfants leur nouveau petit frère.

Katrina, qui a cinq ans à l'époque, passe la main sur la tête du bébé dont les doux cheveux roux épais ont été brossés et enroulés en boucle par l'infirmière. Elle inspecte ses petits pieds, admire ses minuscules oreilles et donne des bisous sur son bras potelé. Puis, elle s'attarde sur son poignet.

Elle se tourne vers moi, pointe le bracelet d'identification du bébé et dit, les sourcils froncés: « Regarde, maman, ils ont laissé l'étiquette du prix! »

Carol McAdoo Rehme

Avant d'être parents

La travailleuse sociale sera ici dans quelques heures. Nous sommes pratiquement prêts. Nous avons nettoyé la maison comme jamais auparavant. Nous avons mis du sel sur le trottoir menant au perron afin que la travailleuse sociale ne glisse pas. Je voulais faire de la purée de pommes pour que la maison embaume l'odeur chaleureuse et envoûtante de la cannelle, mais j'ai changé d'idée. Je crois que je vais plutôt cuire du pain. Ou alors je vais faire un feu dans le foyer? Il me semble qu'il n'y a rien comme l'odeur d'un feu de foyer pour rendre un endroit chaleureux et accueillant.

Mais à quoi ressemble un bon parent? Je veux dire, à quoi doit-on ressembler pour donner confiance en notre potentiel de parent? La travailleuse sociale vient nous rendre visite pour nous évaluer. Elle vient chez nous aujourd'hui pour faire une « évaluation de notre foyer », la toute première étape de la démarche d'adoption.

Alex et moi avons décidé d'adopter un bébé de Chine. En vérité, nous n'avons pas décidé *pour de bon*, mais nous sommes bien avancés dans le processus décisionnel. Plus on avance dans ce processus, plus notre cœur bat.

Il y a beaucoup de choses à faire avant de s'engager. D'abord s'occuper d'une abondante paperasse. C'est ce que nous faisons présentement. C'est notre façon à nous de prendre notre décision, d'explorer le terrain, d'ouvrir des portes qui donnent sur l'inconnu.

« Penses-tu que je pourrais cuire du pain pour embaumer la maison? » dis-je à Alex.

« Ce serait un peu forcé, répondit-il, on ne fait jamais de pain. »

« D'accord, alors de la purée de pomme à la cannelle? »

« On n'en fait jamais non plus », dit-il.

« J'en ai déjà fait à l'école secondaire, dis-je, c'était la première chose que nous préparions au cours d'économie familiale. »

« D'accord », répondit Alex. Il sait à quel moment se rendre lorsqu'il me sent stressée.

« Mais l'odeur de cannelle va-t-elle se rendre jusqu'au salon? » demandai-je alors. « Devrions-nous placer un ventilateur pour diriger l'arôme vers l'arrière de la maison? »

« Non, dit-il, non — nous ne devrions pas. » Il sait comment parler de façon claire et ferme quand je perds la carte.

Je suis nerveuse. Je n'ai aucune expérience de ces évaluations de foyer. Je n'ai jamais eu à préparer ainsi notre maison pour la soumettre à une telle inspection. Le domaine domestique n'est pas ma plus grande force. Je n'ai rien d'une Martha Stewart.

Il pleut, ce qui n'aide pas. La glace aussi n'aide pas. Elle fond et laisse le terrain détrempé comme un marécage. « Bienvenue à la pire journée sur notre ferme! » que je m'imagine dire à la travailleuse sociale quand elle arrivera. Mais ce n'est pas une bonne idée, car elle pourrait penser que c'est à cause d'elle que je dis « pire journée », alors je vais laisser tomber.

Je suis nerveuse. Je veux que tout aille bien. Je pèle des pommes. J'essuie le comptoir dix fois pour que la travailleuse sociale voie à quel point mon comptoir est propre. Je saupoudre de la cannelle sur les pommes. J'en mets beaucoup pour exprimer mon potentiel domestique, mon potentiel maternel.

Évidemment, je pourrais me sentir insultée d'être ainsi jugée. C'est peut-être le sentiment qui convient le mieux pour l'instant. Quelle insulte en effet que cette évaluation de foyer! Pourquoi devrais-je avoir à prouver mon potentiel parental à une pure étrangère? N'importe quel cinglé doté d'une tuyauterie adéquate peut devenir parent. Aucun formulaire à remplir. Aucun antécédent à révéler. Aucune épreuve écrite à passer sur votre façon de résoudre des conflits. Alors pourquoi moi? Pauvre moi. Ce n'est pas juste. La vie est injuste. Je sais toutefois que cette façon de voir représente un seul côté de la médaille. La vie est toujours injuste quand elle nous envoie une balle courbe. Mais que dit-on quand elle nous envoie une balle parfaite: un bon emploi, un bon mari, une maisonnée heureuse, une famille solidaire, un bébé qui a besoin d'une maman. En Chine, on nous a dit qu'il n'y a que des filles à adopter.

Oups! Voilà une voiture qui arrive. Une voiture blanche. Plus exactement une voiture blanche maculée de boue. Oh, mon Dieu, j'aurais dû lui dire qu'il y avait de la boue de ce côté-ci. Elle gare sa voiture dans l'allée et reste assise quelques minutes. Je la vois fouiller dans ses papiers, prendre des notes. Elle nous donne sûrement une mauvaise note pour la boue qui a sali sa voiture. J'en suis certaine. Je me ronge les ongles. Je ne tiens plus en place.

« Reste toi-même », me dit Alex. Il a un parapluie. Il va dehors à sa rencontre.

« Brillante idée! » dis-je. « Apporte-lui un parapluie! Épate-la avec ta galanterie! »

« Il pleut », se contente-t-il de dire.

Lorsqu'elle entre dans la maison, je commence à m'excuser. À propos de la température. De la pluie. De la grisaille. Des nids de poule dans ma rue. De la cuisine qui n'est pas encore rénovée. De l'ampoule brûlée sur le perron. De la façon dont le chat dort dans la soucoupe de l'antenne parabolique plutôt que dans le panier douillet que je lui ai préparé.

« Vous avez l'air nerveuse », dit-elle en souriant. « Ne vous en faites pas, je vous en prie. Ce n'est pas une enquête. C'est plutôt un... entretien cordial. D'accord? Je suis là pour vous aider à faire venir votre fille à la maison. »

Ma... quoi? Pardon? C'est la première fois que j'entends ce mot utilisé de cette façon. C'est un grand mot. « Ma fille. » « Notre fille. » C'est un mot qui sonne bien. Alex me regarde. Il sourit. Je souris. La travailleuse sociale sourit. Trois personnes savourant la même musique. Les décisions sont comme de la musique. De nouvelles chansons que vous écoutez. Plus la musique est belle, plus votre cœur bat fort.

Jeanne Marie Laskas

Le travail de l'amour

La douleur de l'enfantement est effacée par le bonheur de tenir enfin son enfant dans ses bras.

Marianne Williamson

Je n'en suis pas certaine à 100 %, mais je pense que je suis la première femme à accoucher. C'est du moins ainsi que je me sentais en septembre dernier, lorsque Catlyne est née.

Les mots « ma fille » me remplissent d'un immense sentiment de fierté. Et même s'il y a des centaines de milliers de filles dans le monde, j'ai malgré tout l'impression d'être la première mère à avoir sa fille. La vérité, c'est qu'une porte émotionnelle dont je ne soupçonnais même pas l'existence s'est ouverte. Cependant, je tiens à dire une chose: vous n'auriez jamais pu me convaincre de cela durant mon accouchement.

Comment se fait-il que les femmes de mon entourage qui m'ont si gracieusement raconté des histoires de prise de poids éléphantesques, de problèmes gastriques, de pieds enflés, de nausées et autres charmants effets secondaires de la grossesse, ne m'ont rien dit sur les contractions et l'accouchement? Si quelqu'un m'avait dit à quel point ça ferait mal, j'aurais changé d'idée quand il en était encore temps.

Chose certaine, il y a un élément d'information du cours prénatal dont je me suis tout de suite souvenue quand les contractions ont commencé: je savais quel anesthésique demander (ou exiger, plutôt)! C'est d'ailleurs ce que j'ai fait aussitôt arrivée à l'hôpital. Le problème, c'est qu'on ne vous donne pas d'anesthésique tant que la dilatation du col n'a pas atteint cinq centimètres (pour celles qui n'ont jamais vécu le « miracle de la naissance », sachez que la femme reçoit son prix — un bébé — quand elle est rendue à dix centimètres!). Avec toute la douleur que je ressentais, j'étais persuadée d'être rendue à huit centimètres, mais l'infirmière au sourire un peu bête m'a informée que mon col était dilaté de un centimètre seulement.

J'aurais voulu la frapper. Et fort.

J'ai donc attendu près de dix heures pour que la dilatation avance, ce qui fait beaucoup de temps pour réfléchir. On dit qu'il y a une raison à tout, même à la souffrance la plus grande. Je sais que c'est vrai. Durant mon travail, j'ai eu une révélation divine: Dieu n'est pas une femme.

Aucune femme ne ferait subir à un autre être humain une telle torture. Si Dieu était une femme, il aurait conçu autrement le corps de la femme. Il aurait à tout le moins réservé une expérience aussi traumatisante pour les hommes — histoire d'équilibrer les choses.

Vous savez, les neuf mois de la grossesse n'ont pas été si mal. Les trois premiers mois, j'avais toujours envie de vomir, ma taille disparaissait, et j'ai mis une croix sur la possibilité de dormir sur le dos si je voulais à la fois dormir et respirer. Ça ne m'a pas dérangée de laisser de côté la bière (un peu, pour être honnête) et tout ce qui est bon au goût mais mauvais pour la santé. J'ai remisé mes dessous à frisons et les ai troqués pour des sous-vêtements qui m'allaient jusqu'au menton. J'ai aussi acheté un « charmant » soutien-gorge en coton quarante-sept fois la taille au-dessus des miens en jolie dentelle. Je me disais que tout cela en valait le coup.

Mais pas les contractions. Jusqu'à ce que je voie sa tête.

Rien ni personne n'aurait pu me préparer à la vague d'émotions qui m'a totalement submergée quand j'ai vu ce tout petit être humain. Je n'avais jamais éprouvé cet amour auparavant. Tous les malaises et toutes les douleurs me semblaient maintenant insignifiants comparativement au miracle que je contemplais.

C'est étrange. Personne n'aurait pu me faire croire qu'avoir un enfant était aussi extraordinaire. Je fais partie de cette génération de femmes dans la trentaine déterminées à avoir une carrière, et une vie différente de celle de leurs mères. Il n'était pas question que je reste à la maison pour prendre soin de quatre enfants et d'un mari pour le restant de mes jours. Et je refusais d'apprendre tout ce qui était le moindrement domestique. Le mariage et les enfants m'apparaissaient comme un piège. J'aimais être célibataire, occuper un emploi, voyager et prendre soin de ma personne.

Quand j'ai envisagé d'avoir des enfants, j'ai pensé aux biberons, aux couches à changer, aux pleurs et aux responsabilités permanentes. Mais je n'ai pas songé une minute au côté affectif de la chose. Je ne savais pas qu'une enfant apporterait tant d'amour dans mon existence et que mon rôle de mère serait un tel plaisir. Car c'est plutôt agréable et différent de prendre soin de quelqu'un d'autre que moi.

Catlyne a changé nos vies à tous. Son père est plus heureux. Il fait plus attention à lui-même afin de pouvoir un jour lui apprendre à jouer à la balle molle. Ma sœur a pratiquement déménagé chez nous depuis la naissance de cette nièce. Elle se dit probablement que, si elle y demeure suffisamment longtemps, elle obtiendra la garde du bébé en invoquant ses droits sur les biens de famille! Nous sourions plus, nous rions plus, nous nous aimons plus. Comment se fait-il que personne ne m'ait dit à quel point ce serait extraordinaire?

Et puis, ce ne sont que quelques douleurs, non?

Claire Simon Lasser

Personne n'a jamais mesuré la capacité d'aimer du cœur, pas même les poètes.
Zelda Fitzgerald

« Oh là là! Ça crie fort une cigogne! »

Deux pour un

Au début de l'automne de 1983, au moment où les feuilles commençaient à se colorer, où l'air devenait plus frais et où mon ventre commençait à paraître puisque j'étais enceinte de mon cinquième enfant, mes espoirs de donner naissance à cet enfant se sont évanouis lors d'une consultation de routine chez le médecin.

Le médecin ne détectait aucun battement de cœur et l'échographie indiquait que j'avais un ovaire malade. Mon médecin m'a donc donné rendez-vous pour une dilatation et un curetage la semaine suivante.

J'ai dû ensuite choisir avec soin les bons mots pour expliquer à mon aînée, Elisa, qui avait sept ans, que mon ventre naissant n'allait finalement pas faire grandir un bébé comme cela avait été le cas pour ses frères et sa sœur.

Je me suis sentie si incompétente et si vide cet hiver-là. Heureusement, l'énergie émanant de mes quatre jeunes enfants, de même que les tempêtes de neige, me tenaient occupée à construire des forts et, bien sûr, à faire des « anges dans la neige ». Malgré tout, je rêvais d'être enceinte de nouveau le plus tôt possible.

Juste après le Nouvel An, mon médecin m'a confirmé ce dont je me doutais depuis quelques semaines: oui, j'étais enceinte de nouveau. Il m'a dit que j'étais due pour la mi-septembre et m'a recommandé de faire attention à moi.

En arrivant à la maison après mon rendez-vous, anxieuse d'annoncer aux enfants la bonne nouvelle, je n'ai pu que dire: « Devinez quoi les enfants? »

Avant même que je puisse dire autre chose, Elisa m'a interrompue: « Tu vas avoir un bébé! » Puis elle a ajouté, les yeux remplis d'excitation: « Mais tu vas avoir deux bébés parce que la dernière fois Dieu a emmené le bébé au paradis! »

« Oh là! ai-je dit, attends! Ce n'est pas ainsi que ça fonctionne. Il n'y a pas de jumeaux dans ma parenté ni dans celle de ton père. »

« Mais maman! a continué Elisa, je sais que tu vas avoir deux bébés, et ce sera des jumelles avec des cheveux blonds et elles seront pareilles! »

Il n'y avait pas moyen de la faire changer d'idée, sans compter qu'elle avait déjà persuadé ses frères et sa sœur.

Je trouvais plutôt mignon ce qu'elle avait dit. J'ai maintes fois ri de sa lubie par la suite, et je l'ai racontée et en ai blagué avec toutes les personnes de mon entourage. Entre-temps, mon ventre grossissait et grossissait.

Un peu plus tard, mes amies qui avaient ri avec moi des propos de ma fille se sont mises à me dire: « Tu sais, Elisa a peut-être raison; tu deviens vraiment grosse! » Mais je leur disais: « Non, non, le médecin a dit qu'il y a seulement un bébé. »

Comme mon utérus était plus gros que la normale, mon médecin m'a prescrit une échographie. Il m'a expliqué que j'avais probablement mal calculé mes dates et que j'étais peut-être due plus tôt.

Le 6 juillet 1984, donc, je me suis allongée sur la table d'examen de la salle d'échographie. Pendant que la technicienne faisait glisser la sonde sur mon ventre, j'avais l'impression que j'allais exploser, car j'avais bu les cinq verres d'eau recommandés avant l'examen.

« Alors… On voit une tête, un bras, une jambe… Ce bébé a un battement de cœur solide », a dit la technicienne en promenant la sonde sur le côté droit seulement de mon ventre. Naïvement, j'ai alors demandé à la technicienne: « Mais alors qu'est-ce qu'il y a dans la partie gauche de mon ventre? » Comme si de rien n'était, elle a répondu: « On regardera ce bébé-là après. » En voyant mon regard tout à fait interloqué, elle a demandé: « Vous ne saviez pas que vous portiez des jumeaux? »

Un peu plus et je tombais de la table d'examen! Pendant qu'elle continuait à faire glisser la sonde sur mon ventre et à me montrer les différentes parties du corps qu'elle voyait, elle a finalement dit que c'étaient probablement des filles et qu'elles étaient probablement identiques. J'entendais déjà Elisa dire: « Tu vois, je te l'avais dit! »

Inutile de préciser que lorsque j'ai annoncé la « nouvelle » à mon mari ce soir-là, il a usé un chemin sur la moquette à force de faire les cent pas (exactement comme je m'y attendais). Et Elisa a sauté de joie en répétant: « Tu vois, je te l'avais dit! Je le savais bien! (exactement comme je m'y attendais).

Nous avons passé les semaines suivantes à observer. Mon ventre grossissait à un rythme fou. Chaque soir, le principal divertissement était de regarder les bébés bouger sous la peau de mon ventre, essayant de trouver une position confortable dans leur minuscule maison.

Enfin, le 24 août 1984, trois semaines avant la date prévue, mes jumelles identiques sont nées, Sarah et Julie.

La première fois qu'Elisa a vu les jumelles, elle a parlé tout doucement en caressant leurs joues et en prenant leurs petites mains : « Tu vois, maman, je te l'avais dit ! Dieu a emmené l'autre bébé au paradis, et je savais qu'il allait nous envoyer deux bébés filles pareilles et les voilà ! »

Cette histoire date d'une vingtaine d'années maintenant, mais il m'arrive encore aujourd'hui de raconter comment les jumelles sont arrivées dans notre vie. Et oui, tout compte fait, les jumeaux sont héréditaires dans la famille, car Elisa est aujourd'hui la mère de jumeaux de deux ans ! Tu vois, Elisa, je te l'avais dit !

Elisabeth Sartorius

*« Non, elle ne prenait pas de médicaments
pour stimuler l'ovulation...
Pourquoi me demandez-vous cela? »*

Notre histoire

Quand nous sommes entrés dans le restaurant, mon mari, Mike, m'a demandé « laquelle » c'était. De ma voix toujours aimante et soutenante, je lui ai dit: « J'imagine que c'est cette fille enceinte assise là-bas. » Nous étions sur le point de vivre le moment le plus important de notre mariage. Nous nous apprêtions à rencontrer une mère biologique potentielle.

Mike et moi étions mariés et nous avions « essayé » durant plusieurs années de concevoir un enfant. Nous avions appliqué les conseils offerts par les gens de notre entourage. Nous avions suivi des traitements en clinique de fertilité. On nous disait de relaxer, de bouger comme ceci et comme cela. On nous a même suggéré (c'est mon conseil préféré!) de nous étendre sur des aiguilles de pin! Je nous imaginais en train de relaxer sur un lit d'aiguilles de pin avec pour résultat une crise d'urticaire plutôt qu'un bébé… Inutile de préciser que ces idées n'ont pas mené à une grossesse.

Un soir, mon mari et moi avons pris le temps de discuter de ce qui nous tenait à cœur. Ensemble, nous avons convenu que nous désirions tous les deux devenir parents et avoir quelqu'un à aimer inconditionnellement. La façon dont cet enfant viendrait au monde importait peu. Ce qui comptait, c'était ce que nous ferions comme parents quand l'enfant serait ici. L'adoption nous apparaissait comme la solution idéale pour nous, et nous pensions qu'il suffisait tout simplement de prendre la décision. La vérité est tout autre!

Nous avons commencé notre démarche d'adoption avec l'aide d'un conseiller en adoption. Ce conseiller nous a demandé de monter un petit album de notre famille et d'y joindre une lettre à propos de notre désir d'adopter un enfant. La lettre devait commencer par: « Chère mère biologique ».

Nous avons trouvé difficile de formuler la lettre, de trouver les mots parfaits. Nous savions qu'une femme qui envisage de donner son nouveau-né en adoption doit posséder beaucoup de courage et d'amour, qu'elle doit vouloir le meilleur pour son enfant et pas nécessairement pour elle. Nous trouvions impossible de faire entrer tous nos sentiments et nos désirs dans une lettre d'une seule page. Il nous a fallu des semaines pour répertorier nos pensées et écrire une lettre moyennement satisfaisante.

Après avoir complété la paperasserie initiale, notre conseiller en adoption nous a mis en contact avec une jeune femme enceinte de quelques mois. Cette jeune femme avait déjà une fille et vivait chez sa mère. Elle estimait que l'adoption était la meilleure solution pour tous. J'étais très optimiste, mais Mike se méfiait. Nous avons passé des heures à parler au téléphone et à correspondre. Nous étions les futurs parents qu'il lui fallait!

Le 11 avril, elle a accouché d'une fille; le 12 avril, elle a changé d'idée. Nous étions anéantis, mais nous comprenions sa décision.

Un samedi, je suis allée à une rencontre pour couples infertiles. Il y avait là une dame qui travaillait dans une agence d'adoption chrétienne sans but lucratif. Elle nous a expliqué que son agence accompagnait chaque couple adoptif jusqu'à ce qu'il trouve un enfant. Une fois de retour à la maison, Mike et moi avons discuté de l'agence et décidé de faire un autre essai d'adoption.

La nouvelle agence a donc fait une « évaluation de foyer » qui comprenait une tonne de papiers à remplir et plusieurs visites à domicile. L'expérience ne s'est pas avérée la cauchemardesque intrusion dans notre intimité que certains nous avaient prédite. Pour une seconde fois, nous avons préparé un album et une lettre.

C'est cette démarche d'adoption qui nous a menés à la rencontre au restaurant dont je parle au début de l'histoire. Quand nous nous sommes dirigés vers la table, je sentais mes genoux trembler. Quelques minutes auparavant, j'étais affamée, mais maintenant je sentais que je ne pourrais rien avaler. Mike et moi nous sommes assis en face de la jolie jeune femme enceinte qui nous attendait en compagnie d'une travailleuse sociale. Nous nous sommes présentés par nos prénoms, nous avons bavardé de tout et de rien, et nous avons commandé le repas.

La jeune femme nous a posé des questions sur notre désir d'être parents. Je me sentais si émotive qu'au mot « parent », j'ai fondu en larmes. Elle s'est levée, a dit qu'elle reviendrait dans une minute et a disparu. Mon mari m'a regardée avec l'air de dire: « Étais-tu obligée de pleurer? »

Après quelques minutes qui nous ont paru des heures, la jeune femme est revenue. Elle avait deux photos d'échographie dans les mains. Elle nous a dit qu'elle voulait que nous soyons les parents de sa fille. Je ne sais pas comment on se sent quand on apprend qu'on a gagné le gros lot et que nos rêves pourraient devenir réalité, mais j'ai ma petite idée…

Durant le trajet de retour, j'ai demandé à Mike ce qu'il en pensait. Il a répondu que tout semblait merveilleux, mais qu'il valait mieux attendre avant de se réjouir. Le bébé était prévu pour le mois suivant. Les semaines qui ont suivi ont passé très lentement. Nous attendions que l'agence nous appelle. Quand elle a finalement téléphoné, on nous a dit que le bébé avait changé de position et qu'une césarienne était prévue pour le vendredi suivant. Nous étions lundi. Nous allions être parents dans quelques jours!

Le vendredi, ma mère nous a accompagnés en voiture à l'hôpital. Mon beau-père est demeuré à la maison avec le chien. Je me souviens que j'étais dans un état d'incrédulité, comme si je vivais un rêve.

En entrant dans la chambre d'hôpital, le bébé était couché paisiblement sur le ventre de sa mère, qui nous a immédiatement demandé si nous voulions prendre l'enfant.

La petite fille que nous contemplions était la plus belle créature du monde. Sa tête était parfaitement ronde, son corps était délicat et elle n'a pas pleuré quand je l'ai prise dans mes bras. Je me suis dit que sa mère allait sûrement changer d'idée. Comme si elle avait lu dans mes pensées, la jeune mère a dit: « Si vous pensez à ce que je pense que vous pensez, ne craignez rien, je ne changerai pas d'idée. »

Le bébé devait recevoir son congé le dimanche. La jeune mère désirait passer un peu de temps avec sa fille. Tout le monde trouvait que ce n'était pas une bonne idée parce qu'elle serait alors plus attachée et plus tentée de changer d'idée. Moi, je trouvais que c'était un désir bien modeste en comparaison avec le rêve qu'elle nous permettait de réaliser pour le reste de nos jours.

Tout le week-end, la jeune mère a pleuré, câliné et aimé son bébé. À un moment donné, elle a appelé l'infirmière-chef pour parler un peu. On nous a dit que c'était un signe qu'elle voulait garder son bébé. La jeune mère et l'infirmière-chef ont parlé longuement.

La jeune femme n'a jamais changé d'idée. Le dimanche après-midi, ma mère, Mike et moi sommes sortis de l'hôpital avec notre fille dans les bras. Quel extraordinaire moment de joie!

Mike et moi sommes parents depuis plus de six ans maintenant. Nous ne savions pas que nos cœurs contiendraient autant d'amour pour un enfant. Être parents est une formidable richesse de la vie. Nous n'oublions jamais que c'est l'amour de cette jeune femme pour sa fille qui nous a permis d'être parents. Nous la remercions en prières et nous racontons souvent à notre fille l'histoire de sa naissance. Ces mères biologiques qui donnent leur enfant en adoption sont vraiment les femmes les plus courageuses et les plus aimantes qui soient. Il y en a une en particulier pour qui nous avons la plus haute estime.

Judy Ryan

C'est leur choix

*Seules les mères peuvent penser à l'avenir, car
ce sont elles qui donnent naissance à l'avenir
lorsqu'elles mettent un enfant au monde.*

Maxim Gorky

Quand nous avons appris que j'attendais des jumeaux, mon mari et moi étions au septième ciel. Nous avions l'impression que Dieu avait répondu à nos prières. Malheureusement, à vingt-quatre semaines de grossesse seulement, mes contractions ont commencé. J'étais anéantie. J'ai alors tout fait pour protéger mes deux bébés inachevés contre une naissance trop prématurée. J'ai obéi aux ordres du médecin. Je suis restée au lit vingt-quatre heures sur vingt-quatre. Pendant mon hospitalisation, j'ai prié chaque jour. Je me recueillais profondément pour atteindre un état de paix et de sérénité qui, je l'espérais, aiderait les bébés à ne pas naître tout de suite. J'étais vraiment déterminée à empêcher mes jumeaux de faire l'erreur de naître trop tôt.

Lorsque l'accouchement s'est avéré inévitable, lorsque nous avons vu que rien de ce que je pouvais faire n'empêcherait les bébés de venir au monde, j'ai paniqué. Mon corps s'est mis à trembler de culpabilité et de regret. Je me blâmais. Comment allais-je pouvoir en prendre soin comme enfants alors que mon corps avait été incapable de s'en occuper comme fœtus? Comment allais-je pouvoir leur créer un environnement où ils seraient en sécurité, où ils seraient toujours protégés?

J'ai somnolé un peu au début de mon travail. J'ai rêvé qu'un visiteur entrait dans la chambre et en ressortait. Le visiteur me tenait la main, me caressait le front et me parlait. Je sentais des larmes me picoter les yeux pendant qu'il me parlait, mais je savais qu'il disait la vérité. Quand je me suis réveillée, j'étais seule dans la chambre avec le bruit des moniteurs qui surveillaient les cœurs de mes bébés.

J'ai pris mon journal et j'ai rapidement écrit une lettre à mes fils qui s'apprêtaient à naître. Dans ma lettre, je leur donnais sur-le-champ la liberté de faire ce qu'ils devaient faire, quoi que ce fût. Je leur disais que je les aimais, que j'espérais qu'ils choisiraient de rester avec nous et que je ferais tout en mon pouvoir pour les aider tout au long de leurs vies. Ensuite, je leur ai lu la lettre à voix haute pendant que les larmes inondaient mon visage. Dans un déluge de mots, je leur disais que la vie était entre leurs mains dorénavant, et non dans les miennes. Je les libérais de mes besoins, de mes espérances et de mes rêves pour eux. À eux de choisir. Pendant que je leur parlais, j'avais le cœur brisé et j'étais épuisée. J'avais terriblement hâte de les voir, mais j'étais également terrifiée de les perdre. Cependant, c'était leur choix.

Une paix étonnante m'a envahie tout de suite après avoir lu la lettre. Mes mains ont glissé doucement sur mon gros ventre et j'ai parlé à ces petits que je portais depuis sept mois. « Quel que soit votre choix, je l'accepte. Je vous aime. Je vous aime. »

Quelques instants plus tard, une contraction intense m'a coupé le souffle. La force des contractions augmentait tout à coup. Impossible de faire marche arrière. De nouveau, j'ai senti la présence du visiteur silencieux qui me serrait dans ses bras, et qui m'aidait pendant que les infirmières allaient et venaient. Mon mari est arrivé. Il est demeuré près de moi, silencieux et sombre. « Chéri, lui ai-je dit, c'est correct, c'est à eux de décider maintenant. » Il a hoché la tête, sans vraiment comprendre, et il a serré ma main plus fort.

À leur naissance, les garçons ont tout de suite été transférés aux soins intensifs. Ils sont restés là durant deux mois à lutter pour leur vie. Je les ai aidés, je les ai encouragés, je les ai aimés. Je suis restée assise pendant des heures à leur dire comment la vie pourrait être avec nous, ici sur cette terre. J'espérais qu'ils me comprenaient. Je priais pour qu'ils me comprennent. Je savais très bien cependant qu'ils décideraient eux-mêmes. Tout ce que je pouvais faire, c'était d'attendre et d'observer le drame de leur vie se dérouler devant moi.

Alors que j'écris ces mots, je dois de nouveau faire face à la douleur de les laisser partir. Sauf que cette fois, j'éprouve aussi de l'exultation. Je suis contente de sentir encore la présence réconfortante de mon guide silencieux pendant que je regarde mes deux fils, qui font maintenant un mètre quatre-vingts, recevoir leur diplôme d'études. Les larmes me viennent aux yeux sans retenue et je me demande s'ils sont prêts, si j'ai fait assez pour les préparer à vivre leur vie. Michael se prépare actuellement à aller faire du travail communautaire aux îles Fidji. Sera-t-il bien là-bas? Jack, lui, va étudier la musique. Il joue de la guitare classique depuis l'âge de cinq ans. Se taillera-t-il une place dans ce domaine un jour? Mon mari, qui a lu dans mes pensées, me serre la main. Il se penche vers moi et me chuchote à l'oreille: « Chérie, ça va aller, ils décident pour eux-mêmes maintenant. » Je hoche la tête, sans trop comprendre, et je serre sa main plus fort.

Mes deux grands gaillards passent à côté de moi en riant et en se murmurant des choses comme seuls des jumeaux peuvent le faire. J'attire finalement leur attention. « Salut, m'man », dit Michael en levant son diplôme en l'air en signe de célébration. « Pensais-tu qu'on allait réussir? » Jack éclate de rire et prend son frère par l'épaule pour aller rejoindre leurs camarades de classe.

« Oui », me dis-je à moi-même. « Oh! oui! J'ai toujours su que vous réussiriez. »

Kate Andrus

6

LES PETITS MIRACLES

Savoure le moment,
et l'énergie de ce moment se répandra
au-delà de toutes les frontières.

Sœur Corita Kent

Un rire béni

Sara s'écria: « Dieu m'a donné sujet de rire!
Quiconque l'apprendra rira à mon sujet. »

Genèse 21, 6

La soirée s'annonçait tranquille dans notre département d'obstétrique. Ces dernières semaines, les accouchements avaient été nombreux et le personnel, très occupé. Les plus récentes nouvelles mères avaient obtenu leur congé et quitté l'hôpital avec leurs bébés. Comme il n'y avait pas de patientes à la maternité, nos infirmières auxiliaires avaient été affectées à d'autres étages plus achalandés. Les seules infirmières restées en poste ce soir-là à la maternité étaient Karen et moi.

Alors que nous profitions de la tranquillité des lieux, le téléphone a sonné.

« C'était Cindy des soins intensifs », m'a dit Karen en raccrochant. « Elle dit qu'elle nous envoie une femme qui est *peut-être* en travail. » Elle m'a regardée en silence, les yeux écarquillés.

« Et alors? » lui ai-je demandé.

« Eh bien, Cindy a dit que la femme et son mari ne savaient même pas qu'elle était enceinte! »

J'ai moi-même écarquillé les yeux, mais j'ai à peine eu le temps d'ouvrir la bouche pour commenter que les portes de la maternité se sont ouvertes toutes grandes. Une civière de la salle d'urgence arrivait en trombe, poussée par une infirmière des soins intensifs.

Allongée dessus se trouvait une femme costaude dans la mi-quarantaine. Un homme plus âgé trottinait à côté de la civière en tenant la main de la femme. Les deux avaient le visage rouge et la respiration haletante, elle parce qu'elle se retenait de pousser son bébé, lui parce qu'il essayait de suivre la civière.

Nous avons tout de suite préparé un lit dans une chambre d'accouchement. Un bref examen de la femme nous a montré qu'elle était effectivement très enceinte et que son travail était même très avancé. En fait, elle avait eu suffisamment de contractions pour avoir le col dilaté à dix centimètres et ressentir la forte envie de pousser qui survient à ce stade. Comme elle ne savait pas qu'elle était enceinte, elle n'avait pas d'obstétricien. Pendant que je finissais d'installer la femme et que je lui montrais les techniques de respiration, Karen a téléphoné à l'urgence et demandé qu'on nous envoie rapidement un médecin résident pour s'occuper de l'accouchement, sous peine de le faire nous-mêmes.

Moins d'une demi-heure plus tard, la femme a donné naissance à une petite fille de faible poids mais qui pleurait fort.

Après l'examen médical qui montrait que le bébé se portait bien, j'ai lavé l'enfant et lui ai mis une couche. Une fois le bébé emmailloté et remis aux parents, Karen et moi avons enfin pu découvrir comment la mère avait pu ignorer qu'elle était enceinte. Voici l'histoire de Ellen et Jake.

Ce soir-là, Ellen et Jake étaient allés jouer aux quilles. À un moment donné, Ellen a ressenti une

« crampe abdominale très douloureuse ». Elle a essayé de continuer à jouer aux quilles, mais la douleur revenait, de plus en plus forte, au point qu'elle s'est demandé si elle n'était pas en train d'éliminer un calcul biliaire.

Elle avait déjà eu des symptômes semblables, mais beaucoup moins intenses au cours des mois précédents. Au premier rendez-vous qu'elle avait pris avec son médecin, celui-ci lui avait dit que c'était probablement des brûlures d'estomac. Au deuxième rendez-vous, il lui avait dit qu'elle avait peut-être d'autres troubles digestifs; il lui avait alors prescrit des antiacides et lui avait recommandé de faire attention au stress et aux aliments gras. Au troisième rendez-vous, le médecin lui avait dit que c'était une récidive de ses problèmes de vésicule biliaire.

« Mais pourquoi n'a-t-il jamais considéré la possibilité d'une grossesse? » a demandé Karen.

Ellen a ri en même temps que ses yeux se sont remplis de larmes. Elle a caressé doucement la joue de sa petite fille. « On a déjà essayé de concevoir un enfant pendant plus de quinze ans. J'ai passé tous les tests imaginables. Jake aussi. On nous a dit finalement que nous étions infertiles, que nous n'aurions jamais d'enfants. »

Son mari, la tête à moitié chauve, était encore sous le choc et sans voix. Il secouait la tête en souriant et passait sa grosse main noueuse sur les fins cheveux dorés de sa fille nouveau-née.

« Et quand mes menstruations ont cessé, a continué Ellen, j'ai tout simplement assumé que c'était la ménopause, vous savez. Après tout, j'ai l'âge d'entrer en ménopause. Mon médecin le pensait, lui aussi. Jake et moi avions accepté notre incapacité de concevoir. »

Les yeux d'Ellen brillaient d'amour pendant qu'elle berçait son bébé et embrassait sa petite tête. « Oh! Seigneur! Merci! Merci! Pendant des années, nous avons voulu un enfant, et voilà qu'on nous en envoie un! » Elle a regardé son mari. « Jake, nous avons une enfant! Et regarde comme elle est belle! »

Jusqu'à la fin de notre quart de travail, Karen et moi avons ri et pleuré avec ces nouveaux parents, partageant leur grand bonheur inattendu. Cela fait vingt ans de cela, et j'entends encore le rire heureux d'Ellen et de Jake. J'entends encore leurs remerciements émus au Seigneur pour le trésor qu'Il leur envoyait.

Comme un père humain qui, l'œil pétillant, prend plaisir à faire une surprise à ses enfants avec un cadeau très spécial, Dieu avait étonné cet humble couple avec le plus extraordinaire des cadeaux.

Depuis ce soir-là, non seulement je crois plus que jamais que Dieu fait encore des miracles, mais je suis également convaincue d'une chose: Dieu a un formidable sens de l'humour. Après tout, ce soir-là, Ellen et Jake s'en allaient jouer aux quilles!

Susanna Burkett Chenoweth

Le précieux cadeau
de grand-papa

Je voulais un bébé de tout mon cœur, mais je n'arrivais pas à devenir enceinte. Je désirais un enfant, je priais, je pleurais et j'allais voir mes parents quand le courage me manquait et que rien ne me réconfortait. Grâce à leur amour et à leur soutien, j'ai enduré… des dizaines de tests, l'insémination artificielle, la fécondation *in vitro* et la vie en général.

Quatre ans d'essais ont passé. Puis, le 8 mars 1997, un jour que je n'oublierai jamais, mon père bien-aimé est décédé. Il était le chef de notre famille. Il croyait en nous plus que nous-mêmes. Il croyait aux miracles. Notre famille se sentait perdue sans lui. Ma mère, mes frères et sœurs et moi avions du mal à garder le moral sans la présence de papa. Pendant tout ce temps, je continuais d'essayer d'être enceinte, mais en vain. Malgré ma tristesse de ne pas avoir d'enfant, je me suis finalement abandonnée en mettant toute ma confiance entre les mains de Dieu pour trouver la sérénité. Un jour, ma mère a vu une émission de télévision où l'on suggérait d'écrire une lettre à un être cher décédé pour nous aider à guérir nos blessures. À mon insu, ma mère avait écrit une lettre à mon père, et cela avait semblé l'aider terriblement.

Un an après la mort de mon père, c'est-à-dire cinq ans après avoir commencé à essayer de concevoir un bébé, je suis devenue enceinte! La date prévue de l'accouchement était la veille de l'anniversaire de naissance de mon père. Le jour dit, rien ne s'est passé. Ma fille, Samantha, a décidé de naître le jour même du soixante et unième anniversaire de naissance de son grand-père! Quelle autre surprise merveilleuse! Alors que je désespérais, la vie avait répondu à mes espérances.

Quand Samantha a eu six mois et que je continuais de m'émerveiller du miracle que nous avions reçu du paradis, ma mère m'a parlé de sa lettre qu'elle avait écrite à papa. Voici la partie qu'elle a écrite à mon sujet: « Sharon et Ron n'arrivent toujours pas à concevoir un enfant. Peut-être pourrais-tu demander à Dieu de leur apporter un peu d'aide! » Cette lettre a été écrite deux mois avant que je devienne enceinte de Samantha.

J'écris la présente lettre pour remercier ma mère, mon père et, bien sûr, le Seigneur de garder mon cœur plein d'amour, d'espoir et de confiance et de me donner la force de croire aux miracles. Merci aussi de la part de Samantha — précieux cadeau de grand-papa.

Sharon Crismon

Les larmes de mon père

Mon père a toujours été peu bavard. En grandissant, je l'ai rarement vu se mettre en colère ou même élever la voix dans une discussion. Parfois, il n'était d'humeur à rien à cause de ses allergies tenaces, mais il ne s'en prenait pas à nous pour autant. Il ne m'a jamais dit qu'il m'aimait, ce n'était pas son genre, tout simplement. Difficile de comprendre cela pour une jeune fille.

Je me souviens d'une fois où je pleurais, inconsolable. Ma mère a fini par me prendre dans ses bras. Puis mon père a prononcé « les mots ». Quand un père a besoin que sa fille soit inconsolable pour lui dire « je t'aime », ces mots semblent vides de sens et ne réconfortent guère.

Pourtant, tout au fond de moi, je savais qu'il m'aimait. Mon père était une personne difficile à connaître, mais je me rappelle avoir trouvé la clé pour le faire s'ouvrir un peu. Seulement lorsqu'on travaillait à ses côtés, il finissait par parler plus ouvertement. Durant toute mon enfance, je ne l'ai jamais vu pleurer.

Des années plus tard, j'ai accouché de mon premier fils, qui était aussi le premier petit-fils de mon père. Il est né à la fin d'une nuit noire et froide, en pleine tempête de neige.

Encore épuisée par l'accouchement, j'ai téléphoné à mes parents. Comme la tempête faisait toujours rage, ils ne pouvaient qu'« essayer de venir » le jour suivant.

Mon mari et moi étions tous les deux étudiants et très pauvres. Nous n'avions pas les moyens de payer l'hôpital (nous vivons aux États-Unis), alors j'ai eu un très court séjour hospitalier. J'étais fatiguée, émotionnellement vidée, et j'aurais bien aimé rester plus longtemps.

Le lendemain, vers la fin de l'après-midi, ma compagne de chambre est sortie pour marcher un peu et prendre une collation. Mon bébé dormait dans mes bras. Je voulais en profiter pour faire une sieste, mais j'avais du mal à m'endormir, alors je me suis mise à somnoler. À un moment donné, le bruit d'un léger cognement à la porte m'a fait sursauter. C'était l'infirmière qui jetait un coup d'œil.

« Je sais que ce n'est pas l'heure des visites, a-t-elle dit, mais c'est un visiteur spécial. »

C'était mon père. Debout dans l'embrasure de la porte, l'air maladroit, il tenait dans ses mains un petit vase blanc garni d'un ruban bleu. À l'intérieur du vase se trouvait un œillet, bleu également. J'imagine qu'il avait acheté ce présent à la boutique de cadeaux de l'hôpital. Il portait encore ses vêtements de travail salis. La saleté sur son visage et ses mains me confirmaient qu'il était venu directement de son travail.

Il m'a regardée d'un air hésitant et s'est doucement approché de mon lit. Mes yeux ont rencontré les siens.

J'ai vu une larme dans le coin de son œil. Elle a perlé et s'est mise à rouler lentement sur sa joue. Puis une autre larme a perlé. Puis une autre.

Je n'avais jamais vu mon père pleurer auparavant. Nous vivions un moment bouleversant d'émotions silencieuses. « Tu as vu ton petit-fils ? » ai-je lâché comme pour cacher mon propre sentiment de malaise. Inutile. Les larmes continuaient de perler aussi à mes yeux.

Un instant plus tard, nous étions tous les deux en larmes, car il s'était approché de moi et m'avait tendu sa fleur. Il s'est ensuite étiré doucement pour voir le bébé, sans plus. Il n'est pas resté longtemps, puis il est parti.

Peu de mots ont été prononcés durant cette visite de mon père, mais elle m'a profondément touchée. J'ai très bien senti que mon père m'aimait et qu'il était fier de moi. Je garderai à jamais ces larmes dans mon cœur.

Robin Clifton

Le miracle de la vie

Depuis quelques années, à la fête des Mères, je pense à une femme que j'ai connue quand j'étais très jeune. Elle n'est pas restée longtemps dans ma vie, mais elle a laissé une empreinte indélébile sur mon existence et sur ma famille.

L'histoire remonte à mes onze ans. Nous vivions à Albany, dans l'État de New York. À cette époque, mes parents louaient le dernier étage d'une de ces vieilles maisons de ville typiques de trois étages. Ces maisons étaient reliées entre elles par des murs mitoyens et formaient de longues rangées de bâtiments de brique des deux côtés de la rue. À part notre propre logement, il y en avait un à l'étage au-dessous et un dans le sous-sol.

Les propriétaires de la maison vivaient dans l'appartement du sous-sol. C'était un vieux couple d'Italiens très charmant qui avait quelques enfants adultes. Un de leurs fils s'était récemment marié et vivait avec son épouse dans le logement du milieu.

L'été de mes onze ans, mon travail consistait à prendre soin de mon petit frère de trois ans, Joey. Je pouvais l'emmener au parc pendant la journée, mais je ne pouvais pas rester éloignée trop longtemps. Ma mère devenait nerveuse lorsque nous nous absentions plus de deux heures. Après avoir joué au parc un moment, je ramenais donc mon petit frère et je le laissais jouer avec son tricycle, allant et venant sur le trottoir devant la maison où nous habitions.

Souvent, je m'ennuyais à mourir, mais à cette époque où les parents étaient autoritaires et les enfants, obéissants, je savais que je ne devais pas me plaindre. Une des choses qui me distrayaient, c'était de passer du temps avec l'épouse du fils des propriétaires, qui était maintenant enceinte de son premier enfant.

Cette jeune femme se faisait appeler « Catuzza », qui signifiait, m'a dit mon père, gentille petite Catherine. Le suffixe « uzza » est un diminutif que les Italiens ajoutent au prénom d'un enfant qu'ils trouvent particulièrement adorable et qui reste habituellement accolé au nom à l'âge adulte. Et cette femme était, en effet, adorable. Elle était belle, aussi, et j'aimais beaucoup passer du temps auprès d'elle.

Catuzza était bien avancée dans sa grossesse cet été-là, et il était évident qu'elle était souvent seule. Elle parlait très peu notre langue et son mari lui manquait beaucoup durant le jour. Il était cordonnier et travaillait de longues heures pour assurer l'avenir de sa famille à venir. Catuzza aimait bien être avec Joey et moi. Mon petit frère avait des boucles blondes qu'elle s'amusait à enrouler autour de ses doigts. Parfois, elle souriait en lui jouant dans les cheveux, et je me disais qu'elle pensait au bébé qu'elle avait dans son ventre.

Parfois aussi, quand le bébé donnait des coups de pied, elle posait ma main sur son ventre pour me le faire sentir. Une fois, Joey, qui était tout près, a mis lui aussi sa main sur le ventre rond, et ce geste avait embarrassé Catuzza. À cette époque, les jeunes enfants n'étaient pas censés savoir que les bébés étaient dans le ventre de leur maman.

Vers la fin de l'été, mes parents ont commencé à discuter de la possibilité de déménager dans un autre quartier de la ville. Ma mère, qui se lassait vite de l'endroit où nous vivions, avait tout simplement décidé de déménager comme elle le faisait presque chaque année dont je puisse me souvenir. Par conséquent, j'ai perdu de vue Catuzza. Je ne l'ai revue que beaucoup plus tard.

Les années ont passé. Mon frère Joey a grandi, a joint l'armée, a étudié à l'université et a établi sa carrière au sein du gouvernement de l'État de New York. À l'âge de trente-cinq ans, il a contracté une maladie extrêmement grave. Je n'oublierai jamais cette journée: nous étions à la fin de l'année 1972, j'étais à l'université de Long Island où je travaillais et j'étais très nerveuse. Je ne cessais de penser à « la maison ». Finalement, à 16 h, j'ai pris le téléphone pour appeler ma sœur Rosemary. « Comment as-tu deviné? » m'a-t-elle demandé. « Comment j'ai deviné quoi? » lui ai-je répondu.

Ce jour-là, mon frère Joey avait passé de longues heures dans la salle d'opération. Les médecins lui avaient enlevé la rate (qui avait grossi à soixante-seize centimètres!) et, considérant le degré de malignité, ils n'ont pas voulu s'avancer sur le temps qu'il lui restait à vivre. Peu après son opération, quand je lui ai rendu visite, Joey m'a raconté l'expérience étrange qu'il avait eue. Il avait « vu » l'intérieur de son corps: partout en lui, il y avait de petits poils comme ceux d'une brosse à cheveux.

Tout cela n'avait pas vraiment de sens jusqu'à ce que le médecin reçoive les résultats de laboratoire. Il a alors annoncé à Joey que ce dernier souffrait d'une maladie mortelle appelée *leucémie à cellules chevelues*. Pour lui expliquer la maladie, le médecin lui a montré au microscope un échantillon de cellules « chevelues » — ce que Joey avait déjà « vu » lors de son étrange et inexplicable vision.

C'est à ce moment-là que Joey a entrepris de lutter contre sa maladie. Il était déterminé à vivre, en dépit de toutes les statistiques. Plusieurs fois, nous avons senti la mort proche. Cependant, Joey a trouvé un hématologue réputé qui nous a redonné beaucoup d'espoir: Dr Frank Lizzi, de l'hôpital St. Peter's à Albany.

Le nom Lizzi m'était familier. Un jour, alors que je visitais mon frère à l'hôpital, je lui ai raconté que, lorsqu'il avait trois ans, nous avions habité sur la rue Irving et le nom de famille de notre propriétaire était Lizzi.

Joe savait cela. En fait, m'a-t-il répondu, ce propriétaire maintenant décédé était le grand-père de son Dr Lizzi. C'est à ce moment qu'une lumière s'est allumée dans mon esprit. *Son père était-il cordonnier et sa mère s'appelait-elle Catuzza?* ai-je demandé à Joey. *Oui*, m'a-t-il répondu. Le cordonnier et Catuzza étaient ses parents. Et le Dr Luzzi avait trois ans de moins que mon frère: le bébé que Catuzza portait dans son ventre cet été-là était devenu le médecin qui allait sauver la vie de mon frère!!! Car le Dr Lizzi a effectivement sauvé la vie de Joey. Il l'a gardé en vie en lui donnant tous les nouveaux traitements et médicaments possibles jusqu'à ce que soit découvert le miracle pour lequel nous avions prié: l'interféron, un médicament efficace contre le cancer que Joey avait, la leucémie à cellules chevelues.

L'an dernier, j'ai regardé une émission très spéciale à la télé: Joey et le Dr Lizzi participaient ensemble à un téléthon pour la recherche sur la leucémie. Côte à côte, ils demandaient aux téléspectateurs d'envoyer des dons qui serviraient à découvrir des médicaments comme l'interféron qui avait sauvé la vie de Joey.

Ce que j'ai vu pour un moment, ce n'était pas seulement deux hommes admirables dans leur jeune cinquantaine. J'ai vu un jeune enfant aux cheveux dorés qui posait sa main sur le ventre d'une future maman rougissante. Le mystère des coïncidences m'émerveillait. Jamais aucun de nous n'aurait pu deviner que ce bébé à naître allait un jour répondre lui-même à cette petite main tendue.

Voilà pourquoi, maintenant, à la fête des Mères et en de nombreuses autres occasions, je pense à Catuzza et je lui dis « merci »!

Antoinette Bosco
Litchfield County Times

Amour, amitié et miracles

Les années enseignent beaucoup de choses que les jours n'apprennent jamais.

Ralph Waldo Emerson

J'ai une très chère amie que je connais depuis plus de vingt-cinq ans maintenant. Debbie et moi sommes allées à l'école secondaire ensemble. Même après mon déménagement dans une autre ville, nous avons gardé le contact et nous sommes visitées chaque fois que nous le pouvions. Amies intimes, nous partageons quelque chose de spécial dont nous n'avions pas conscience jusqu'à un certain été où je lui ai rendu visite en Floride avec mes deux enfants. Elle vivait là avec l'homme qu'elle avait épousé plus de vingt ans auparavant. Ils avaient deux chats également. Ils semblaient comblés, mais je me disais qu'après trois fausses couches, il leur manquait peut-être quelque chose d'important. Debbie et son mari formaient un couple merveilleux et aimant qui désirait de tout cœur un enfant et qui en méritait un. Cet été-là où j'ai rendu visite à Debbie, elle m'a raconté avec tristesse sa récente fausse couche, sa troisième, ainsi que les tests qu'elle a ensuite subis pour finalement apprendre qu'elle ne pouvait pas porter d'enfant. Je n'ai pas hésité à m'offrir comme mère porteuse. Lorsque j'en ai parlé à mon mari, il s'est montré très solidaire. Quant à Debbie et son mari, ils étaient au septième ciel!

J'ai commencé un traitement dans une clinique de fertilité près de chez moi au Maryland. Nous avons commencé à recevoir des hormones pour être réglées ensemble, synchronisées. Puis le jour est venu où je me suis envolée pour la Floride afin de recevoir l'embryon de Debbie. C'était un grand jour pour nous tous. J'ai raté l'anniversaire de naissance de ma fille pour l'occasion, mais je me disais que c'était pour une bonne cause qui deviendrait sûrement un « anniversaire » en soi. Nous avons attendu pendant de longues journées angoissantes avant d'avoir les résultats. J'étais certaine que la procédure avait fonctionné. Pourquoi ces bonnes personnes seraient-elles privées d'avoir quelque chose d'aussi précieux qu'un enfant? Le médecin a finalement téléphoné et les nouvelles étaient mauvaises. Je ne le croyais pas au début, je me disais que c'était une erreur, que les tests de grossesse se trompent parfois. Pourquoi était-ce si difficile pour eux d'avoir un enfant? Peut-être étaient-ils déjà aussi heureux qu'un couple puisse l'être? Une maison formidable, des carrières formidables, une famille et des amis formidables, que demander de plus? Peut-être en voulaient-ils trop? Je n'arrivais pas à donner un sens à tout cela.

Au cours des mois qui avaient mené à la fécondation *in vitro*, je n'avais parlé de cette idée de mère porteuse qu'à ma coéquipière à l'école pour expliquer mes nombreuses absences. Après l'intervention, j'en avais parlé aussi à une amie très chère, Lori, qui est comme une petite sœur pour moi. Quelques mois après l'intervention, Lori est venue me rendre visite. Elle était enceinte et voulait donner son bébé en adoption. Elle avait déjà un enfant qu'elle élevait seule, elle n'était pas très fortunée et elle savait que le père de l'enfant qu'elle attendait ne voulait pas assumer la responsabilité de cette grossesse. Elle m'a dit ensuite qu'elle voulait donner l'enfant à mes amis pour qui j'avais essayé de devenir enceinte. Elle se disait que c'était sûrement des gens bien spéciaux qui chériraient ce précieux cadeau. J'ai pris un certain temps pour reprendre mon souffle, en discuter avec elle, et téléphoner à Debbie et son mari. Ils n'en croyaient pas leurs oreilles. Une telle chaîne d'événements nous semblait incroyable… Pas étonnant que je n'aie pas réussi à devenir enceinte: Debbie et son époux étaient destinés à aider Lori!

Ils ont entrepris les procédures en Floride, et j'ai soutenu Lori ici au Maryland. Il était si rassurant de savoir à quel point Lori était certaine d'avoir pris la bonne décision. Une semaine avant la date prévue pour son accouchement, j'ai accompagné Lori à l'aéroport. Ensuite, tout s'est bien déroulé jusqu'à la naissance. J'ai été la première prévenue de l'arrivée du nouveau-né, un garçon en santé qui bénéficiait déjà d'une famille d'amour élargie. Je me demande s'il saura un jour à quel point il a rendu des gens heureux. Bébé Derek fêtera son premier anniversaire en juillet.

Debbie Graziano

Un livre de rêves

Un rêve, c'est un vœu que fait votre cœur.

Walt Disney

C'était la pleine lune lorsque Lorianne Clark sortit du lit, trop nerveuse pour dormir. Sur la pointe des pieds, elle se rendit à la cuisine et ouvrit son journal intime.

Cher bébé désiré, écrivit-elle. *Tu arriveras bientôt dans nos vies; si seulement un miracle se produisait demain!*

Lorianne avait grandi à Niagara Falls, en Ontario. Quand elle était petite, elle traînait partout une poupée nommée Ginger. Quand elle était adolescente, elle arrêtait des mères dans la rue pour admirer leurs bébés dans les poussettes.

Un après-midi, elle avait demandé à une bambine aux cheveux bouclés: « Comment t'appelles-tu? »

La mère de la petite fille avait souri. « Elle s'appelle Désirée, avait-elle répondu, parce qu'elle est venue au monde après avoir été désirée pendant des années. »

J'ai tellement hâte d'être mère, moi aussi, avait pensé Lorianne, émue par la réponse de cette mère.

Le rêve de Lorianne resta toujours le même quand elle rencontra Rich, et tomba en amour avec lui. Alors, peu de temps après leur mariage, ils commencèrent à essayer d'avoir un bébé. Après deux ans à essayer, cependant, rien n'arrivait…

« Je vais devenir enceinte un jour, non? » demanda Lorianne à son gynécologue.

Le médecin fronça les sourcils en examinant le dossier de Lorianne: menstruations irrégulières et douloureuses… Il lui suggéra de subir une laparoscopie exploratrice. Lori apprit alors qu'elle souffrait d'endométriose, une maladie de l'utérus. Lorianne accepta de se faire opérer. L'intervention chirurgicale permit d'enlever 80 % des tissus anormaux, mais elle permit aussi de constater que Lorianne avait une forme d'endométriose plutôt grave. « Les tissus vont peut-être se développer de nouveau et bloquer les trompes de Fallope. Vos chances de concevoir ne sont pas bonnes », annonça le médecin.

Sur le coup, la nouvelle brisa le cœur de Lorianne et elle ne voulut pas y croire. Chaque jour, les bébés qu'elle voyait dans les publicités ou dans la rue lui rappelaient cruellement qu'elle ne pourrait peut-être jamais avoir d'enfant. Même sa propre belle-sœur était enceinte…

« Je ne peux pas me résoudre à ne plus essayer, quelles que soient les probabilités », dit-elle à Rich, en pleurant.

Toutefois, les mois passaient et Lorianne avait toujours des crampes dues à son endométriose. *J'ai toujours cru que j'aurais des enfants,* songeait-elle tristement. *Je me sens trahie par mon propre corps.*

Elle sentait toutefois qu'elle devait trouver le moyen de garder espoir. Elle commença donc à écrire son journal intime.

Cher bébé désiré, écrivit-elle un matin. *J'espère que ce livre sera un livre spécial pour toi un jour...*

Finalement, le médecin lui suggéra la fécondation *in vitro*. « Mais vous devez d'abord passer une autre laparoscopie, car je suis certain que les tissus ont recommencé à croître », précisa le médecin.

Je suis à l'hôpital présentement, écrivit Lorianne le soir de son intervention. *Mais je ferai tout ce qu'il faut, encore et encore, jusqu'à ce que je t'aie, bébé désiré!*

Malheureusement, l'examen révéla que l'endométriose de Lori s'était étendue et bouchait maintenant ses trompes de Fallope.

« Lorianne, vous pouvez essayer la fécondation *in vitro*, lui expliqua son médecin, mais vos chances de concevoir sont pratiquement nulles. »

« Mes chances sont presque nulles, mais ce sont les seules que j'ai », répliqua Lorianne.

La nuit précédant la fécondation *in vitro*, Lorianne s'installa dans la cuisine et repensa à la femme qui avait prénommé sa fille Désirée. Cette femme aussi avait attendu des années avant de réussir à concevoir cette enfant. Elle prit son stylo et écrivit. *J'ai peur de trop espérer encore. Il faut prier...*

C'est ce que Lorianne et Rich firent lorsqu'ils se rendirent à la clinique. On préleva sept ovules et on les mélangea avec le sperme de Rich. Sur les six ovules qui devinrent des embryons, trois furent implantés dans l'utérus de Lorianne et trois furent congelés pour un second essai.

Mon Dieu, je vous en prie, faites que notre désir se réalise !

Un mois plus tard, ses prières furent exaucées. « Vous serez parents vers l'Halloween ! » annonça l'infirmière.

« Pince-moi ! » criait Lorianne pendant que Rich téléphonait à tout le monde.

Le 22 octobre 1993, Désirée Marie Clark — avec sa chevelure noire — fut déposée dans les bras de sa maman. « Je t'aime, Désirée », disait Lorianne en pleurant tandis que Rich embrassait « ses filles ».

Lorianne apprécia chaque moment avec son bébé, même quand la petite manquait de sommeil ou avait du tapioca dans les cheveux. Elle dansait avec sa fille lorsque celle-ci avait des coliques et l'encouragea quand elle fit ses premiers pas. Lorsqu'elle commença à parler, Désirée berça Ginger, la même poupée que Lorianne avait traînée partout une génération auparavant tout en rêvant ses propres rêves.

« Je veux une sœur ! » dit un jour Désirée.

Lorianne et Rich se regardèrent. Ils avaient souvent imaginé un frère ou une sœur pour Désirée. *Mais on nous a déjà donné un miracle,* songeait Lorianne. *Oserions-nous rêver d'un autre ?*

À son rendez-vous annuel, Lorianne apprit que son endométriose s'étendait encore. « La seule façon de l'empêcher est de pratiquer une hystérectomie », lui annonça son gynécologue.

Le temps file! songea Lorianne, le cœur serré. Rich et Lorianne prièrent et firent décongeler les trois embryons pour les faire implanter dans l'utérus de Lorianne. Mais en vain.

Nous devrons nous contenter d'un seul miracle, se dit Lorianne. Elle se résolut donc, le cœur brisé, à se débarrasser des choses qu'elle gardait pour un second bébé: la poussette et la chaise haute de Désirée.

Le premier jour d'école maternelle de Désirée, Lorianne subit un examen médical. « Dernières menstruations? » demanda l'infirmière. Lorianne calcula: « Fin juillet à peu près ».

« Vous êtes en retard », dit l'infirmière. « Vous êtes peut-être enceinte. »

« C'est impossible! » s'exclama Lorianne. Mais le test de grossesse indiqua qu'elle l'était!

« Dieu nous a entendus », s'écria Rich, radieux. « C'est la destinée! »

Ce soir-là, Lorianne écrivit dans son journal: *Chères Désirée et Destinée: bientôt j'aurai deux anges. Comme j'ai hâte!*

Et Destinée Anne ne se fit pas attendre: elle naquit la veille de la fête des Mères, deux semaines avant la date prévue. « Quel cadeau! » pleura Lorianne.

Aujourd'hui, Lorianne se fait souvent arrêter dans la rue lorsqu'elle se promène avec Destinée dans la poussette et Désirée à côté d'elle. « Comment s'appellent-elles? » lui demande-t-on parfois.

« Désirée », répond la petite fille de cinq ans. « Et voici ma sœur Destinée! »

« Il y a sûrement une histoire derrière ces prénoms! » répond-on alors.

« Oh oui! » réplique Lorianne. Puis, rayonnante, elle raconte comment Dieu a répondu deux fois à ses prières. Ce faisant, elle incite d'autres personnes à croire aux miracles.

Barbara Mackey
Extrait de Woman's World

Le bébé le plus malade
des soins intensifs

Erik est venu au monde à l'aube d'une froide journée d'octobre. Il pesait plus de trois kilos et demi et n'avait aucun problème de santé. Mon mari, Jim, et moi l'avons ramené à la maison le lendemain de sa naissance. Erik buvait, dormait et s'acclimatait. Le jour de l'Halloween, notre fille de trois ans, Katie, a dit qu'il souriait en regardant sa citrouille.

Une semaine exactement après sa naissance, Erik ne s'est pas réveillé pour boire. Quand je l'ai changé de couche, sa peau est devenue très rouge. J'ai appelé le médecin. *Les nouveau-nés sont de drôles de créatures,* m'a-t-il répondu. *Erik va bien.*

La nuit suivante, j'ai rêvé qu'une citrouille de l'Halloween renversait et mettait le feu à la moquette du couloir. Je me suis réveillée en sursaut et j'ai eu l'impression que ça sentait vraiment la citrouille brûlée dans la maison. J'ai tendu la main vers Erik, qui dormait dans son berceau à côté de notre lit, puis j'ai réveillé Jim pour qu'on prenne la température d'Erik : il faisait 40 °C.

En route vers l'hôpital pour enfants de Boston, Erik gisait immobile sur mes genoux. « Respire, Erik », disais-je en pleurant et en le secouant doucement. J'avais tellement peur qu'il meure dans mes bras.

À la salle d'urgence, une infirmière a essayé de prendre la pression artérielle d'Erik, mais l'appareil ne fonctionnait pas. « Il est probablement brisé », a-t-elle dit. « Essayons-en un autre. » Mais l'autre appareil ne fonctionnait pas non plus. Ni l'autre après.

« Allez chercher de l'aide! » a crié Jim. Un médecin est alors arrivé avec un moniteur cardiaque portable. Il a collé des électrodes sur le thorax d'Eric et a ouvert l'appareil. Un nombre est apparu dans la fenêtre digitale : 278, soit à peu près deux fois la fréquence cardiaque normale d'un bébé.

Ensuite, une équipe de cardiologie composée de trois femmes et quatre hommes est arrivée en trombe dans la salle. Erik dormait quand ils sont partis avec lui pour la salle de traitement, trois portes plus loin, mais nous l'avons entendu crier durant la ponction lombaire qu'ils ont dû pratiquer, puis lorsqu'ils ont essayé d'appliquer un choc à son cœur qui battait beaucoup trop rapidement.

Erik était à moitié éveillé lorsqu'on nous l'a ramené. Je me suis mise à pleurer quand j'ai dû le redonner à un des médecins : est-ce que je le donnais pour toujours?

Après avoir attaché Erik sur une civière, ils ont préparé les moniteurs et les lignes intraveineuses, puis ils ont disparu dans l'ascenseur comme ils étaient venus, dans le fracas et le cliquetis des roulettes de la civière.

Un peu plus tard, on nous a appris qu'Erik souffrait d'une myocardite aiguë, une inflammation du muscle cardiaque parfois mortelle. Chez les nouveau-nés comme Erik, c'est souvent le virus Coxsackie qui cause la maladie. Aucun médicament n'existe pour traiter cette myocardite. Environ le tiers des enfants qui en sont victimes en meurent.

Le Dr Edward Walsh, notre cardiologue, ainsi que le Dr David Wessel, directeur de l'unité des soins intensifs, ont branché Erik sur un appareil de maintien des fonctions vitales et lui ont administré des médicaments destinés à augmenter sa pression artérielle, à soutenir son cœur et à ralentir son métabolisme. Aucune de ces mesures n'a amélioré son état.

Au cours des premiers jours, Erik gisait sur une civière, tout petit et nu, sous un enchevêtrement de lignes intraveineuses et d'électrodes. Le moniteur cardiaque au-dessus de sa tête indiquait un tracé de hauts et de bas. Confuse, je regardais le chiffre de sa fréquence cardiaque: 281, 262, 212, 289.

Les jours se sont écoulés lentement. Le cœur d'Erik ne descendait jamais sous les 200 battements par minute. Chaque jour, Erik faiblissait. Puis, le sixième jour aux soins intensifs, il a semblé prendre un peu de mieux. Sa fréquence cardiaque et sa pression artérielle se sont stabilisées. Le septième jour, il a essayé de respirer par lui-même. L'après-midi de ce jour-là, le Dr Wessel nous a dit: « Je crois qu'Erik va s'en sortir. Mon pronostic: dans trois ans, il va jouer au soccer. »

À vingt heures, quand l'infirmière est arrivée, Erik somnolait. Le bruit des machines ne semblait pas le déranger. J'ai regardé l'infirmière embrasser mon fils sur le front. « Il a l'air mieux », a-t-elle dit.

J'ai hoché la tête. Moi aussi, je m'étais habituée aux pieds bleutés d'Erik et à ses lèvres enflées, aux sutures dans son cuir chevelu et dans son aine, et même au sifflement artificiel du respirateur.

Je m'étais habituée, mais je finissais par avoir besoin de prendre l'air de temps à autre. « Je vais aller faire un tour en bas », ai-je dit à l'infirmière.

Une forte pluie de novembre martelait le toit de la chapelle de l'hôpital. Je me suis assise sur un banc et j'ai essayé de prier. Devant moi, un homme sanglotait silencieusement, le front dans les mains. J'avais déjà vu cet homme au sixième étage. Sa fille de cinq ans venait de subir une transplantation cardiaque. Il s'est tourné vers moi et m'a souri à travers ses larmes.

Les portes de la chapelle se sont alors ouvertes brusquement et j'ai aperçu la silhouette d'un homme dans la pénombre. « Ça va très mal, a dit mon mari, ils veulent nous voir. »

Nous avons couru prendre l'ascenseur à l'autre bout du couloir. Pendant que nous montions, j'ai mis ma main sur ma bouche pour ne pas crier. *Le Dr Walsh ne nous laissera pas tomber,* me suis-je dit quand le médecin nous a accompagnés dans le salon des parents. *Il est avec nous depuis le début; il a passé plusieurs nuits blanches pour soigner notre fils.*

Une pancarte « Ne pas déranger » pendait à la porte du salon des parents. « On ne peut pas entrer », ai-je dit. Puis je me suis rendu compte que la pancarte avait été mise à notre intention.

Le Dr Walsh a fermé la porte. « Erik a fait un arrêt cardiaque il y a une demi-heure », nous a-t-il annoncé. « Nous n'avons pas été capables de le réanimer. Je suis vraiment désolé. »

Jim et moi étions assis l'un près de l'autre. Nous nous tenions les mains. Je me souviens de m'être sentie séparée de mon corps. Complètement abasourdie par les paroles du Dr Walsh, je n'ai pas vu, par la vitre de la porte, le Dr Wessel traverser le couloir en courant, vêtu d'un toxedo; on venait de l'appeler d'urgence dans un gala pour qu'il vienne soigner Erik. Je n'ai pas vu non plus le Dr Walsh retourner aider l'équipe de réanimation qui essayait en vain de repartir le cœur d'Erik. Moi, j'étais paralysée.

Une fois arrivé dans la chambre d'Erik, le Dr Wessel s'est mis à examiner frénétiquement les tracés des moniteurs pour essayer de trouver une réponse. Finalement, quelqu'un a fermé le moniteur cardiaque et le Dr Wessel a demandé qu'on lui apporte d'urgence une seringue. Il se disait que du liquide s'était peut-être accumulé dans l'enveloppe qui entoure le cœur, comprimant les battements. Quelques instants plus tard, le Dr Wessel a enfoncé profondément une seringue dans le thorax d'Erik et a aspiré. La seringue s'est alors remplie de liquide. Le cœur d'Erik s'est aussitôt soulevé et remis à battre.

Quinze minutes après nous avoir parlé, le Dr Walsh est apparu dans l'entrée du salon des parents. Il pleurait. « Il y a eu un revirement, a-t-il dit. C'est incroyable, mais Erik est en vie. »

J'ai brusquement réintégré mon corps. « On peut le voir? a demandé Jim. Il faut qu'on le voie. »

Le Dr Walsh s'est alors éclairci la voix.

« Vous devez savoir une chose. Nous n'obtenons aucune réponse neurologique. Il y a peut-être des dommages au cerveau. »

Quand Jim et moi avons vu Erik, ça ne faisait pas encore une heure que le Dr Wessel l'avait réanimé. Son thorax sanglant portait les traces de la ponction et sa bouche était ouverte comme si elle avait voulu crier. Mais ce qui m'a le plus terrifié, ce sont ses yeux: ils ne clignaient pas et les pupilles étaient complètement dilatées. J'ai regardé dans les yeux vides de mon fils et j'ai éprouvé un sentiment d'horreur. *Il est pire que mort,* ai-je pensé. *Il est comme un légume.*

Jim est sorti de la chambre, me laissant seule avec mon fils. L'infirmière a tamisé les lumières. Seuls les écrans lumineux éclairaient le visage d'Erik. Les tuyaux du respirateur gargouillaient faiblement. Le moniteur cardiaque indiquait 134, 132, 133, un battement très régulier.

J'ai pensé débrancher le respirateur et arracher toutes les lignes intraveineuses. Je voulais seulement le prendre dans mes bras et lui permettre de mourir. J'étais convaincue que, laissé ainsi, il ne ferait que souffrir. Je me disais qu'il avait été violé d'une manière terrible. Mais j'étais incapable de débrancher quoi que ce soit. J'ai enroulé ses doigts enflés autour de mon pouce et je lui ai chanté une berceuse.

En cet instant, je savais très bien que la vie d'Erik suivait un cours que des mains humaines ne pouvaient plus changer. Après une nuit aussi affreuse, cette pensée m'a libérée.

Trois jours après son arrêt cardiaque, Erik a ouvert les yeux. J'ai mis de l'eau dans une bassine et je l'ai lavé à l'éponge pour enlever les traces de sang et de ruban adhésif. Sa peau était caoutchouteuse, ses muscles sans tonus.

Le 23 novembre, un jour avant qu'il ait un mois d'âge, on a transféré Erik à l'étage des enfants malades. Les effets du virus avaient disparu, mais la maladie avait eu le temps de ronger la moitié de la force de son cœur. Le cœur qu'il lui restait suffirait à le garder en vie, mais il ne lui permettrait pas de grandir.

Au cours des trois semaines qui ont suivi, Erik est peu à peu revenu à lui. Il a souri pour la première fois, d'abord à Jim, puis à moi, puis à tous ceux qui le regardaient. Le 12 décembre, le Dr Walsh a retiré la sonde d'alimentation qui le nourrissait. Le soir même, Erik a tété en me regardant dans les yeux comme s'il se souvenait de la brève période où nous avions été ensemble avant qu'il tombe malade. J'étais transportée de joie. Il était mien à nouveau.

Chaque jour, pourtant, nous continuions d'affronter la possibilité de le perdre. Nous devions à la fois l'aimer et lâcher prise. Personne ne savait combien de temps il allait vivre. Les médecins parlaient de transplantation.

Le matin où Erik a reçu son congé, le Dr Walsh lui a fait subir une échographie. Durant l'échographie, nous avons attendu, nerveux, dans la chambre d'Erik.

Lorsqu'ils sont revenus avec Erik, ils sont revenus avec précipitation. Le couvercle de la couveuse branlait bruyamment, les roulettes crissaient. Le Dr Walsh a ouvert prestement la porte de la chambre, le visage rouge. « Quatre-vingts pour cent! » a-t-il crié. « Quatre-vingts pour cent! Le cœur d'Erik fonctionne à quatre-vingts pour cent! »

Jim a débranché Erik des moniteurs et l'a fait sauter dans les airs. Infirmières et résidents sont arrivés les uns après les autres, s'entassant dans la chambre. Quelqu'un a apporté des ballons et un gâteau. On a mis de la musique et fait la fête.

Les médecins ont dit que c'était un miracle. C'en était un. Je pense à cela quand Erik vient se coller contre moi le matin, quand il fait rouler ses petites voitures sur le plancher, quand il monte sur le tricycle à deux places de Katie. Je pense à ce miracle le soir surtout, quand je le berce en chantant et qu'il chante aussi.

Deux fois par année, nous retournons voir le Dr Walsh. Tout le monde à cet hôpital sait qu'Erik a été un des bébés les plus malades des soins intensifs et qu'il s'en est sorti. Il y a toujours plusieurs membres du personnel qui viennent le regarder jouer dans la salle de jeu.

Aujourd'hui, Erik a quatre ans. Il rit pour un rien et il lui en faut beaucoup pour pleurer. Il fait plus de mauvais coups que sa sœur. Il met des chaussures dans la cuvette des toilettes et barbouille dans les livres. Il adore Big Bird et les camions; il déteste les bains.

Il n'y a aucun signe de lésion cérébrale. Son cœur a recouvré 90 pour cent de sa force. À l'extérieur de l'hôpital, il a l'air d'un enfant ordinaire. Au parc, il aime par-dessus tout se balancer, à moins qu'une flaque de boue n'attire son attention, auquel cas il saute dedans. Il s'éclabousse les jambes; il a de la boue jusque dans le visage. Il a l'air d'un enfant comme les autres, mais moi je sais qu'il est un miracle.

Cindy Anderson

7

LES MOMENTS MÉMORABLES

Les moments les plus heureux
de mon existence ont été ceux, peu nombreux,
que j'ai passés à la maison auprès des miens.

Thomas Jefferson

D'une génération
à une autre

La main sur mon ventre de femme enceinte, je me laisse choir lourdement comme un sac de pommes de terre, sur le coussin de la balançoire qui meuble la véranda, et j'étends mes jambes sur l'accoudoir pour élever mes pieds enflés. Je me détends et je sens la chaleur de l'air estival se mélanger à l'air plus frais du crépuscule naissant. La campagne est paisible. Aujourd'hui, c'était notre réunion de famille annuelle. La journée a été agréable mais fatigante. Nous avons mangé abondamment et chanté des dizaines de versions de nos chansons préférées. Manger et chanter: ce sont les deux choses que ma famille fait le mieux, ou du moins avec le plus d'ardeur.

Seules ma grand-mère et moi sommes restées à la maison. Tous les autres ont préféré aller au cinéma. J'entends des bruits de vaisselle. Allongée dans la balançoire, je tourne la tête vers la fenêtre de la cuisine. J'examine le profil vieillissant de ma grand-mère. À soixante-quinze ans, elle souffre d'arthrite, mais elle est trop fière pour laisser quelqu'un d'autre faire la vaisselle. C'est la personne la plus travaillante que je connaisse, elle pense aux besoins des autres avant les siens.

J'ai longtemps essayé de la changer à ce point de vue. Je me rappelle une fois où j'ai essayé de lui ouvrir les yeux sur son statut d'égalité et ses droits: « Grand-maman, vraiment, tu ne fais jamais rien pour toi-même.

Maintenant que grand-papa est à la retraite, c'est la moindre des choses qu'il t'aide aux tâches domestiques. »

« Mais ma petite-fille, j'aime bien faire ces tâches! » m'avait répondu grand-maman, un peu déconcertée par ma frustration. « Et j'aime bien me tenir occupée. Ça me garde jeune. »

« Tu pourrais au moins te procurer un lave-vaisselle », lui avais-je suggéré.

« Si j'avais un lave-vaisselle, qu'est-ce que je pourrais bien faire après le souper? » avait-elle répondu. Après cette conversation, j'ai renoncé à essayer de moderniser son attitude.

Je prends une grande respiration et je continue de me remémorer mon enfance et tous ces étés passés à la maison de mes grands-parents. Après le souper, ma grand-mère et moi sortions sur la véranda pour nous balancer et broder. Les couleurs vives du fil à broder me ravissaient. Je les alignais comme un grand arc-en-ciel et j'essayais d'utiliser toutes les couleurs dans ma broderie. Cette époque date de plus de quinze ans, avant que l'arthrite n'attaque les doigts de grand-maman et l'empêche de s'adonner à son passe-temps à la fin de ses journées.

Les bruits de vaisselle ont cessé. La voix de grand-maman me parvient par la moustiquaire. « Je pense que je vais laisser sécher la vaisselle à l'air libre. Ça nous fera plus de temps ensemble avant que les autres reviennent. Donne-moi seulement le temps de me changer, d'accord, petite maman? »

Petite maman? Il me faut quelques secondes avant que je réalise qu'elle parle de moi. « J'aime bien l'expression! » dis-je fièrement à ma grand-mère. Mon cœur bat un peu plus vite, sachant que je vais bientôt faire partie du club des mamans.

Vêtue de sa vieille robe d'intérieur fleurie, Grand-maman vient me retrouver sur la véranda. « Tiens », me dit-elle avec un sourire, me tendant un présent. « C'est pour le bébé. »

J'ouvre le paquet et regarde à l'intérieur. Couchées dans une jolie boîte, deux poupées me regardent. Leurs visages sont brodés avec art. Elles sont exactement pareilles à celles que grand-maman a brodées à l'occasion de ma naissance il y a vingt-cinq ans. Je suis sans voix. Les larmes aux yeux, je regarde ma grand-mère, comprenant la douleur qu'elle a endurée dans ses mains pour fabriquer ces poupées.

« J'ai confectionné un couple de poupées pour chacun de mes petits-enfants. Ce n'est pas aujourd'hui que je vais arrêter cette tradition », dit-elle directement à mon ventre.

Je ne me suis jamais sentie aussi proche de ma grand-mère. Le petit être humain qui grandit en moi comble le fossé entre sa génération et la mienne. J'éprouve un respect nouveau pour Grand-maman. Jusqu'à maintenant, je ne la reconnaissais pas vraiment comme un modèle pour la femme d'aujourd'hui. De toute évidence, je cherchais aux mauvais endroits.

Sherrie Page Najarian

Les jouets

Mon gynécologue avait rendez-vous avec une patiente enceinte qui avait emmené sa fillette avec elle. La petite fille avait apporté plusieurs jouets. Pendant que la mère s'installait sur la table d'examen, le gynécologue a fait la conversation avec la petite.

« T'as de très beaux jouets, fillette », a-t-il dit.

« Je les ai apportés pour le bébé », a-t-elle répondu.

D'un air intrigué, le gynécologue a demandé: « Mais comment le bébé jouera-t-il avec ces jouets? »

La petite fille a répondu: « Je me disais que vous pourriez les mettre dans le ventre de maman! »

Lynne Murphy

On m'a choisie

Quand j'étais petite et qu'arrivait l'heure d'aller dormir, je ne me plaignais pas trop, car je savais que ma mère viendrait s'allonger près de moi quelques instants. Je me blotissais dans ses bras et elle me caressait les cheveux en me disant à quel point elle m'aimait. S'il n'était pas trop tard et qu'elle n'était pas trop fatiguée, elle me racontait MON histoire avant de réciter nos prières ensemble.

Je ne me suis jamais lassée d'entendre maman me raconter MON histoire. C'est une histoire très spéciale pour moi, car elle parle de mon arrivée dans sa vie. Maman la commençait toujours de la même façon. « Ton père et moi avons toujours voulu un bébé. Nous en avons désiré un pendant si longtemps. Nous avons prié pour que je devienne enceinte et que j'aie un bébé. Mais après plusieurs années sans devenir enceinte, nous avons compris que Dieu nous réservait quelque chose de mieux encore: il allait nous confier un bébé très spécial, le bébé d'une femme qui était incapable d'en prendre soin. Il voulait des parents qui conviendraient très bien pour ce bébé très spécial. Et devine qui était ce bébé très spécial? Toi ! »

« Maman, raconte-moi le jour où tu m'as eue. »

« Eh bien, ma grande, continuait-elle, ce jour-là a été le plus excitant de ma vie! Le téléphone a sonné et la voix à l'autre bout du fil a dit: *Mme Freeman, votre belle petite fille vient de naître. Voulez-vous venir la voir?*

« J'ai téléphoné à ton papa au bureau et il s'est précipité à la maison pour me chercher, puis nous nous sommes vite rendus à l'hôpital. Quand nous sommes arrivés, nous sommes restés devant la vitrine de la pouponnière et nous avons regardé les nouveaux bébés en essayant de trouver lequel était toi! Du bout d'une rangée de bébés, tu as tourné la tête vers nous et tu nous as regardés! On aurait dit que tu nous souriais!

« Nous avions tellement hâte de te ramener à la maison, de te présenter à notre famille et à nos amis. Quand nous sommes revenus chez nous, plusieurs amis nous attendaient pour t'offrir des présents. Tu as toujours été un tel cadeau pour nous. C'est parce que la meilleure chose que nous avons faite, ton père et moi, c'est de t'adopter! »

Chaque fois que maman me racontait MON histoire, elle rayonnait. Elle ne se lassait pas de la raconter et je ne me lassais pas de l'entendre. Elle m'a toujours fait sentir qu'être adoptée était extrêmement spécial, que j'avais été choisie en quelque sorte.

Des années plus tard, alors que j'étais enceinte de sept mois de mon premier enfant, elle est venue me rendre visite. C'était une journée difficile pour moi; je me sentais fatiguée et je n'avais plus de position tellement le bébé bougeait. Quand ma mère m'a vue grogner en me tenant le ventre, elle a dit: « Ce doit être extraordinaire de la sentir bouger. »

Je me suis soudain rappelé que ma mère n'avait jamais senti un bébé bouger en elle.

« Maman, lui ai-je dit, viens mettre tes mains sur mon ventre. Je veux que tu sentes ta petite-fille bouger. »

Je n'oublierai jamais l'émerveillement qui a illuminé le visage de ma mère lorsqu'elle a senti sa petite-fille bouger. En fait, je lui donnais la chance de vivre une expérience qu'elle n'avait pas pu vivre personnellement. Elle qui m'avait tant choyée, j'étais heureuse de pouvoir enfin partager une expérience très personnelle avec elle.

Tucker Viccellio,
tel que raconté à Susan Alexander Yates
et Allison Yates Gaskins

« Nous, on vient du ventre de notre maman. Joseph,
lui, est adopté ; il vient du cœur de sa maman. »

Divine coïncidence

Je roulais vers chez moi en voiture. J'étais presque arrivée, en avance de quinze minutes sur mon horaire. J'allais avoir juste le temps de me changer avant de reprendre le volant pour me rendre à un rendez-vous avec un agent immobilier, à soixante-douze kilomètres de chez moi. Cet agent immobilier allait me faire visiter une propriété dans mon futur nouveau quartier. Mais le hasard a voulu que je reste immobilisée au plus long feu rouge de toute la région.

Pendant que j'attendais que le feu change, j'ai aperçu un oiseau assez gros qui volait plutôt bas. Puis j'ai vu un tout petit oiseau qui semblait donner des coups de bec à la queue du gros oiseau, comme pour l'attaquer. En observant plus attentivement, je me suis aperçue que le gros oiseau était la mère, et j'ai présumé que le petit oiseau, son bébé, prenait son premier envol. Soudain, le bébé oiseau a perdu de l'altitude et s'est mis à voltiger de façon erratique, de toute évidence incapable de rester dans les airs. La mère a piqué du nez et accueilli son petit sur son dos, puis elle a repris de l'altitude, sur un fond de ciel bleu azur sans vent. Le bébé a repris son équilibre et son envol, avec sa mère qui restait tout près. Lentement, la mère s'est éloignée d'un mètre sur le côté, puis d'un mètre plus bas. Le bébé oiseau s'en tirait très bien.

J'étais émerveillée, à un point tel que le feu est passé au vert sans que je m'en aperçoive. Il m'a fallu les klaxons des autres voitures pour me distraire de mon observation. J'ai alors avancé lentement en continuant de contempler les deux oiseaux. Le spectacle de cet oisillon qui apprenait à voler sous le regard bienveillant de sa mère importait soudainement davantage que tout rendez-vous avec un agent immobilier. Alors, j'allais être en retard quinze minutes de plus. Je devais profiter de cette belle image de la vie !

J'ai repensé au moment où ma propre fille a fait ses premiers pas. Je lui avais d'abord tenu les mains, puis tout doucement j'avais lâché prise en la laissant aller, demeurant tout près d'elle pour l'attraper en cas de chute. À cette pensée, mes yeux se sont gonflés de larmes. Je ressentais beaucoup d'amour pour cette maman oiseau qui prenait soin de son petit, qui l'aidait à prendre son envol pour vivre sa propre vie d'oiseau. J'ai repensé à ma fille de nouveau. Elle était maintenant une femme, elle avait un bébé de neuf mois et elle vivait sûrement des moments émouvants que seule une mère peut comprendre.

Nous, les mères, encourageons nos petits à prendre leur envol de toutes sortes de façons et en de nombreuses occasions : nous les aidons à faire leurs premiers pas, nous les envoyons à l'école, nous les regardons aller à leurs premiers rendez-vous amoureux, nous les voyons quitter la maison pour terminer leurs études, nous les accompagnons à leur mariage. Malgré cela, nos petits demeurent toujours nos petits.

Lorsque je suis finalement arrivée devant mon garage, les deux oiseaux volaient librement. Je n'avais plus de temps à perdre, cependant, car j'étais assez en retard. Je me suis donc précipitée dans la maison pour aller me changer et le téléphone s'est mis à sonner. Ma première réaction a été de laisser l'appareil répondre, mais je me suis, d'une certaine façon, sentie poussée à décrocher. *Rallongeons mon retard de cinq minutes*, me suis-je dit.

C'était ma fille qui me téléphonait de chez elle, à 2 400 kilomètres de chez moi, pour me dire que son fils, mon petit-fils, venait de faire ses premiers pas! Je me suis mise à pleurer. J'avais vraiment l'impression d'avoir été à ses côtés quelques moments plus tôt. C'était inexplicable. On aurait dit que Dieu avait partagé cet heureux moment avec moi.

Après l'appel de ma fille, j'ai téléphoné à mon agent immobilier pour lui demander de remettre notre rendez-vous à plus tard dans la journée. Je suis allée marcher sur la plage, puis je suis restée assise sur le sable un long moment à contempler l'horizon. J'ai respiré profondément et j'ai regardé le ciel. Pendant que les oiseaux volaient là-haut, mon petit-fils franchissait une autre étape de son développement. Prudemment, je l'espérais, un pas à la fois.

Eileen Davis

Petits mots doux

Un après-midi ensoleillé de mai, alors que les fleurs du printemps commençaient à peindre notre jardin de couleurs éclatantes que tout enfant adorerait, mon mari, Allen, m'a téléphoné pour m'annoncer une nouvelle: l'agence d'adoption avait peut-être trouvé une femme enceinte prête à nous donner son bébé en adoption.

Nous avons tout de suite contacté l'avocat chargé du dossier, qui nous a expliqué que la démarche devait se faire *maintenant*. La mère naturelle recevrait les demandes des parents adoptifs potentiels l'après-midi même. Nous devions donc remplir immédiatement les papiers et notamment répondre à un questionnaire sur nos compétences parentales.

Quelques semaines ont passé. Aucune nouvelle.

Un après-midi pluvieux, au bureau de poste, j'ai rencontré Cindy, une des assistantes de l'avocat. « Avez-vous eu des nouvelles? » lui ai-je demandé. Les yeux baissés, Cindy a répondu: « Je suis désolée. La mère biologique est venue chercher les questionnaires remplis, mais on ne l'a pas revue. »

Déçue, j'ai mis Allen au courant.

Au fil des mois, je me suis souvent demandé ce qui s'était passé avec la mère.

Au mois de décembre de cette année-là, j'ai reçu un appel téléphonique inattendu de Cindy: « La mère naturelle est revenue en ville et elle vous a choisis, Allen et toi ! »

Nos vies n'avaient jamais été aussi remplies qu'à cette époque. Nous occupions des emplois à temps plein ; mon mari poursuivait même le projet de devenir maire de notre municipalité. Peu importe, nous étions heureux de la « possibilité » d'avoir un enfant, même si nous avions été prévenus encore et encore qu'il ne fallait pas nous réjouir trop vite. Plus facile à dire qu'à faire !

Le compte à rebours a donc commencé.

Sur le coup, j'ai voulu commander du papier peint, mais Allen n'était pas d'accord : « S'il te plaît, Debbie, pas de décoration et pas de shower de bébé. Tu seras trop déçue si ça ne fonctionne pas. » Nous avons plutôt décidé de prendre les arrangements financiers et médicaux nécessaires. Une travailleuse sociale est aussi venue inspecter notre domicile — et nous-mêmes. Nous avions de plus des examens médicaux à passer, y compris des tests de dépistage de MTS.

Toutes ces inspections m'ont incitée à demander à notre avocat de recueillir les antécédents médicaux de la mère naturelle. Cette demande a donné lieu à une sorte de conversation écrite entre la mère et moi, c'est-à-dire que nous correspondions par l'intermédiaire de nos fiches respectives qui se trouvaient dans le classeur de l'avocat. À un moment donné, notre correspondance s'est éloignée du sujet de la santé. La mère naturelle m'a demandé : « Pour vous, qu'est-ce qu'un foyer heureux ? Une bonne éducation ? Une discipline appropriée ? »

Peu à peu, je me suis mise à penser comme une mère. Ensemble, nous préparions la naissance du bébé, un bébé qui était le sien et le mien. Étonnamment, cette étrangère est devenue une amie.

Aucune de nous deux ne voulait rencontrer l'autre, mais notre correspondance révélait que nous avions plusieurs intérêts en commun, par exemple le théâtre, la marche sur la plage et la lecture. Même notre écriture se ressemblait. J'ai découvert aussi qu'elle était articulée, drôle, mature et généreuse dans son désir de trouver une famille aimante pour son bébé.

Un jour de février, j'ai reçu un appel jubilant de Cindy. « Félicitations! m'a-t-elle dit. Vous avez une fille! »

« Est-ce qu'elle va bien? ai-je demandé. Comment se porte la mère? » J'étais aux anges. « Les deux se portent bien, très bien », a dit Cindy en riant.

Le visage en larmes, j'ai téléphoné à Allen. La gorge nouée par l'émotion, je lui ai annoncé: « Notre fille est née! »

En quelques heures, la nouvelle a fait le tour de notre petite ville. Des amis nous ont prêté un siège d'auto et un berceau. Tout le monde nous regardait pendant que nous allions de magasin en magasin acheter des couches pour filles, des minuscules robes roses, des pyjamas et des couvertures pastel.

Entre-temps, la mère naturelle est demeurée avec son bébé et s'est assurée qu'il était en santé. Chose certaine, elle voulait absolument que ce soit nous qui adoptions sa fille.

« Elle a ton nez », ai-je dit à Allen en riant. De fait, notre bébé *ressemblait* à Allen.

Quand j'ai ouvert le sac-cadeau que la mère biologique avait reçu de l'hôpital pour son bébé, j'ai trouvé, entre la lotion pour bébé et les serviettes humides, la lettre d'adieu de cette femme devenue mon amie. Je n'ai pas été capable de l'ouvrir tout de suite.

Tomber en amour avec le bébé est venu tout naturellement. Toutefois, quand nous avions pris la décision d'adopter, je ne m'attendais pas à aimer une étrangère. C'est pourtant ce qui est arrivé: j'en suis venue à aimer la mère naturelle. Heureusement, elle sera toujours notre lien.

Alors, les larmes aux yeux, j'ai lu son message rempli d'amour qui se terminait par les mots suivants: « Je lui ai donné la vie, à vous maintenant de lui donner l'amour. » Et ma réponse aurait été: « Nous l'aimerons toujours! »

Debra Ayers Brown

À notre fille

Elle t'aime, moi aussi,
Nous voulons toutes les deux le meilleur pour toi.

Elle t'a portée dans son corps durant neuf mois,
Je t'ai portée dans mon cœur durant cinq ans.

Elle a supporté la douleur de l'enfantement,
J'ai supporté les services d'immigration
    et les travailleurs sociaux.

Elle est une partie de ton héritage,
Je suis l'autre partie de ton héritage.

Elle se demande si tu te portes bien,
Je te berce quand tu fais de la fièvre.

Elle se demande si tu manges à ta faim,
Je me demande si je dois te faire manger
    ton brocoli.

Elle se demande si tu es heureuse,
Je me réjouis de t'entendre rire.

Elle se demande si tu es aimée,
Je suis sensible à tes moindres émotions.

Elle se demande à quoi tu ressembles,
Je mets des photos de toi partout dans la maison.

Elle espère que tu recevras une bonne éducation,
Je t'aide tous les soirs à faire tes devoirs.

Elle se demande ce que tu feras
    quand tu seras grande,
Je t'incite à être forte, indépendante et confiante.

Elle se demande si tu seras épouse et mère,
Je t'aide à préparer ton mariage et je pleure
    en tenant mon petit-enfant pour la première fois.

Elle t'a donné la vie,
Je me réjouis chaque jour de t'avoir dans ma vie.

Elle pensera toujours à toi,
Je lui serai toujours reconnaissante
    de t'avoir mise au monde.

Elle sera toujours ta mère naturelle,
Je serai toujours ta maman.

Audrie LaVigne

Un visage amical

C'était le début du mois de novembre. Jeff, mon mari, trouvait que je grossissais (« ton ventre est plus grand que nature », disait-il). De fait, ma bedaine avait la taille de trois ballons de basket. J'attendais notre premier enfant et j'étais terrifiée. Mon mari et moi n'avions ni famille ni amis proches avec qui partager nos joies et nos craintes, car nous étions postés au Japon et nous y vivions depuis deux ans quand je suis devenue enceinte.

Lorsque les premières contractions ont commencé, nous nous sommes élancés à toute vitesse dans les rues les plus bondées du Japon. D'accord, à toute vitesse n'est pas vraiment exact. Disons plutôt élancés « à pas de tortue ». Notre hôpital se trouvait à la base aérienne de Yokota. C'était situé à une cinquantaine de kilomètres seulement de notre domicile, mais il nous fallait habituellement deux bonnes heures pour nous y rendre. Ma peur d'accoucher était si grande que je n'ai pas remarqué la dame que Jeff a failli heurter avec la voiture, ni le chien qu'il a failli écraser, ni le panier d'épicerie qu'il a frôlé. De toutes façons, j'étais trop fatiguée pour me préoccuper de ces choses. J'ai vu cependant qu'il est tombé sur tous les feux rouges et quelques passages à niveaux.

Enfin, nous avons franchi les barrières de la base aérienne. Une fois à l'hôpital, toutefois, mes contractions avaient diminué. On m'a donc dit de retourner à la maison et de me reposer, que c'était une fausse alerte. En sortant de l'hôpital, nous avons remarqué une femme plutôt grande et très enceinte qui arrivait pour accoucher. Nous lui avons souri et nous sommes repartis.

Durant le trajet de retour, j'ai beaucoup pleuré. J'avais peur. J'étais terrifiée à l'idée de retourner à l'hôpital. Ce qui me dérangeait le plus, toutefois, c'est que j'allais avoir un bébé sans personne avec qui partager l'événement. J'étais quand même chanceuse d'avoir mon mari avec moi: deux semaines auparavant, son escadron avait quitté le port pour une période de quatre mois, mais le commandant avait permis à Jeff de rester à la maison jusqu'à la naissance de notre enfant, après quoi il rejoindrait son escadron. Évidemment, son départ imminent me dérangeait. J'étais peinée qu'il manque les premiers mois de la vie de son enfant. Je serais seule pour prendre soin de moi-même et du bébé, et cela me rendait triste.

« Si seulement ma mère était là! Ou ta mère à toi! Ou des amis proches! » disais-je en sanglotant à mon mari. Il était désolé, mais il n'y pouvait pas grand-chose.

Le soir même, les contractions ont repris et se sont rapprochées. J'ai réveillé mon mari et lui ai dit que nous devions aller à l'hôpital. Cette fois, il était trois heures du matin et il y avait peu de circulation. Nous sommes arrivés à l'hôpital en un temps record.

Seize heures plus tard, au terme d'un accouchement difficile, j'ai mis au monde un garçon que nous avons appelé Eric. Nous étions stupéfaits, car le médecin japonais qui avait fait l'échographie quelques mois plus tôt nous avait assurés que c'était une fille. Du moins, c'est ce que nous avions entendu. Nous étions cependant ravis que notre Emma soit en réalité un Eric, même si nous avions acheté plein de trucs roses à frisons.

Après l'accouchement, on m'a transportée dans une chambre que je partageais avec une autre nouvelle maman et on a emmené mon bébé à la pouponnière. Il y avait un rideau qui me séparait de l'autre mère, mais j'entendais des voix et les petits gazouillis d'un nouveau-né. Je me suis étendue et j'ai regardé Jeff.

« Je n'en reviens pas qu'on ait eu un petit garçon ! » a-t-il dit avec le sourire fendu jusqu'aux oreilles. J'ai souri en hochant la tête. Puis je me suis mise à pleurer.

« Qu'est-ce qu'il y a ? » m'a demandé Jeff en s'assoyant près de moi.

« Je suis censée être heureuse. Nos parents devraient être ici pour faire connaissance avec leur premier petit-enfant. Nos frères et sœurs et nos meilleurs amis aussi. » J'ai senti mon menton trembler.

« Ils le verront bientôt », a répondu Jeff. Il s'est penché et m'a embrassée sur le front. « Devrais-je téléphoner à la maison ? » a-t-il demandé.

« Bien sûr. » J'ai ensuite lâché un long bâillement. Je ne pouvais plus bouger. J'avais mal partout. Comme si un gros camion m'avait passé dessus. Pire encore, l'infirmière allait bientôt venir me chercher pour aller à la toilette. « Ils seront surpris d'apprendre que nous avons eu un garçon. »

Jeff a pris le combiné. « Quel est le numéro de tes parents ? »

Je lui ai donné le numéro de téléphone et il les a appelés pour leur annoncer que je venais d'accoucher d'un petit garçon. Quand il a raccroché, une voix s'est fait entendre de l'autre côté du rideau.

« Excusez-moi », a dit quelqu'un doucement.

Mon mari a tiré un peu le rideau et nous avons aperçu la grande femme que nous avions vue plus tôt à l'hôpital.

« Je vous ai entendu donner le numéro de téléphone de vos parents et j'ai reconnu le code régional », a-t-elle dit. « Venez-vous du Massachusetts ? »

« Ma femme vient de là », a répondu Jeff en me pointant du doigt.

« Dans quelle région exactement ? » a demandé la femme.

« Oh, je viens d'une très petite ville entre Boston et Cape Cod », ai-je répondu.

« Vous n'en avez probablement jamais entendu parler », a continué mon mari.

« Comment s'appelle cette petite ville ? »

« Norwell », ai-je répondu encore.

Les yeux de la femme se sont éclairés, et elle est restée bouche bée.

« Moi aussi, je viens de Norwell ! »

Je l'ai regardée, les sourcils froncés. Je ne la reconnaissais pas.

« Quel est votre nom? »

Elle m'a donné son nom et je lui ai donné le mien. Nous nous sommes regardées, ébahies.

« Tu es Kelly de South Street? » ai-je demandé. Je me suis redressée dans mon lit en me recoiffant un peu avec les mains.

« Oui! Je n'en reviens pas! » Elle tenait son bébé emmailloté et le berçait dans ses bras.

« C'est incroyable », dis-je. Jeff et le mari de Kelly se sont serré la main. Je connaissais Kelly depuis l'école primaire. Nous avions fréquenté la même école pendant le secondaire, puis elle avait déménagé au cours de notre dernière année. Nous n'étions pas de grandes amies, mais nous étions souvent dans la même classe. Et là, dix ans plus tard, nous accouchions de nos bébés en même temps à l'autre bout du monde. Elle avait beaucoup grandi depuis la dernière fois que je l'avais vue, et ses cheveux étaient différents, mais quand elle m'a dit son nom, je l'ai tout de suite reconnue. Nos bébés devaient naître le même jour, mais ils avaient tous deux décidé d'arriver quelques jours plus tard. Kelly avait donné naissance à une belle petite fille nommée Samantha.

Nous avons passé le reste de notre séjour à l'hôpital à regarder des albums d'école que nos maris avaient retrouvés pour nous. Nous avons même donné des entrevues aux journaux de la base aérienne. Personne n'aurait cru que deux amies d'école secondaire se seraient retrouvées dans la même salle d'accouchement d'un hôpital militaire situé à l'autre bout du monde.

Mes prières aussi ont été exaucées. Moi qui me sentais si épuisée et si triste de n'avoir ni famille ni amis auprès de moi à un moment tellement important, voilà qu'apparaissait Kelly.

Après le départ de mon mari deux semaines plus tard, Kelly et moi sommes restées en contact. Chaque Noël, je reçois une carte de Kelly et Samantha qui me donnent de leurs nouvelles.

Jennifer Reed

Choyés

L'agence d'adoption vient de téléphoner pour nous annoncer qu'elle nous a trouvé un bébé garçon et nous sommes transportés de joie! Nous nous embrassons et nous nous serrons dans les bras l'un de l'autre, heureux de voir enfin notre rêve se réaliser. Nous n'hésitons pas une seule seconde quand notre conseiller nous dit que nous devons prendre l'avion le 27 avril, c'est-à-dire dans un peu plus d'une semaine, date prévue de la naissance du bébé à l'autre bout du pays.

La plupart des femmes enceintes ont neuf mois pour se préparer — nous, nous n'avions que neuf jours. Nous pensions devoir attendre deux bonnes années avant qu'un enfant nous soit confié par l'agence. Nous sommes donc très étonnés lorsqu'elle nous appelle à peine trois mois après notre inscription. « La chambre du bébé est-elle prête? » a demandé un collègue de travail. À vrai dire, pas du tout. En fait, nous n'avons rien de ce qu'un bébé a besoin. La pièce destinée à devenir une chambre de bébé dans notre maison de ferme pour bricoleurs, datant de 1840, a été endommagée par l'eau. Il faut refaire l'installation électrique, y compris les murs, le plafond et le plancher. Nous avions prévu acheter des choses pour bébé seulement après cette importante rénovation.

Neuf jours? Nous y arriverons! Après tout, ce n'est pas tous les jours qu'un couple peut réaliser son rêve d'avoir un bébé dans sa vie.

Nous allons au bureau le jour, et nous rénovons comme des fous le soir. La pensée que nous allons enfin avoir notre enfant nous donne l'énergie nécessaire. À mesure que le jour J approche, les travaux avancent. Ensuite, nous faisons en un éclair le tour de deux magasins pour acheter le matériel de base: un sac à langer, des couches, des produits de soins, des couvertures. Des amis, la parenté et même de parfaits étrangers ayant entendu parler de notre histoire viennent nous porter des meubles de bébé, des accessoires et des vêtements usagés pour nous aider à terminer à temps les préparatifs.

Lorsque nous prenons l'avion avec un sac à langer bien rempli et un siège d'auto emprunté, nous avons presque atteint nos objectifs, sauf la peinture et quelques moulures de bois. La chambre du bébé ne sera pas exactement comme nous l'avions imaginée, mais nous pensons que notre fils ne remarquera pas les petits détails inachevés.

Trois semaines et un long voyage en avion plus tard, mon mari et moi rentrons à la maison avec notre nouveau fils. Ce moment est rempli d'une joie indescriptible. Lorsque nous déposons notre fils endormi dans le berceau ayant appartenu à son cousin, nous remarquons quelque chose d'inattendu: la peinture est terminée et les moulures sont installées! La chambre du bébé est terminée! Ensuite, nous remarquons que le réfrigérateur contient plusieurs plats cuisinés pour nous.

Au cours de la semaine qui suit, les amis et la famille viennent voir notre fils. Ils continuent d'apporter des choses dont nous avons besoin, par exemple un parc et une chaise haute. Lorsque notre fils traverse une période de coliques, ma belle-mère nous offre un des plus beaux cadeaux qui soit: un répit qui nous permet de dormir un peu.

Quand nous repensons à ces quelques premières heures à la maison en tant que famille, nous nous rendons compte maintenant que nous sommes plus que choyés. Choyés d'avoir un fils, certes, mais choyés également d'avoir une famille élargie aimante plus grande que nous l'aurions jamais pensé.

Cynthia Hummel

La surprise de grand-papa

Mon mari est assez costaud et il a un ventre plutôt imposant.

Quand notre fille était enceinte de son deuxième enfant, mon mari et moi sommes allés la visiter pour l'aider à prendre soin de sa fille de trois ans.

Le premier soir, avant d'aller se coucher, notre mignonne petite-fille a fait sa tournée de bisous. Après avoir embrassé sa mère sur la joue, elle a embrassé le ventre de sa mère et souhaité bonne nuit au bébé à naître.

Une fois rendue à sa chambre, elle a tourné les talons et est revenue dans le salon en courant. Elle s'est arrêtée devant son grand-père, a embrassé son ventre et a annoncé: « J'ai oublié de souhaiter bonne nuit au bébé de grand-papa! »

Ruth M. Henshaw

Homme en travail

Au terme de ma première grossesse, j'avais le pressentiment que mon fils aîné se ferait attendre, qu'il resterait blotti dans son petit nid aussi longtemps qu'il le pourrait.

De fait, deux semaines environ après la date prévue de mon accouchement, mon médecin a dû se décider à déclencher le travail. Ensuite, on m'a dit de marcher longuement dans les couloirs de l'hôpital pour que le bébé descende et que les contractions commencent.

Mon mari et moi avons marché tout l'après-midi et presque trois heures dans la soirée. Rien. Nous avons alors décidé de retourner dans la salle de travail, de nous asseoir et de relaxer un moment.

Une fois revenus dans la salle de travail, mon mari a eu besoin d'aller à la toilette. Comme j'étais la seule femme en travail ce soir-là, je lui ai suggéré d'utiliser les toilettes adjacentes à la salle de travail.

En quelques secondes, deux infirmières sont entrées précipitamment dans la chambre, ont filé devant moi, ont rapidement ouvert la porte de la salle de bains. Mon mari était là — occupé à ses affaires! Plus embarrassé que je ne l'avais jamais vu, il a marmonné aux infirmières: « Je pense que j'ai appuyé sur le bouton d'urgence par erreur. » (Plutôt que sur le bouton de la lumière!) Il a saisi la poignée de porte et a prestement refermé la porte.

Les infirmières ont éclaté de rire, et moi aussi. En fait, j'ai tellement ri que j'en ai déclenché mes contractions!

En très peu de temps, notre magnifique fils en santé est né. Pendant que mon mari et moi nous réjouissions de notre beau bébé, les infirmières se racontaient le clou de leur journée: le tout premier homme en travail!

Brenda Ford Miller

La bonne décision

Ce ne sont pas toutes les mères qui sont heureuses et comblées à la naissance de leur premier-né. Pour certaines femmes, les circonstances sont difficiles et déroutantes. Ce fut mon cas. Lorsque mon amie de fille m'a déposée au centre hospitalier pour mon premier accouchement, j'étais seule et terrorisée. On m'a emmenée dans une petite chambre, puis on m'a demandé de mettre une jaquette et de m'allonger sur le lit. Les infirmières ne me parlaient pas beaucoup. J'étais célibataire, jeune, seule et enceinte, une situation très mal vue au début des années 1970, surtout dans le sud des États-Unis où j'habitais. J'ai enduré seule les douleurs des contractions de l'accouchement dans la pénombre de cette salle de travail. Les infirmières ne venaient me voir qu'à l'occasion et ne me montraient pas beaucoup de compassion.

Je n'avais aucune idée des procédures d'un tel endroit —de ce qu'on avait déjà planifié pour moi. L'hôpital était doté d'un directeur des services sociaux. Ainsi, quand une jeune fille célibataire venait pour accoucher, ils avaient déjà une famille adoptive à lui proposer. Ils étaient là pour m'aider à me rendre compte à quel point j'étais incompétente et mal préparée à vivre un accouchement, et encore moins à élever un enfant. Évidemment, ils étaient censés avoir raison.

Après mon accouchement, j'ai émergé d'un profond sommeil. Dans la faible lueur de l'aube, j'ai regardé autour de moi. J'ai vu le plancher de linoléum jauni, une petite lampe accrochée au mur derrière moi, et une chaise de métal près du lit. *Où est mon bébé? Est-ce une fille? Un garçon?* Je me suis mise à pleurer. Le brouillard de l'anesthésie me pesait encore. Je me souviens que ma mère s'est approchée de moi: « C'est une fille, a-t-elle murmuré, elle est belle et en santé. »

Lorsque je me suis réveillée quelques heures plus tard, j'ai appelé l'infirmière et lui ai demandé de m'apporter mon bébé. Elle a pris un air étonné, mais j'ai insisté. Finalement, elle est allée chercher mon bébé emmailloté et l'a déposé dans mes bras. Ma fille était si belle, si petite, si parfaite. Elle avait d'épais cheveux noirs et bouclés, et un beau visage tout rose et tout rond. Ses yeux étaient foncés comme du charbon et sa peau, douce comme de la soie. Un bébé! Une petite personne! Les pensées tournoyaient dans mon esprit, comme les émotions dans mon cœur. Je ne savais pas quoi faire, mais je savais une chose: ma vie ne serait plus jamais la même.

Peu de temps après mon réveil, une travailleuse sociale est venue me rendre visite. Elle m'a expliqué qu'elle avait trouvé une famille aimante qui attendait depuis longtemps de pouvoir adopter un enfant. Elle m'a parlé de mes responsabilités, de mon avenir, de toutes les possibilités qui ne s'offriraient pas à moi si j'élevais seule mon enfant. Une bonne partie de ce qu'elle disait était vraie. J'étais très jeune — seulement seize ans —, mais dans mon for intérieur, je savais que c'était la décision la plus importante de ma vie.

J'ai dit à la travailleuse sociale que je prierais. Je ne savais pas grand-chose sur la prière. J'étais allée à l'église quand j'étais jeune avec ma grand-mère et ma mère, mais mon sentiment religieux n'était pas très fort. J'avais déjà prié dans le passé, mais toujours pour demander quelque chose comme : « Mon Dieu, je vous en prie, sortez-moi de ce pétrin ! » La prière que j'ai faite après la naissance de ma fille était différente, car elle demandait une réponse. J'ai donc attendu cette réponse. J'ai écouté, observé. Jour après jour, j'ai écouté la travailleuse sociale m'encourager à prendre la bonne décision pour mon bébé. Chaque après-midi, mes amies venaient me rendre visite, mais elles restaient discrètes sur leur point de vue de la situation. Chaque soir, ma mère et ma grand-mère venaient me voir, sans me dire non plus ce qu'elles en pensaient. Tout le monde attendait ma décision. Moi, j'attendais la réponse de Dieu.

Neuf jours se sont écoulés ainsi. La pression montait. L'hôpital voulait que je libère la chambre que j'occupais. Les services sociaux voulaient mon bébé. Moi, je voulais ma réponse. Un après-midi, mon amie de fille est entrée sur la pointe des pieds dans ma chambre. Elle s'est assise sur le bord du lit et m'a pris la main. Les yeux noyés de larmes, elle m'a confié son secret. Elle aussi avait été une mère célibataire à l'adolescence. Elle aussi avait fait face à ce choix déchirant. Elle aussi avait eu peur. Avec des détails bouleversants, elle m'a raconté comment elle s'était sentie. Elle savait exactement comment je me sentais ! Maintenant qu'elle avait 21 ans, elle savait qu'elle avait bien fait de donner son enfant en adoption à une famille aimante et merveilleuse. Elle m'encourageait à faire la même chose. Quand elle est repartie, je me suis retrouvée seule avec mes pensées. J'avais prié Dieu de me donner une réponse. La visite de ma copine était-elle la réponse que j'attendais? Logiquement, c'était sensé. C'était sûrement la bonne décision à prendre, et pourtant mon cœur se brisait rien qu'à y penser.

Ce soir-là, ma mère est venue de nouveau me rendre visite. Durant tout ce temps où je réfléchissais et attendais une réponse à mes prières, elle avait gardé son opinion pour elle-même. Elle en savait beaucoup plus sur moi que je ne le croyais. Des années plus tard, elle me confirmerait les événements de cette nuit-là.

J'avais attendu ma mère avec impatience. J'avais pleuré tout l'après-midi. Quand elle est finalement arrivée, je lui ai raconté la visite de ma copine et le secret qu'elle m'avait dévoilé. Je lui ai dit qu'à cause de cela j'avais décidé de donner ma fille en adoption. C'est ce que ma tête avait décidé, mais qu'allais-je faire avec mon cœur? Ce que j'éprouvais était très différent de ce que je pensais. J'avais le sentiment d'être en deuil. Je sentais que quelque chose était mort à l'intérieur de moi.

Ce soir-là, ma mère s'est décidée à me dire ce qu'elle pensait. Elle n'était pas d'accord avec ma copine et m'a donné ses impressions des derniers jours. Je ne me rappelle pas trop ce qu'elle m'a dit, car j'écoutais autre chose. J'écoutais les pleurs de mon bébé qui me parvenaient de la pouponnière tout au fond du corridor. Pourtant, c'était impossible d'entendre un bébé pleurer de si loin, et plus impossible encore de reconnaître les pleurs de mon bébé à moi, surtout que les portes de la pouponnière étaient maintenues fermées. Je ne pouvais pas l'expliquer, mais je savais qu'elle pleurait; j'avais besoin de la voir. Je me suis levée et je suis allée vers ma fille.

Je ne me suis pas rendu compte que ma mère me suivait dans le corridor menant à la pouponnière. J'entendais seulement les pleurs de ma fille. C'est alors qu'une chose incroyable est arrivée, une chose presque trop miraculeuse pour être racontée.

Quand j'ai regardé par la vitrine qui me séparait de mon bébé en pleurs, une vive lumière blanche a semblé descendre du plafond et illuminer le berceau où ma fille se trouvait. C'était une lumière très brillante qui éclairait directement son petit corps. Puis j'ai entendu les mots suivants, prononcés aussi clairement que si quelqu'un m'avait parlé à l'oreille. « C'est ton enfant. C'est à toi qu'elle a été envoyée. Personne ne sera jamais capable de l'aimer comme tu le feras. » Soudain, mon cœur s'est gonflé de joie et mon âme s'est remplie de sérénité. Je savais que Dieu avait vraiment entendu mes prières et y avait répondu. Le matin suivant, dix longs jours après la naissance, j'ai ramené ma précieuse fille chez moi.

Les années qui ont suivi n'ont certainement pas été faciles. J'ai travaillé comme serveuse, j'ai poursuivi mes études collégiales et j'ai fait plusieurs erreurs en cours de route. Je sais que la décision de garder son bébé n'est pas la bonne pour toutes les jeunes femmes; donner son enfant à l'adoption est un geste d'amour noble. Cependant, la voix que j'avais entendue et la lumière que j'avais vue ce soir-là m'ont toujours donné du courage et la certitude que j'avais fait le bon choix pour ce bébé-là.

J'ai clairement senti que cette enfant avait besoin de *mon* amour et de *mon* dévouement dans sa vie. Et je me suis vite aperçue aussi que j'avais besoin de *son* amour et de *son* soutien pour m'aider à traverser des années difficiles. Aujourd'hui, ma fille a terminé ses études et vit une vie merveilleuse de son côté. Je ne peux imaginer ce que ma vie aurait été sans elle.

Cindy Barksdale

Empreintes

Mon mari et moi avons toujours été inséparables. Du début de nos fréquentations à l'école secondaire jusqu'à la naissance de nos quatre enfants, en passant par quatorze années de mariage, nous avons été ensemble dans tout. Chacun soutenait l'autre et l'appuyait dans ses décisions. Du moins jusqu'à l'été de 1997.

Cet été-là, j'ai commencé à me sentir tiraillée d'une façon inattendue. Je savais depuis un certain temps que de nombreuses petites filles se retrouvent dans les orphelinats chinois parce que la politique du gouvernement n'autorise qu'un enfant par famille et que les Chinois ont une forte préférence pour les garçons. Mon cœur a été touché par leur triste situation et j'ai découvert que je désirais faire quelque chose pour au moins une de ces petites filles. Mon désir s'est intensifié lorsque notre « bébé » a eu trois ans. Nos enfants grandissaient tellement vite !

Nous étions vraiment chanceux d'être nés aux États-Unis, un endroit où l'on ne manque de rien et où l'on n'apprécie pas toujours à sa juste valeur l'extraordinaire liberté dont on jouit. Nous avions un mariage solide, des enfants en santé, de bons emplois et une grande maison. Nous disposions également d'une chambre à coucher vide et entièrement équipée de tout ce qu'il fallait pour accueillir un bébé. Pour moi, la décision allait de soi. Nous avions la famille parfaite pour adopter une enfant.

Un jour, j'en ai glissé un mot à mon mari en imaginant que la décision serait aussi évidente pour lui que pour moi. Après tout, nous aimions les enfants. Nous admirions depuis longtemps la beauté des enfants asiatiques. Nous faisions même des blagues parfois: « Quand nous adopterons notre petite Chinoise… ». Et je savais qu'il était conscient que nous étions privilégiés.

« Es-tu folle? » La véhémence de sa réaction m'a étonnée. « Tu ne trouves pas que quatre enfants suffisent? En plus, nous n'avons pas d'argent pour cela! »

Aucun argument de ma part ne le convainquait. Il croyait honnêtement que je fabulais. Pendant des semaines, j'ai essayé de lui expliquer ma logique de la situation. Pendant des semaines, il a continué de me sortir toutes les raisons pour lesquelles nous ne devrions pas adopter. Ce désaccord nous peinait terriblement. Dans le passé, quand nous étions en désaccord, nous finissions toujours par trouver un terrain d'entente. Cette fois, aucun compromis n'était possible: on ne peut pas adopter un enfant à moitié.

À bout d'arguments logiques convaincants, je sentais que je n'allais nulle part. J'ai donc commencé à prier. Non seulement pour le bébé que mon cœur était déjà prêt à accueillir, mais aussi pour l'unité entre mon mari et moi. Je voulais adopter une enfant de l'autre bout du monde, certes, mais je voulais d'abord et surtout une bonne relation avec mon mari. Si l'adoption convenait vraiment à notre famille, alors une puissance supérieure à la mienne parviendrait à en persuader John. Jusqu'à maintenant, ce n'est pas ce qui se passait.

Je me suis mise à me sentir déprimée, puis à me sentir coupable. Coupable parce que j'aurais dû être satisfaite des quatre beaux enfants que j'avais déjà. J'ai continué à prendre soin d'eux, réconfortée par la routine quotidienne des repas, de la lessive, des bisous, et des disputes à arbitrer. Mais j'avais toujours l'intime conviction que nous devions faire plus en ce monde.

Je savais que, pour élever avec amour un autre enfant, mon mari devait le désirer profondément et non pas le vouloir pour me faire plaisir seulement. Mon rêve semblait impossible à réaliser, mais je savais que d'autres couples avaient déjà résolu des dilemmes semblables. J'ai donc continué de prier et j'ai laissé mon mari tranquille pour qu'il retourne les choses dans sa tête. Ma nature optimiste demeurait à l'affût du moindre signe d'encouragement.

À plusieurs reprises, sur une période de plusieurs longs mois, j'ai douté de mon rêve. Cependant, chaque fois que je me résignais à renoncer, Dieu m'envoyait un signe. Une fois, c'était un documentaire télévisé sur la Chine. Une autre fois, c'était un magnifique couple d'Asiatiques dans un restaurant. Une autre fois encore, c'était un autobus rempli d'adolescents asiatiques qui débarquaient sur une plage habituellement très peu fréquentée. Comme si la vie nous rappelait sans cesse l'idée d'adopter un bébé chinois. Alors j'attendais. Et je priais parfois avec acharnement: « N'oublie pas tous les bébés sans mères qu'il y a là-bas, Seigneur. N'oublie pas mes bras qui se languissent d'un autre enfant. Ne nous oublie pas. »

Après une très longue attente, un miracle a commencé à se produire. Mon mari s'est mis à me poser des questions sur l'adoption. Osant à peine respirer, je répondais en feignant l'indifférence. Ensuite, je retournais ses questions mille fois dans mon esprit tout en ayant peur d'y accorder trop d'importance.

Mon mari, cependant, continuait de poser une nouvelle question. Puis une autre. Une fois, il m'a fait part de ses craintes au sujet de l'adoption: la paperasse, le séjour de deux semaines dans un pays étranger, la possibilité que l'enfant ait des besoins particuliers. Puis nous avons parlé de la Corée où le processus d'adoption est plus simple — moins de paperasse, attente moins longue, aucune obligation de se déplacer. Nos conversations demeuraient prudentes, théoriques. Elles me laissaient à la fois jubilante et remplie d'incertitude. Considérait-il sérieusement la possibilité d'adopter?

Noël approchait et l'attitude positive de mon mari persistait miraculeusement. Un jour, il m'a demandé ce que je désirais pour Noël. Je lui ai répondu que je voulais ses empreintes digitales pour la vérification des antécédents judiciaires, qui est la première étape du processus d'adoption. À mon grand étonnement, il n'a pas semblé fâché par ma demande. Dans les semaines suivantes, il semblait même échapper des indices qui me permettaient d'espérer une merveilleuse surprise de Noël.

Entre-temps, nous avons vécu les désagréments typiques de toutes les familles: les disputes, les gastro-entérites, la chasse aux chaussures égarées. Dans ces moments moins agréables de la vie de famille, mon mari se tournait vers moi et soupirait: « Nous n'avons pas besoin d'un autre enfant! »

« Non, répondais-je, mais une petite orpheline a besoin de nous. »

Plusieurs fois au cours du mois de décembre, il m'a demandé d'allonger ma liste de Noël. Il espérait peut-être que je demande une friteuse ou un ordinateur plutôt qu'un enfant. J'ai continué de lui dire que la seule chose que je désirais, c'étaient ses empreintes digitales.

La veille de Noël, le suspense persistait. Je me jurais d'accepter de bonne grâce sa décision, quelle qu'elle soit, mais j'avais l'estomac noué.

Au milieu du chaos que peut être le dépouillement d'un arbre de Noël avec quatre enfants qui déballent leurs cadeaux aussi vite que possible, John m'a tendu un tout petit cadeau. Les doigts tremblants, j'ai ouvert le cadeau. À l'intérieur se trouvait une chaîne porte-clés en or avec un petit médaillon sur lequel était inscrit: « Dieu tient ses promesses. »

C'était un charmant petit objet. J'ai remercié John en m'efforçant de mettre de la joie dans ma voix. J'avais probablement eu des espoirs trop élevés. Mon cœur était si vulnérable. Les indices que John avait semblé me donner n'étaient peut-être qu'une invention de mon cœur plein d'espoir. C'était quand même une chose énorme que je lui demandais. Cette enfant de si loin dont je rêvais n'était probablement pas destinée à notre famille.

Mais John continuait de me regarder. Il a fini par dire: « Qu'est-ce qu'il y a à l'arrière du porte-clés? »

Le cœur battant, j'ai retourné le médaillon.

Gravée dans l'or lisse de l'envers du médaillon se trouvait l'empreinte de son pouce.

Mary Ostyn

Bébé à vendre

Lorsque j'ai emmené ma fille encore bébé au supermarché pour la toute première fois, je l'ai habillée en rose de la tête au pied. Au magasin, je l'ai installée dans un panier d'épicerie, j'ai arpenté les allées en éparpillant mes achats autour d'elle, puis je me suis dirigée vers la file d'attente d'une caissière.

Un petit garçon et sa mère attendaient devant moi dans la file. Le petit garçon pleurait et suppliait pour quelque gâterie spéciale. *Il veut des bonbons ou de la gomme, et sa mère les lui refuse*, ai-je pensé.

Entre deux gros sanglots, j'ai entendu la mère lui répondre: « Non..., a-t-elle dit en me regardant, tu ne peux pas avoir de petite sœur aujourd'hui. Ils n'en ont plus. Cette dame a pris la dernière! »

Marsha Priesmeyer

Pour l'instant

À la fête des Mères, j'aurai été une mère depuis exactement sept mois. J'imagine que cela fait de moi une Nouvelle Mère, c'est-à-dire une de ces créatures au regard ébloui qui s'extasient encore devant la petite merveille qu'elle a mise au monde.

J'ai quelques amies qui sont plutôt de Vieilles Mères. Elles disent des choses comme: « J'espère que la tienne n'est pas geignarde. Attends qu'elle arrive à l'adolescence. Profites-en pendant que tu le peux; elle grandira vite. »

Je ferai probablement bien des erreurs dans ma vie, mais je ne ferai certainement pas celle de ne pas savourer la présence de mon bébé. Pour l'instant, ma fille est une promesse, l'avenir incarné. Et pour un petit bout de temps encore, elle m'appartient tout entière.

Le jour viendra où je serai horrifiée par la tenue qu'elle choisira de porter pour un rendez-vous galant. Pour l'instant, cependant, elle ne porte que du rose parsemé de miettes de biscuits de dentition, et elle babille quand je lui mets sa camisole.

Le jour viendra où elle trouvera embarrassant d'être vue en public avec sa mère. Pour l'instant, cependant, elle me regarde fixement de son siège rivé au panier d'épicerie et elle tend les bras vers moi quand des gens s'extasient devant elle dans la file d'attente.

Le jour viendra où elle se précipitera à l'école sans me dire au revoir. Pour l'instant, cependant, tout son corps se trémousse de joie quand elle me voit arriver dans sa chambre à son réveil.

Un jour, elle grandira et partira vivre sa propre existence. Et c'est bien ainsi. Pour l'instant, cependant, après le bain et le biberon, je peux la bercer. Sa tête toute douce et lourde de sommeil reste nichée dans mon cou. Je hume longuement le doux parfum de sa peau de bébé. Je m'enivre de son odeur, que jamais je n'oublierai.

Caroline Castle Hicks

L'amour
dans le rétroviseur

J'ai découvert l'amour dans mon rétroviseur.

Un samedi, ma femme, mes fils et moi sommes partis en voiture pour faire des commissions. Ni Jeremy ni Matthew n'avaient bien dormi la veille, alors ils étaient épuisés.

Durant le trajet, Matthew a commencé à dodeliner de la tête tandis que ses yeux combattaient le sommeil. Quelques instants plus tard, cependant, il s'est endormi et sa tête a penché vers la gauche, tout près de Jeremy.

Au même moment, Jeremy, presque endormi lui aussi, a vu que son frère dormait. Il a bougé un peu vers la droite pour que la tête de son frère s'appuie sur son épaule. Ensuite, il a eu un geste qui m'a beaucoup touché: sans se savoir observé, Jeremy s'est tourné et a embrassé tout doucement la tête de Matthew.

À ce moment-là, je me suis senti terriblement démuni. Car je savais que je ne trouverais jamais les mots, même en faisant tous les efforts possibles, pour décrire ce moment privilégié où mes fils sont devenus quelque chose de tellement plus profond que ce que nous imaginions. Quelque chose qui reste discrètement caché derrière ce que nous voyons, en attendant patiemment que nous en fassions la découverte. Quelque chose qui se trouve dans les premiers baisers maladroits, dans une mère qui berce son nouveau-né, dans un mari qui murmure le nom de sa femme, dans les doux moments de courage et de tendresse que l'on voit autour de soi et en soi.

J'ai beau chercher, je ne trouve pas les mots. Car il n'y a pas de mots possibles pour décrire ces manifestations de l'amour.

Jim Warda

Respire!

Je donne des cours prénataux et des cours sur l'éducation des enfants. Aussi arrive-t-il de temps à autre qu'une femme inscrite à mon cours me téléphone à la maison parce que ses contractions ont commencé et qu'elle a besoin d'un peu d'aide pour se rappeler comment faire ses respirations.

Un après-midi, alors que j'étais au téléphone avec une de mes élèves dont les contractions avaient commencé, le pasteur a sonné inopinément à la porte. C'est mon fils de trois ans qui lui a ouvert. Quand le pasteur a demandé où j'étais et ce que je faisais, mon fils a calmement répondu : « Maman est encore en train de respirer fort au téléphone; c'est son travail, vous savez. »

Dieu merci, mon pasteur savait que je donnais des cours de préparation à l'accouchement!

Lynn Noelle Mossburg

8

LA MATERNITÉ

*J'ai tout perdu dans
ma dépression postnatale.*

Erma Bombeck

Ma vie d'avant

Dans ma vie d'avant, celle que je vivais avant d'être réincarnée en mère de trois enfants, je portais des vêtements coordonnés et bien ajustés. Je me maquillais et me coiffais tous les jours. Je m'épilais les sourcils et me faisais les ongles. Toutefois, dans ma vie d'avant, personne ne laissait des miettes de biscuits mouillés sur ma joue après m'avoir embrassée, et personne ne me disait que j'étais belle dans mes vieux joggings.

Dans ma vie d'avant, je lisais le magazine *Time* et le journal tous les jours, je regardais autre chose que *Babar* et *Bugs Bunny*, et je dévorais des romans. Toutefois, dans ma vie d'avant, personne ne me demandait de lui lire *Les aventures de bébé lapin* à l'heure du coucher, et personne ne me demandait des petites voitures Tonka en cadeau.

Dans ma vie d'avant, j'avais une carrière et des amis qui mesuraient plus qu'un mètre. On me demandait mon opinion et on me confiait des projets importants de même que des informations confidentielles. Les gens avec qui j'avais des conversations ne me demandaient pas de leur préparer une collation, ni d'aller sur le pot, ni d'appeler un petit copain de jeu. Toutefois, dans ma vie d'avant, personne ne me demandait quelle était ma couleur préférée ou pourquoi le ciel est si bleu, et personne ne me demandait de chanter.

Dans ma vie d'avant, j'*avais* une vie. J'allais au gymnase, au restaurant et au théâtre. Je donnais des réceptions où le thème n'avait rien à voir avec *La Guerre des étoiles* ou *Winnie L'Ourson*. Je magasinais pour moi-même et me levais tard les samedis et dimanches. Toutefois, dans ma vie d'avant, personne ne me faisait des cartes de St-Valentin, et personne ne m'offrait des bouquets de pissenlits.

Dans ma vie d'avant, je voyageais et mes itinéraires de voyage ne dépendaient pas des parcs d'attractions, des piscines ou des heures de sieste. Les ruines Mayas du Yucatan, la plongée sous-marine dans les Caraïbes, la visite de musées en Italie, le théâtre Kabuki au Japon… C'est ce genre de merveilles qui m'intéressaient. J'étais maîtresse de ma route et de ma destinée. Toutefois, dans ma vie d'avant, personne ne me demandait de pousser plus fort la balançoire, et personne ne m'invitait à patauger dans des flaques de boue ou à me rouler dans la neige.

Dans ma vie d'avant, je contenais mes émotions. Je me gardais bien de marteler des pieds, de grincer des dents ou de m'émouvoir exagérément. Je conservais une attitude décontractée et aimable. Toutefois, dans ma vie d'avant, personne ne me tenait assez à cœur au point de me faire pleurer, et personne ne m'aimait inconditionnellement.

Dans ma vie d'avant, j'étais libre. Je poursuivais mes rêves et je décidais de mon propre chemin. Rien ne me bloquait la route. Toutefois, dans ma vie d'avant, la route était incertaine et je n'y voyais pas très clair. Personne ne me donnait de raison suffisante pour que je trouve mieux.

Aujourd'hui, je ramasse sans cesse le linge sale, les miettes, les jouets. On me tire par la manche et on me pousse, on me harcèle et on me cause des problèmes, on me marche dessus et on s'assoit sur moi, on me laisse assoiffée du moindre moment de solitude. Je suis toujours en jeans, toujours tachée de jus, toujours un peu cernée, toujours un peu décoiffée, je suis sous-payée et débordée. Parfois, je me demande même qui je suis et ce que je suis devenue. Un de mes enfants m'appelle alors immanquablement: « Maman! J'ai besoin de toi! » et tout s'éclaircit dans mon esprit.

Je suis le centre de l'Univers. Je suis MAMAN.

Gayle Sorensen Stringer

« Le téléphone sonne, le carillon de la porte d'entrée aussi, la sécheuse aussi et le four aussi. »

Chez nous

Il y a longtemps, quand mes trois garçons étaient petits, ma vieille amie d'école secondaire m'a invitée à dîner chez elle, dans un quartier huppé non loin de chez nous. Marge était enseignante, ne s'était jamais mariée et venait d'acheter un condominium.

Dès que je suis entrée chez elle, j'ai senti qu'il y avait quelque chose de particulier, mais je ne savais pas trop ce que c'était. J'ai posé ma main sur le comptoir de la cuisine tandis que j'en admirais le revêtement, et je me suis rendu compte qu'il y avait effectivement quelque chose de très spécial chez elle: son comptoir n'était pas collant. De fait, en faisant le tour de sa cuisine, j'ai vu qu'il n'y avait pas de beurre d'arachide sur les portes d'armoire, pas de flaques de jus de fruits sur le plancher, ni de miettes de biscuits sur les napperons de la table. Personne n'avait laissé le carton de lait sur le comptoir ou rangé la mayonnaise dans le frigo sans son couvercle.

Après le repas, nous sommes allées nous asseoir au salon pour boire un café, nous remémorer les « bons vieux jours » et nous informer de ce que chacun était devenu. Une chose m'a tout de suite frappée. Il n'y avait pas d'empreintes de doigts de toutes les grandeurs sur le couvercle de sa table tournante, et aucun de ses disques n'était tordu après avoir servi de frisbee.

Quand je me suis rendue à la salle de bains, je n'ai pas eu à enjamber un trafic de petites voitures *Hot Wheels*, un ramassis de rails de bois ou un sac de yo-yo. Moi qui vis avec quatre personnes de sexe masculin, j'entre toujours dans les salles de bains avec circonspection. Mais quand j'ai ouvert la porte de la salle de bains chez Marge, j'ai vu qu'il n'y avait pas de siège de pot à enlever de sur la toilette. Et — ô miracle! — le siège était baissé. J'ai jeté un coup d'œil derrière le rideau de douche. Pas de tortue ni de grenouille pataugeant dans la baignoire. Juste un délicat flacon de sels de bain parfumés à l'endroit où j'aperçois habituellement une grosse bouteille visqueuse de Bulles de bain format familial.

Au terme de cet après-midi merveilleux où nous nous sommes raconté nos vies, Marge et moi nous sommes quittées en nous promettant de remettre ça de temps à autre. Je suis ensuite montée dans ma vieille fourgonnette bringuebalante afin de rentrer à la maison, en me demandant quel genre de crises me rapporterait la gardienne à mon arrivée. Car on aurait dit que cela se passait toujours ainsi: quand je m'absentais pour relaxer un peu, les choses tournaient toujours mal à la maison. Lorsque je suis arrivée sur l'autoroute, j'ai ralenti afin de retarder l'inévitable. Je me suis apitoyée un peu sur mon sort. En chemin, j'ai flâné à l'épicerie, sans trop savoir ce que je cuisinerais pour souper.

Personne n'était dehors quand j'ai garé la voiture devant le garage. Pas même les chiens qui sortaient habituellement en sautillant. Une fois à l'intérieur de la maison, j'ai été accueillie par un silence inquiétant. « Où est tout le monde? » ai-je crié.

« Dans la salle de bains! » a crié quelqu'un.

« Allez, c'est reparti!, ai-je soupiré. Qu'est-ce qui s'est passé encore!?! »

Quand je suis allée déposer les sacs d'épicerie sur le comptoir de la cuisine, j'ai remarqué que tout était rangé et propre.

« On a rangé nos chambres et la cuisine, et maintenant on donne un bain aux chiens », a lancé fièrement mon aîné, alors que j'approchais de la salle de bains, me demandant ce qui s'y passait.

Nos deux labradors noirs étaient entièrement immergés dans les bulles de bain et, en m'apercevant, ils ont sauté hors de la baignoire comme deux gros ours blancs, m'ont fait tomber sur le plancher savonneux de la salle de bains, et m'ont léché le visage pour me souhaiter la bienvenue à la maison. Mes trois fils et les deux chiens trouvaient la situation très amusante. Nous glissions sur le plancher en éparpillant la mousse partout, en riant comme des fous.

Dans un éclair de lucidité, j'ai regardé la scène ridicule autour de moi et, je ne sais trop pourquoi, je me suis sentie désolée pour Marge.

Jackie Fleming

La plus belle chose à voir sur cette terre
est une mère de famille respectable.

George W. Truett

La redécouverte du monde

Ce qui est le plus génial quand on est mère, c'est qu'on revit son enfance. Tout se transforme en aventure: la chasse aux criquets dans la pelouse, la visite du zoo, la lecture d'un livre favori sous les couvertures. J'ai intégré mon rôle de mère avec facilité et j'aime beaucoup élever mes enfants.

J'ai trois fils: Phillip, mon garçon sérieux et intense de six ans; Ryan, mon petit rayon de soleil de quatre ans; et mon dynamique Adrien qui, à dix-huit mois, semble déjà connaître toutes les façons de se mettre dans le pétrin. Mes trois fils sont ma joie de vivre et j'ai aimé chaque journée de chaos que j'ai vécue à la maison avec eux jusqu'à maintenant. À notre grand étonnement, nous avons récemment découvert avec joie que nous attendions un autre enfant. Comme c'était ma quatrième grossesse, je ne m'attendais pas à vivre dans l'émerveillement cette expérience qui, disons-le, se caractérise en grande partie par de la fatigue incontrôlable, par des dérèglements hormonaux qui me laissent en larmes au moindre bouleversement, et par des envies irrésistibles d'oranges en pleine nuit, de pommes de terre au four au petit-déjeuner, et de poulet au curry à longueur de journée. La vie se développant dans mon corps était encore un miracle pour moi, certes, mais un miracle ordinaire qui ressemblait davantage au soleil qui se lève le matin et se couche le soir.

Quand nous avons appris la nouvelle de ma quatrième grossesse, nous avons décidé d'attendre quelques mois avant de l'annoncer aux enfants. Cependant, Phillip, mon petit adulte, a senti que quelque chose provoquait des conversations à voix basse avec ma mère et mes amies. Peut-être m'a-t-il entendu chuchoter, peut-être a-t-il lu le titre de mon livre écorné préféré sur la grossesse que j'avais ressorti, toujours est-il qu'il s'est tourné vers moi un jour et m'a dit: « Je veux une petite sœur. » C'est ainsi que le secret a été dévoilé et je ne pouvais en être plus heureuse.

Cependant, comme j'avais prévu attendre quelques années encore avant de leur parler des oiseaux et des abeilles, j'ai été prise de court lorsque mes deux plus vieux ont commencé à poser des questions: « Comment le bébé est-il arrivé dans ton ventre, maman? » a demandé Ryan. Phillip, toujours si logique, a dit: « Comment le bébé va-t-il en sortir? » J'ai tenté de leur donner les réponses toutes prêtes que ma mère m'avait données: l'histoire de la petite graine que le papa plante, comme le cultivateur qui sème une graine dans la terre. Mais mes réponses ne satisfaisaient pas Phillip. Lui, il voulait savoir où son papa avait pris la graine et comment il l'avait plantée là. C'étaient des questions qui me réjouissaient par la vivacité d'esprit qu'elles dénotaient, mais je me sentais bouche bée parce que je ne savais pas jusqu'où aller dans mes informations. En fin de compte, j'ai décidé de répondre à toutes les questions de façon la plus complète et honnête possible. J'ai utilisé un livre qui contenait des schémas de l'appareil reproducteur de la femme et de l'homme ainsi que des photos d'un fœtus en développement.

Le livre a suscité beaucoup de questions de la part de mes enfants, et il est même devenu leur livre d'images préféré. Phillip aimait les schémas faits comme des cartes géographiques. Il suivait avec son doigt le trajet de l'œuf dans la trompe de Fallope. Ryan, lui, examinait les photos des bébés et me demandait si « notre bébé » ressemblerait à ces bébés. Lorsqu'il a appris, par exemple, qu'un bébé commençait à se développer avec une petite queue avant d'avoir des bras et des jambes, il s'est inquiété à la pensée que notre bébé puisse en avoir une. Chaque jour, il me demandait: « Maman, est-ce que notre bébé a encore une queue? » Nous regardions alors le schéma de développement du fœtus pour voir si les jambes commençaient à se développer à l'étape où j'en étais. Il s'est senti rassuré seulement quand l'échographie de huit semaines a montré très clairement les petits bras et les bourgeons de jambes. Maintenant, Ryan veut savoir si le bébé grandit encore, si je le sens bouger et s'il peut lui aussi le sentir bouger. Il vient parfois me voir en courant et il embrasse mon gros ventre ou met sa main pour sentir le bébé bouger. Maintenant qu'il a appris que le bébé a des oreilles, il chante tout près de mon ventre. Phillip, lui, s'intéresse beaucoup plus à la mécanique de l'accouchement. Il a annoncé récemment qu'il voulait aller à l'hôpital avec moi pour guetter le bébé qui va naître! Quant à Adrien, j'aimerais bien savoir ce qui se passe dans sa petite tête. Il doit sûrement trouver qu'on fait tout un plat du fait que maman ait un gros bedon et moins d'espace sur ses genoux!

Cette grossesse qui s'annonçait si routinière et ordinaire m'apparaît toute nouvelle, comme un vieux jouet égaré qu'on retrouve tout à coup. C'est parce que je vis cette naissance imminente à travers les yeux de mes enfants. Je redécouvre des choses que j'avais oubliées, le véritable miracle de la vie, l'extraordinaire sensation d'un enfant qui bouge en soi, le bonheur pur d'entendre le cœur du bébé battre, la félicité de la maternité en plein épanouissement. Et tout cela grâce à mes trois fils, ils sont mes professeurs.

Francoise Inman

« *OUI!!! Il dort encore!!!!!* »

©*The Family Circus® par Bil Keane. Reproduit avec l'autorisation de Bil Keane.*

Ils iront bien

Je suis une mère célibataire de deux enfants. Quand mon plus vieux a commencé l'école, j'ai fait comme toutes les mères. Je suis restée plantée dans la cour d'école, muette, tandis qu'il a couru rejoindre ses nouveaux amis sans remarquer que j'attendais mon bisou. J'avais l'impression qu'on m'arrachait mon enfant et que je perdais à jamais son attention exclusive et sa dépendance.

Je disposais maintenant de beaucoup de temps avec mon plus jeune, qui avait trois ans de moins que l'aîné. En fait, je l'ai eu pendu à mes jupes durant trois ans. Il me suivait partout où j'allais. Il était dans tous les sens du terme « mon bébé ». Lui et moi avions un lien spécial. C'était mon petit homme. J'étais devenue si dépendante de sa présence durant ces trois années que je craignais le jour où il commencerait l'école, lui aussi. En plus, il me faudrait revivre tous les petits désagréments qui vont avec la rentrée scolaire: les rappels de vaccins, l'examen pour la vue, la visite chez le dentiste, les sacs à dos à acheter, les fournitures et tout le tralala... et pas seulement pour un mais pour deux enfants.

Pendant un certain temps, je travaillais de nuit. Un matin, après avoir dit au revoir à mon plus vieux qui partait pour l'école en autobus, je suis retournée dans la maison et j'ai entendu Jeremy dire à la gardienne qui repartait chez elle: « T'inquiète pas. Ze vais être zentil et me rendormir avec maman. » À cette époque, je dormais quelques heures et je me relevais pour assumer mes tâches de mère. Mon plus jeune m'aidait alors à faire le souper, car plus nous cuisinions tôt, plus j'avais du temps à passer avec son frère. Son frère descendait de l'autobus, jouait un moment, faisait ses devoirs, mangeait et prenait un bain. C'était alors l'heure de se coucher. Nous nous pelotonnions dans nos lits et nous retirions pour la nuit. Moi, cependant, je devais me lever trois heures plus tard pour aller travailler. C'est à ce moment-là que la gardienne arrivait. Jeremy l'entendait toujours arriver. Il venait alors dans le salon où elle étudiait pendant que je me préparais à aller travailler, et il la regardait étudier ou regardait la télé. Lorsque j'étais prête à partir, il me donnait plein de doux bisous.

Un matin, en revenant du travail, j'ai enlevé mon uniforme et je suis repartie rapidement. Je voulais faire des commissions avant de me coucher pour quelques heures. J'ai passé un temps fou à chercher un chandail rouge qui irait avec le short que j'avais acheté pour la rentrée scolaire de Jeremy. J'ai cherché et cherché. À un moment donné, il ne restait plus qu'un magasin à faire: Kmart. Heureusement, au rayon pour enfants de ce magasin, j'ai finalement aperçu sur le mur le chandail parfait. Je l'ai pris et j'ai dit: « Regarde, Jeremy, regarde! Il est parfait, ce chandail! » Je me suis retournée et Jeremy n'était pas là. Sachant très bien que les enfants aiment se cacher entre les rayons de vêtements, j'ai cherché autour et je l'ai appelé plusieurs fois, sans réponse. Plusieurs minutes s'étaient écoulées déjà, et je paniquais. J'ai crié son nom plusieurs fois. Un commis est venu me voir et m'a demandé si j'avais perdu quelque chose. J'ai crié: « Je ne trouve pas mon bébé! Quelqu'un a volé mon bébé! » Le gérant a ensuite demandé au commis de téléphoner à la police pour signaler une disparition d'enfant. Moi, j'ai fouillé tout le magasin à la recherche de mon bébé.

À un moment, un policier est venu me poser des questions. Je lui ai expliqué que mon fils était à côté de moi lorsque j'ai décroché le chandail sur le mur. Pendant que je cherchais une photo dans mon sac à main, le policier m'a demandé ce que mon fils portait au moment de la disparition.

J'ai commencé à lui décrire l'habillement de Jeremy: « Il portait des petites espadrilles blanches, un short en denim et un t-shirt jaune avec… Oh! mon Dieu! » Je suis devenue rouge d'embarras.

Le policier a dit: « Qu'est-ce qu'il y a? »

Je me suis mise à pleurer.

Il a demandé encore: « Madame, qu'y a-t-il? »

« Je suis tellement désolée! » ai-je lancé.

« Qu'est-ce qu'il y a, Madame? »

J'ai finalement répondit: « Il a commencé la maternelle aujourd'hui! »

Honnêtement, j'étais très embarrassée. J'ai payé le chandail et me suis rendue directement à l'école. Là, je me suis plantée devant la fenêtre de sa salle de classe. En le regardant jouer avec ses nouveaux camarades, je me suis rendu compte que j'étais seule maintenant. Que durant le jour plus personne ne me suivrait partout, ni ne me questionnerait sur le comment et le pourquoi des choses. Je suis restée devant la fenêtre de sa classe en me rappelant la première fois que je les avais tenus dans mes bras, lui et son frère, et j'ai pleuré.

Le jour suivant, je suis restée longtemps à regarder près des portes de l'école. Le directeur s'est approché de moi, m'a pris la main et m'a dit: « Madame, je vous promets qu'ils iront bien! »

Patsy Hughes

Rimes et raisons

Quand on a une marmaille à soi, les autres formes de réussites et de réalisations perdent de leur importance.

Theodore Roosevelt

Alors que je chantais des berceuses à mon fils nouveau-né, je réfléchissais à ma décision. La mélodie nous calmait tous les deux.

Lorsque je repense à Patrick, mon premier-né, je me souviens à quel point les premiers mois ont été difficiles. Quand il était agité, j'allais puiser dans mes années d'enseignement, et je lui chantais une rime ou deux.

Patrick est né à la fin du mois d'août. Pour moi, enseignante, cette période était synonyme de rentrée scolaire. Les visages réjouis des élèves me manquaient, de même que l'odeur de renfermé des salles de classe qui n'avaient pas été ouvertes de tout l'été. Avais-je fait le bon choix de rester à la maison avec mon bébé? Aurais-je dû continuer d'enseigner après avoir accouché? Allais-je perdre le contact avec mes collègues? Disparaître graduellement du milieu?

Même si je me sentais un peu déchirée, je savais que voir mon bébé grandir et devenir un petit garçon était quelque chose que je ne voulais pas manquer. Avant, les matins où il neigeait, je déglaçais le pare-brise de mon auto pour me rendre au boulot. Maintenant, je restais sous les couvertures avec mon bébé et nous regardions la neige tomber. C'était toujours spécial aussi de passer un après-midi au musée, d'aller à la bibliothèque ou de faire une promenade à pied dans le quartier avec mon fils. La majeure partie de mes activités étaient centrées sur mon bébé, mais je trouvais aussi le temps de coudre et de lire, des luxes dont j'avais très rarement l'occasion de profiter auparavant. J'ai aimé lui confectionner ses costumes d'Halloween. J'ai aimé pendre à la cheminée son bas de Noël sur lequel j'avais tant travaillé pour y appliquer des paillettes.

Malheureusement, nous, les mères à la maison, sommes souvent incomprises. De temps à autre, on me demande : « Pourquoi gaspilles-tu ta vie et ta carrière en restant à la maison ? » Ma réponse est simple : « Je pourrai toujours revenir à l'enseignement, mais jamais je ne pourrai revivre ces merveilleux moments de ma maternité. » Comme c'est triste : je ne devrais pas avoir à me justifier et à défendre ainsi le travail le plus important du monde, celui de mère. Cela fait six ans que j'ai pris ma décision. Et je peux vous dire que j'ai éprouvé autant de bonheur que la première fois à voir deux autres bas de Noël au-dessus de la cheminée (oui, avec des paillettes également !). Je suis fière également de la galerie de costumes que j'ai créés depuis le mois d'octobre qui a suivi la naissance de mon aîné.

Hier soir, je me suis approchée de la chambre de mes fils. J'ai entendu Anthony parler à ses chiots imaginaires, puis Dominique pleurnicher pour avoir de l'attention. Je m'apprêtais à entrer dans la chambre pour réconforter mon petit dernier quand j'ai eu l'agréable surprise d'entendre mon aîné chanter ces mêmes rimes de ma période d'enseignement pour calmer son plus jeune frère.

Dans l'embrasure de la porte, mon cœur s'est empli d'une nouvelle mélodie. Une pensée m'a alors traversé l'esprit: je n'avais pas du tout abandonné l'enseignement!

Antionette Ishmael

Un peu de ménage

J'ai soupiré fort en passant l'aspirateur dans le couloir. Une demi-journée de ménage et je n'étais toujours pas prête à recevoir la visite distinguée qui arriverait d'une minute à l'autre! Mes quatre jeunes enfants allaient et venaient en laissant dans leur sillage des jouets, des miettes et des chaussures dans tous les endroits que je venais de ranger. Et que dire des portes vitrées du salon: je les avais frottées un peu plus tôt et elles étaient déjà pleines d'empreintes de doigts, de petits nez, de fronts… Il y avait aussi des traces de… *Qu'est-ce que c'est? … Des taches de beurre d'arachide et de biscuits Oreo. Ah! Ces pestes!* Presque en larmes, je me suis effondrée sur le canapé. Le téléphone a sonné. « Allo? » ai-je répondu en grommelant.

« Bonjour, trésor », a dit ma mère à quelques centaines de kilomètres de chez moi, assise sur son propre canapé. « Es-tu occupée? »

« Oh! T'as pas idée! ai-je répondu, exaspérée. Nous attendons des invités et je n'arrive pas à ranger la maisonnée correctement, et les enfants… »

« Ça me rappelle ta dernière visite avec les enfants, m'a-t-elle interrompue. Moi aussi, je devrais en faire un peu. Du ménage, je veux dire. Le miroir au-dessus du canapé, par exemple, est plein de marques de doigts. Ce sont tes enfants qui les ont faites lors de votre dernière visite, le mois dernier. Mais tu sais, je regarde ces marques de doigts et je ne me résous pas à les essuyer. Tu sais, quand mes amis viennent, je les leur montre en disant que ce sont de petits chefs-d'œuvre sans prix! »

Mon regard a fait le tour de la pièce. Un biscuit à moitié mangé ici, des chaussettes mouillées là, des petites piles de livres d'images un peu partout. J'ai souri. Pour couronner le tout, il y avait un véritable chef-d'œuvre peint à la main sur les portes vitrées… Un chef-d'œuvre non numéroté, unique et sans prix. Ma collection personnelle inestimable!

Carol McAdoo Rehme

Le premier câlin

La seule chose qui compte dans la vie, c'est l'autre qu'on serre dans ses bras.

Anonyme

La journée avait été longue, et il n'était que quinze heures. Ma fille de quatorze mois, Lucy, perçait ses dents. Elle n'avait pas dormi de la nuit et de la journée. Moi non plus d'ailleurs. Rien ne semblait la consoler. Je ne savais plus quoi faire, j'arrivais au bout de mon rouleau. Pour couronner le tout, mon mari était à l'extérieur de la ville pour quelques jours, et la canicule du mois d'août rendait la situation encore plus pénible pour Lucy et moi. Mon cœur avait mal pour elle, et ma tête allait exploser.

Vers seize heures, Lucy s'est remise à pleurer parce qu'elle avait perdu Barney sous le divan et Elmo sous le fauteuil. Après avoir retrouvé ses peluches, j'ai bercé Lucy en la câlinant. Puis, en la tenant sur ma hanche gauche, je suis retournée à ce que je faisais: nettoyer des petits pois écrasés sur le carrelage de la cuisine et des morceaux de banane brunie dans les fentes de la chaise haute. Je me suis mise à songer aux étudiants de deuxième cycle à qui j'avais cessé d'enseigner depuis que Lucy était née.

À l'époque où je n'avais pas d'enfant, je m'étais juré que je ne deviendrais jamais une de ces mères qui rangent et cuisinent toute la journée en robe d'intérieur, les cheveux en bataille, des pantoufles en tissu-éponge dans les pieds. Pourtant, voilà que je me retrouvais avec une tête à faire peur, les yeux rougis et cernés de fatigue. J'avais encore mon peignoir sur le dos et je n'avais pas encore pris ma douche.

Comme Lucy pleurait à mes pieds si je ne l'avais pas dans les bras, je la gardais donc avec moi et je lui chantais des chansons tout en faisant le ménage. J'ai commencé par *Au clair de la lune* et, quelques minutes plus tard, je me suis surprise à chanter *Prendre un verre de bière, mon minou*. Mes chansons ont calmé Lucy, mais pas longtemps. À un moment donné, elle a laissé sortir un gémissement qui s'est rapidement transformé en pleurs. J'ai cessé mon ménage et lui ai tapoté le dos. Mes caresses ne l'ont pas consolée. Elle a plutôt laissé sortir un cri qui a sûrement alerté tout le voisinage.

J'ai emmené Lucy faire une promenade en poussette, je lui ai lu son livre favori, j'ai essayé de la chatouiller, je lui ai proposé son jeu préféré. Peine perdue. J'ai essayé de chanter encore. En vain. Chose certaine, elle était crevée. Cependant, chaque fois que je m'approchais de son lit avec elle, elle pleurait à chaudes larmes et s'accrochait à moi en criant « Nooon ».

Je savais que je devais la coucher, mon corps épuisé me le disait aussi, mais je ne m'y résignais pas. Une fois revenue dans la cuisine avec Lucy, j'ai regardé ses yeux bleus bordés de rouge; de toute évidence, elle avait besoin de se reposer. *Dors, merde!* criait une voix dans ma tête, chose que je ne révélerais jamais à mes amis qui ont des enfants.

Vers dix-sept heures, j'ai essayé une cassette vidéo de Barney et de la glace au chocolat. J'ai eu droit à un peu de répit. Je me suis effondrée sur le canapé à côté d'elle en me disant que j'étais peut-être maladroite comme nouvelle mère. Est-ce que je faisais ce qu'il fallait?

La noirceur est tombée sans que je m'en aperçoive. Je me suis dit que je pourrais probablement coucher ma fille plus tôt que d'habitude ce soir-là. Elle a monté les marches devant moi, ses petits bras levés au-dessus de sa tête pour me tenir les deux mains, ses doigts de poupée accrochés aux miens. Rendue en haut de l'escalier, elle a laissé sortir un long soupir. « Moi aussi, Lucy », lui ai-je dit doucement en la prenant dans mes bras.

Je l'ai posée sur la table à langer. J'étais fatiguée comme je l'avais rarement été. J'avais l'impression d'être vidée de cet amour radieux, immense et indestructible que je ressentais d'habitude pour ma fille et cela me manquait. Je n'étais pas habituée de me sentir aussi irritée, aussi dépassée.

Sans dire un mot, j'ai mis à Lucy son pyjama Mickey Mouse. Silencieuse et plutôt calme, elle s'est mise debout pour que je remonte la fermeture éclair de son pyjama. J'ai respiré l'odeur de bébé de sa tête et j'ai caressé les petites boucles blondes qui chatouillaient mon menton. Une certaine tristesse m'étreignait. Ce n'était pas ainsi que je voyais ma vie de mère.

Soudain, Lucy a mis ses bras autour de mon cou en me serrant très fort. Ses petites mains, son petit corps m'ont attirée vers elle et elle a pressé sa joue contre la mienne. Il ne m'a fallu qu'un instant pour comprendre.

« Elle me serre dans ses bras! Elle me serre dans ses bras! » voulais-je crier. « Elle me serre dans ses bras pour la toute première fois. » Je voulais appeler mon mari, une voisine, n'importe qui pour leur montrer ce que ma fille venait de faire pour la première fois.

Nous sommes restées collées quelques instants, elle dans son pyjama rouge, debout sur la table à langer, ses bras autour de mon cou, sa joue pressée contre mon épaule gauche. « Oh, Lucy… », lui ai-je murmuré la gorge serrée. J'aurais voulu que l'étreinte dure toujours.

Lucy m'a relâchée, prête pour d'autres aventures. Elle était prête également à se coucher avec ses peluches et sa douce couverture préférée. Je suis demeurée près de son lit en la regardant. Elle était si belle ainsi couchée avec son ourson dans ses bras et ses yeux azurés sur moi. Je lui ai caressé le front comme je le fais chaque soir et j'ai remonté sa couverture jusqu'à son menton.

Quand je suis sortie de la chambre de Lucy, j'avais maintenant toute ma soirée à moi seule. Pourtant, cette précieuse solitude ne me semblait plus aussi importante alors que la fatigue ne me pesait plus autant. Je pensais plutôt au tout premier câlin de ma fille. Je me comptais chanceuse de l'avoir reçu.

Martine Ehrenclou

Un peu de temps
pour maman

Tout ce dont j'ai besoin, ce matin, c'est une petite demi-heure de temps, seule. Trente minutes de paix et de tranquillité pour m'aider à ne pas devenir folle. Pas de « Maman, pourrais-tu…? » « Maman, j'ai besoin de… » « Maman, il m'a frappé! » « Maman, j'ai renversé du jus sur le canapé! »

Seulement moi, un bain chaud moussant, et le néant.

Je ne devrais pas avoir d'aussi grandes espérances… Après le départ de mes deux plus vieux pour l'école, j'installe le plus jeune devant la télé pour son émission *Barney et ses amis* et je lui dis: « Trésor, écoute-moi bien. Ta maman va craquer, elle va perdre la boule. Elle va bientôt subir des dommages permanents de sa personnalité. C'est parce qu'elle a des enfants. Est-ce que tu me suis ? »

Il hoche la tête d'un air absent en chantant la chanson de Barney.

« Bravo. Maintenant, tu vas être un bon petit garçon, tu vas rester sagement assis et regarder Barney pendant que maman prend un bon bain chaud , calme et apaisant. Je ne veux pas que tu me déranges. Je veux que tu me laisses tranquille. Pendant trente petites minutes, je ne veux ni te voir ni t'entendre. Tu me comprends? »

Il hoche la tête encore.

« Bonjour, les jeunes amis!... » dit Barney à la télévision.

Je me dirige vers la salle de bains, les doigts croisés.

Je regarde l'eau remplir la baignoire. Je regarde le miroir et la fenêtre s'embuer. Je regarde l'eau devenir bleue après l'ajout des sels de bain. J'entre dans l'eau.

J'entends frapper à la porte.

« Maman? Maman? Es-tu là, maman? »

J'ai appris il y a très longtemps qu'ignorer un enfant ne le fait pas s'en aller.

« Oui, je suis ici. Qu'est-ce que tu veux? »

Il y a un long silence pendant que mon fils essaie de décider ce qu'il pourrait bien vouloir.

« Euh... je peux avoir une collation? »

« Tu viens de déjeuner! Tu ne peux pas attendre quelques minutes? »

« Non, je meurs de faim. Je veux une collation tout de suite! »

« D'accord. Tu peux te prendre une petite boîte de raisins secs. »

Je l'entends se rendre à la cuisine, pousser chaises et tabourets afin d'ouvrir les armoires pour tenter d'atteindre la tablette des raisins secs. Le plancher vibre lorsqu'il saute ensuite du comptoir et court se rasseoir devant son émission.

« Bonjour, Susie! Peux-tu me dire de quelle couleur est le gazon? » demande Barney.

Toc, toc, toc. « Maman? Maman? Es-tu là, maman? »

Soupir. « Oui, je suis encore ici. Qu'est-ce que tu veux maintenant? »

Silence. « Euh… j'ai besoin de prendre un bain aussi. »

Évidemment.

« Trésor, tu ne peux pas attendre que j'aie fini? »

La porte s'ouvre juste un peu. « Non, il faut vraiment que je prenne un bain. Je suis sale. »

« Tu es toujours sale! Depuis quand est-ce que ça te dérange? »

La porte s'ouvre toute grande. « Il faut vraiment que je prenne un bain, maman. »

« Non, c'est pas vrai. Va-t'en! »

Il reste au beau milieu de la salle de bains et commence à enlever son pyjama.

« J'ai juste à te rejoindre dans l'eau et prendre un bain aussi. »

« Non! Tu ne viens pas me rejoindre dans l'eau pour prendre un bain! Je veux prendre mon bain toute seule! Je veux que tu t'en ailles et que tu me laisses seule! » À m'entendre, on dirait que j'ai trois ans comme le garçon avec qui je me dispute. Il grimpe sur le bord de la baignoire et se balance avec précaution: « Je vais juste aller dans l'eau avec toi, d'accord? »

Je commence à crier: « Non! J'suis pas d'accord! Je veux mon propre bain, à moi seule! Je ne veux pas le partager! Je veux être toute seule! »

Il semble pensif un moment et dit: « D'accord! Je vais rester assis ici et tu vas me lire un livre. Je ne vais pas entrer dans l'eau, maman, tant que tu n'auras pas fini. » Il me fait alors un beau grand sourire charmeur.

Voilà donc que je passe ma demi-heure matinale de solitude à lire *Le poisson Arc-en-ciel* à un garçon de trois ans flambant nu assis sur le bord de la baignoire, les bras autour de ses jambes repliées contre lui, le menton reposant sur les genoux, un léger sourire aux lèvres. Pourquoi lutter? Il viendra vite le jour où j'aurai tout mon temps à moi. Et ce jour-là, je regretterai probablement que mes enfants ne passent plus assez de temps avec moi.

Crystal Kirgiss

Faites que…

Mon Dieu, je vous en prie, faites que je ne rate pas ces moments que je devrais passer avec mon enfant. Faites que je le prenne plus souvent dans mes bras pour sentir son petit corps blotti contre moi. Un jour, il sera trop grand pour ça.

Faites que je m'assois souvent près de lui pour sentir le parfum de ses cheveux propres et respirer la merveilleuse odeur de sa peau de bébé. Un jour, il ne sentira plus aussi bon.

Faites que je profite des moments où je le change de couche pour jouer avec ses minuscules orteils, chatouiller son ventre et augmenter son confort. Un jour, il me demandera de quitter la pièce et de fermer la porte pour s'arranger tout seul.

Faites que j'aille plus souvent me promener en poussette avec lui pour contempler son petit visage qui regarde, émerveillé, le monde autour de lui. Un jour, il marchera tout seul et n'aura plus besoin de son landau.

Faites que je reste plus longtemps à son chevet le soir pour le regarder sombrer dans un sommeil paisible. Un jour, ce n'est plus dans son lit qu'il fera tous ses rêves.

Faites que je le fasse rire chaque jour. Un jour, ses rires ne seront plus ces doux gazouillis.

Faites que je savoure toutes les étapes de son développement. Bien assez tôt, les petits miracles qu'il aura appris comme boire dans un verre et marcher feront partie de l'ordinaire.

Faites que je puisse lui dire à quel point je l'aime. Il y aura des moments où il ne voudra plus s'asseoir sagement pour m'écouter le lui dire.

Faites que je continue à l'écouter même lorsqu'il aura appris à parler. Les gens ont tendance à écouter moins attentivement les enfants une fois que ceux-ci ont appris à parler.

Faites que je prenne le temps de jouer à cache-cache et à coucou. Le jour viendra où il ne voudra plus participer à des jeux « trop bébé ».

Faites que je sois toujours contente de l'entendre m'appeler *Maman*, même quand le mot est crié et accompagné de larmes. Le jour viendra bien assez vite où il ne dira plus « ma maman » mais « ma mère ».

Faites que je sois tout pour lui en ce moment. Le jour viendra où je verrai avec nostalgie mon enfant découvrir le monde à l'extérieur de mes bras.

Faites que je savoure tous ces moments et beaucoup d'autres aussi, même lorsque je suis occupée, fatiguée ou dépassée, car je m'en voudrais de regarder en arrière en me disant que j'ai donné priorité à des choses moins importantes que mon fils.

Oui, mon Dieu, je veux que mon fils devienne un homme fort, aimant et intelligent, mais faites que cela n'arrive pas du jour au lendemain, car tout ce qui me restera un jour, ce seront les souvenirs.

Michelle Mariotti

Joyeux anniversaire à moi-même!

Il existe toutes sortes de cartes de souhaits, mais je n'ai jamais trouvé celle que je voulais pour cet événement. J'ai longuement cherché dans les présentoirs des magasins. J'ai vu des cartes qui célèbrent dix ans de mariage, vingt-cinq ans de service, la création d'une entreprise. J'en ai vu d'autres qui convenaient pour une mortalité, une naissance, une hospitalisation, une graduation et j'en passe, mais je n'ai jamais trouvé de carte pour l'anniversaire que je célébrerai bientôt. Cet anniversaire n'est pas reconnu ni souligné dans notre culture, et pourtant il marque le moment où j'ai vraiment atteint ma majorité, le moment où j'ai compris ce qu'était véritablement l'amour inconditionnel. Cet anniversaire tombe le même jour que l'anniversaire de naissance de mon aînée: c'est l'anniversaire de ma maternité.

Faisons un petit retour en arrière. J'ai été la première de mon cercle d'amies à me marier et la première à devenir enceinte. Le terme « élargir » ses horizons a alors pris un tout nouveau sens: j'ai regardé mon ventre grossir, avec émerveillement et inquiétude. Je me sentais à la fois fascinée et inconfortable lorsque mon bébé bougeait en moi. Pour en apprendre davantage, je regardais les bébés des autres: des bébés qui faisaient tranquillement leurs dents dans leur poussette, qui dormaient paisiblement dans les bras de leur mère, qui gazouillaient devant leur nourriture au restaurant. J'imaginais mon enfant avec un teint de pêche et un tempérament parfait comme ceux qui sont dans les livres. Je ne voyais plus mes pieds à cause de mon gros ventre, mais je voyais mon rôle de mère se profiler dans mon esprit.

Trois jours après la date prévue pour mon accouchement, j'ai eu une discussion sérieuse avec mon bébé. « Nous sommes prêts à vivre une relation plus concrète », lui ai-je dit d'un ton que je voulais cajoleur. « Il est temps de sortir », ai-je ajouté pour être certaine de bien me faire comprendre.

J'ai posé des écouteurs sur mon ventre et j'ai fait jouer une marche militaire de Sousa au lieu de l'habituel Mozart. J'ai joggé sur place. Ensuite, j'ai monté et descendu l'escalier autant de fois que pour grimper la tour Eiffel. Quand je me suis finalement couchée, je me sentais comme un gros bateau non amarré. J'ai roulé et tangué. Puis j'ai volé l'oreiller de mon mari pour appuyer mon ventre. Au moment même où j'allais m'endormir, j'ai senti les draps se mouiller.

« Oh! Je perds mes eaux! » ai-je crié. L'humidité et le cri ont réveillé mon époux. « Tes eaux ont crevé », a-t-il dit, tout fier de ses connaissances prénatales.

Tout à coup, j'ai eu peur. Qu'allait-il se passer? Qui était cette personne qui avait grandi en moi pendant neuf mois?

Une contraction est alors apparue, interrompant ma réflexion. Dans la voiture et à l'admission de l'hôpital, j'ai essayé de bien respirer entre les contractions. J'essayais d'imaginer cet enfant dans notre vie, mais je m'efforçais surtout de ne pas crier trop fort car ça faisait mal.

Dès que j'ai vu mon bébé, j'ai oublié toute la douleur. Un amour viscéral, profond et féroce m'a prise d'assaut. Chaque cellule de mon être vivait pour cette petite créature un peu visqueuse.

« Est-elle censée avoir cette allure? » a demandé mon mari en prenant notre fille dans ses bras. Ses paupières étaient tachées de rougeurs, sa peau tirait sur le jaune, ses cheveux étaient noirs et épars.

« Oui, ai-je répondu, c'est exactement l'allure qu'elle est censée avoir! »

Toutes les fois où j'avais imaginé ma vie de mère, je voyais mon enfant s'adapter instantanément à ma vie, qui demeurait pleine et intéressante. Dans mes pensées, mon bébé s'intégrait parfaitement à mon horaire tel un morceau de casse-tête égaré.

Cette vision idéaliste de ma vie de mère a duré à peine trois heures. J'ai ramené ma fille de l'hôpital, je l'ai nourrie et je me suis battue avec les bandes adhésives de sa couche avant de la bercer jusqu'à ce qu'elle s'endorme. Ensuite, je l'ai déposée précautionneusement dans son berceau.

C'est à ce moment-là que c'est arrivé: « As-tu vu ça? » ai-je demandé à mon mari. « Elle s'est étirée! » Je suis restée à côté du berceau pour voir quel autre miracle ma fille pouvait faire. D'une certaine façon, je suis à côté d'elle depuis ce moment-là.

Chaque année depuis sa naissance, j'organise une charmante fête pour l'anniversaire de ma fille. Après une de ces fêtes toujours grandioses, je me suis assise, épuisée, parmi les flaques de crème glacée et les miettes de gâteau. Il y avait des rubans et du papier d'emballage partout. En prenant une fleur de pâte d'amande sur le reste du gâteau, j'ai pris conscience tout d'un coup que ce n'était pas seulement l'anniversaire de ma fille, c'était aussi l'anniversaire du jour où je suis devenue mère.

Le jour où l'on devient mère est un des rares moments inoubliables qu'on ne célèbre pas. Que l'on ait accouché d'un enfant ou qu'on l'ait adopté, la maternité est un choix qui transforme d'une manière permanente la façon dont on se perçoit et dont on voit la vie. C'est le moment de notre existence où l'on fait le choix de vraiment prendre soin d'un autre être humain. Cet engagement va plus loin que les mots ou les symboles. Il est imprégné dans notre être, ancré dans notre cœur. C'est pourquoi j'ai décidé de souligner et célébrer cet événement, mais je n'ai rien trouvé de tout le cérémonial habituel: pas de cartes pour l'occasion, pas de bouquet d'anniversaire-de-maternité et pas d'assortiments de chocolats. (Quoique ce pourrait très bien être une carte faite au crayon et pliée à la main, un bouquet disparate de pissenlits et de marguerites cueillis sur les terrains des voisins, ou des chocolats à moitié écrasés et goûtés, remis en hâte dans la boîte.)

Je me suis rendu compte aussi que cet anniversaire ne risquait pas de faire l'objet d'une cérémonie publique (quand j'ai mentionné seulement l'idée à ma fille, elle m'a jeté un regard inquiet: Quoi? Tu ne vas pas déranger mon anniversaire avec cette histoire, n'est-ce pas?) Alors je me suis dit que je célébrerais en privé.

J'en ai parlé à mes amies. J'en ai parlé à mon mari. J'ai appelé ma mère et lui ai raconté de nouveau la naissance de ma fille. L'anniversaire est devenu un moment de réflexion et de gratitude, un moment pour apprécier la richesse de mon rôle de mère.

Cette année, je me suis réveillée avec un sentiment d'émerveillement. « Bon anniversaire », me suis-je souhaité à moi-même devant le miroir de la salle de bains. J'imaginais un auditorium rempli de gens. J'entendais un tonnerre d'applaudissements pendant que je montais sur la scène. La voix de l'animatrice a retenti: « Une autre année de service, une autre année d'entraînement rigoureux, une autre année d'efforts, une autre année de souplesse (à cet instant l'animatrice vérifie ses notes). En vérité, ajoute-t-elle, seulement cinq mois de véritable souplesse. » La foule applaudit et je vois ma fille qui salue et siffle dans la foule. Je ne veux jamais cesser d'apprendre d'elle. Elle m'enseigne ma plus grande leçon sur l'art d'aimer. Je la regarde dans les yeux tandis que je m'adresse à la foule: « Vivement de nombreuses autres années! »

Deborah Shouse

Comme si c'était hier...

Je m'en souviens comme si c'était hier...
Quand les contractions ont commencé,
J'ai pris mon gros ventre dans mes mains
Et j'ai dansé avec ton père en criant:
« C'est le grand jour! C'est le grand jour! »

Je m'en souviens comme si c'était hier...
Tu es venue au monde le visage rouge,
    le cri perçant.
Tes pleurs devenaient gazouillis
    quand je te prenais.
Ma tristesse devenait joie quand tu me serrais.
J'étais envoûtée par la vie qui t'habitait.
Hier nous ne faisions qu'un,
Aujourd'hui nous sommes devenues deux.

Je m'en souviens comme si c'était hier...
Quand tu avais des coliques en pleine nuit,
Nous faisions une longue promenade avec toi,
Nous arpentions les escaliers,
Puis le salon,
Puis la cuisine,
Puis la salle à manger,
Puis l'atelier.
Nous inventions toutes sortes de chansons,
Puis nous les rechantions,
Encore et encore,
Dix fois, vingt fois, cent fois,
Jusqu'à ce que tes pleurs cessent,
Jusqu'à ce que tu sois calme.

Je m'en souviens comme si c'était hier…
Ton premier bain dans l'évier,
Ta première purée,
Tes premiers pas hésitants,
Ton premier mot clairement prononcé:
« mama ».

Je m'en souviens comme si c'était hier…
Ton premier anniversaire,
Vêtue d'une couche et... de glaçage à gâteau.
Je t'ai aidée à déchirer l'emballage,
J'ai fait danser ton nouvel ourson,
Mais tu as tourné le dos à l'ourson
Et tu as joué avec le papier d'emballage.

Je m'en souviens comme si c'était hier…
Au récital de danse,
Tu personnifiais une abeille.
Les autres abeilles volaient partout,
Elles tourbillonnaient sur la scène.
Toi, tu es restée plantée là, pétrifiée,
Les yeux rivés sur les spectateurs,
Sans bouger un seul muscle,
Jusqu'au moment de saluer.
Mais alors tu as salué une fois, deux fois, dix fois.
Et moi j'ai applaudi une fois, deux fois, dix fois
Jusqu'à ce qu'un homme placé trois sièges
    derrière moi me demande d'arrêter.

Je m'en souviens comme si c'était hier…
À ton premier jour d'école,
Nous avons sauté à la corde devant la maison

Jusqu'à ce que ton autobus arrive
Pour t'arracher à moi.
J'ai alors enroulé la corde autour de mon cou,
Comme pour me faire un collier,
Et j'ai gardé ce collier tout l'avant-midi,
Je l'ai gardé en faisant le ménage,
Je l'ai gardé en pleurant ton départ,
Jusqu'à ce que tu reviennes pour m'embrasser,
Me sourire et me raconter
Quel endroit formidable
Était la maternelle.

Je m'en souviens comme si c'était hier…
Tu as perdu ta première dent.
Tu as frappé ta première balle.
Tu es restée dormir chez une amie
Pour la toute première fois.

Je m'en souviens comme si c'était hier…
Tu as gagné le concours de dictée de ta classe,
Puis celui de l'école,
Puis celui de la région,
Ensuite on t'a invitée au concours national
Nous y sommes allées presque en volant de joie.
Quatre jours de visites et de plaisirs,
Quatre jours de souvenirs pour toute la vie.
On se fichait bien que tu ne gagnes pas
        au premier tour les finales nationales.

Je m'en souviens comme si c'était hier…
Ton premier rendez-vous amoureux
Et ton tout premier bouton:

Les deux dans la même journée.
Je suis restée assise par terre
Au pied de la porte verrouillée de la salle de bains
Jusqu'à ce que tu cesses de pleurer
Et que tu me laisses te consoler,
Comme les mamans sont censées le faire.

Je m'en souviens comme si c'était hier…
Ton permis de conduire,
Ton premier accrochage,
Ton premier bal de finissants.

Je m'en souviens comme si c'était hier…
Ma propre mère qui est morte.
Tout le monde a été gentil avec moi,
Tout le monde a essayé de me réconforter,
Mais toi seule as su le faire vraiment.
Tu as pris quelques vêtements de ta grand-mère,
Sa robe de nuit, son peignoir, une robe,
Et tu nous as enveloppées dans son parfum.
Tu as sorti de vieilles photos d'elle,
Et nous avons ri et pleuré jusqu'à l'aube.

Je m'en souviens comme si c'était hier…
Nous t'avons conduite à l'université
À des centaines de kilomètres de la maison.
Le jour suivant tu as téléphoné (à frais virés!)
Pour dire que tu avais pleuré
Durant trois heures d'affilée après notre départ.
Je comprenais. J'avais pleuré durant six heures.

Je m'en souviens comme si c'était hier…
Tu étais mon bébé.
Maintenant, tu vas avoir ton propre bébé.
Malgré cela, tu seras toujours mon bébé.
Toujours.
Même quand le bébé de ton bébé aura un bébé,
Tu seras toujours mon bébé,
Et je m'en souviendrai toujours
    comme si c'était hier.

Lynn Plourde

Cadeau parfait
pour mère imparfaite

*Méfiez-vous : les plus beaux cadeaux ne sont
pas tous emballés dans du joli papier.*

H. Jackson Brown

Jour de la fête des Mères, cinq heures du matin. Du
fond de mes rêves, j'entends la sonnerie agaçante du
réveille-matin. Il me vient un éclair de compassion
pour mon mari qui doit se lever de si bonne heure.
Cependant, une fois le brouillard du sommeil dissipé, je
me rends compte que l'alarme du réveil m'est destinée.
Je sors une jambe des draps, mais l'air frisquet de
l'aurore me la renvoie rapidement dans la douce chaleur de mes couvertures. L'alarme sonne encore et mon
mari me pousse gentiment dans le dos. Je me résous
finalement à me lever.

Alors que la plupart des autres mères de famille
dorment encore, rêvant de déjeuner au lit et de fleurs, je
dois me dépêcher de me préparer pour aller travailler.
Ce dimanche est un dimanche comme les autres à
l'hôpital où je travaille. Pas de congé pour bon comportement. Pas de reconnaissance particulière pour toutes
les nuits passées à me lever pour consoler mes petits,
pour toutes les heures consacrées aux leçons et devoirs
(moi qui pensais en avoir terminé avec les devoirs
quand j'ai reçu mon diplôme…), pour tous les repas
accueillis d'un « j'aime pas ça ». Dans la cuisine, je
bois mon café et j'évalue mon bulletin comme mère,

ma fiche de rendement. Pour avoir élevé ma fille de treize ans pleine d'entrain, je me donne un B+. Elle est attentionnée et aimable, et elle a encore un bon sens de l'humour compte tenu du fait qu'elle entre dans les eaux tumultueuses de l'adolescence. Quant à ma fille cadette, je mérite sûrement un A pour l'effort, mais c'est une autre histoire pour les résultats: j'avais probablement besoin de refaire le cours une seconde fois. Plus jeune, cette enfant était du genre à proposer régulièrement d'expédier sa nourriture aux petits Chinois affamés parce que ma cuisine « goûtait trop mauvais » pour qu'elle la mange. Lorsque j'allais la chercher à l'école, elle m'accueillait souvent avec des yeux qui disaient clairement: « Oh! Tu es encore ma mère. Je croyais qu'il y avait eu échange à la naissance et qu'on m'enverrait ma vraie mère! » Par contre, j'étais bonne à quelque chose. Quand je portais un vêtement ou un bijou qu'elle aimait, elle ne se gênait vraiment pas pour déclarer qu'elle le voulait.

Mes pensées sont interrompues par un bruit de pas dans l'escalier. Ce n'est pas le pas lourd de mon mari, ni le pas « deux marches à la fois » de mon aînée. C'est le pas traînant de ma plus jeune, pas du tout habituée d'être debout aussi tôt. Elle descend l'escalier, portant un t-shirt qui dit: « Je ne fais pas le quart du matin. » Comme ce slogan lui va bien!

Elle vient s'asseoir sur mes genoux. Ses longues jambes un peu maigres pendent gauchement au bout de la chaise. Je prends sa tête contre ma poitrine, ses cheveux me chatouillent le menton. Mes filles ont tellement grandi et j'ai l'impression que je ne les ai pas prises dans mes bras depuis longtemps. J'ai oublié à quel point elles sentent bon au réveil. Après quelques minutes, ma fille m'annonce la raison de sa visite ultra-matinale: « Je suis descendue pour te dire *bonne fête des Mères* et *je t'aime*. Je n'avais pas d'argent pour t'acheter un cadeau. »

Les fleurs se fanent et les déjeuners au lit ne conduisent qu'à l'odeur persistante des rôties brûlées dans la maison et aux miettes dans les draps. Mais la visite matinale de ma fille, elle, est un cadeau que je chérirai longtemps et qui me redonne confiance en mes compétences de mère. En fin de compte, j'ai probablement réussi le test de la maternité!

Je raccompagne ma plus jeune dans sa chambre à l'étage et je la remets au lit. Le doux sourire sur ses lèvres s'éteint rapidement, alors que sa respiration devient lente et profonde. Je quitte la maison sur la pointe des pieds, le visage souriant et le cadeau de ma fille dans mon cœur.

Kyle Louise Jossi

Ce jour-là

« Quel a été le plus beau jour de ta vie et quel a été le pire? » Je me rappelle avoir joué à ce jeu deux ans auparavant avec des amies, alors que j'étais en voyage pour me rendre à une conférence pour femmes. Les souvenirs ont déferlé avec beaucoup de détails. Nous avons ri aux larmes en revivant nos histoires d'accouchements et de naissances. Le temps avait filé vite.

« Quel a été le pire jour de ta vie? » J'avais longuement songé à cette question. Jusqu'à cette époque, j'avais eu une vie sans trop de soubresauts. Si on me posait la même question aujourd'hui, je répondrais sans hésiter cette fois. Car six mois après ce voyage, j'ai eu la peur de ma vie.

C'était une belle journée fraîche de printemps. Et dans cet air frisquet se mélangeaient des ballons, des serpentins, et les voix rieuses de quinze précieux enfants. Toute la famille Mainse était là pour célébrer l'anniversaire de naissance de la plus jeune des petits-enfants qui venait d'avoir un an. Ce ne serait pas une fête sur le bord de la piscine comme le voulait la tradition, car la fraîcheur de l'air exigeait une veste et non un maillot de bain. De plus, la piscine avait été remplie la semaine précédente, mais la température de l'eau s'élevait à un froid dix-huit degrés Celsius. La barrière était donc fermée, position obligatoire quand elle ne sert pas. La température ne semblait déranger personne, toutefois. Les balançoires étaient pleines, les ballons et les balles volaient partout.

La fête n'était pas encore commencée officiellement, mais les enfants étaient très contents d'être ensemble. Les adultes aussi. Nous sirotions notre café dans la salle familiale, attentifs aux plus jeunes qui jouaient dans le sous-sol.

Assis ensemble sur le canapé, mon mari, Ron, et moi étions en pleine conversation. Je lui ai demandé s'il voulait un café. C'était plutôt étrange comme offre, car il n'est pas un buveur de café. Il en prend un le matin et encore. Pourtant, sans aucune hésitation, il a dit oui.

En me rendant à la cuisine, j'ai entendu les enfants dehors qui criaient et riaient plus fort encore. J'ai souri en voyant par la fenêtre leurs visages heureux, puis j'ai ouvert l'armoire pour sortir une tasse. En refermant l'armoire, j'ai regardé dehors encore. Cette fois, mon regard s'est arrêté sur la barrière de la piscine : elle était ouverte. J'ai examiné rapidement la piscine et le trottoir autour, et je n'ai vu personne. Soulagée, j'ai lancé à mon mari d'aller fermer la barrière. Même si la toile solaire recouvrait l'eau, la pensée d'un enfant qui joue seul trop près de l'eau me perturbait.

À contrecœur, Ron s'est levé, s'arrachant à la conversation. Toujours dans la cuisine, je l'ai regardé par la fenêtre. Il est sorti, caressant les chiens et chatouillant les enfants en passant. Enfin, il est arrivé à la barrière. En versant le café dans sa tasse, je l'ai vu tendre le bras et tirer la barrière vers lui, mais il a interrompu son geste en plein milieu. Moi de même. Lentement, en hésitant, j'ai regardé Ron avancer jusqu'au bord de la piscine. Intriguée, je restais figée, tasse de café à la main.

Les quelques secondes qui ont suivi se sont déroulées au ralenti. De la fenêtre de la cuisine, j'ai vu Ron soulever lentement la toile solaire. Soudain, tout habillé, il a sauté dans l'eau. J'ai senti mon corps en entier se paralyser par l'horreur quand j'ai vu Ron remonter à la surface avec le corps inerte de notre fils de deux ans et demi.

Ensuite, le ralenti est passé à l'accéléré. J'ai hurlé comme jamais je n'avais hurlé auparavant. J'ai lâché la tasse de café et j'ai crié: « Eric est dans la piscine! » Mes jambes se sont mises à courir d'elles-mêmes. Il fallait que je sorte au plus vite. Je me suis précipitée vers la première porte que j'ai essayé d'ouvrir en vain pendant ce qui m'a semblé une éternité avant de me rendre compte qu'elle était verrouillée. Je l'ai finalement ouverte aussi grande que j'ai pu et j'ai couru jusqu'à la piscine. J'ai le souvenir vague que d'autres adultes criaient et couraient derrière moi.

Quand je suis arrivée près de la piscine, Ron et Eric étaient sur le bord de la partie peu profonde. Eric était d'un blanc livide. De l'eau mêlée de sang sortait de sa bouche et de son nez. Mais autre chose sortait de sa bouche: des pleurs. De magnifiques pleurs. En entendant ce son, toute mon énergie est sortie de mon corps et je me suis effondrée contre la clôture en sanglotant sans pouvoir m'arrêter. Il était en vie.

Après qu'Eric a eu régurgité une quantité incroyable d'eau, nous l'avons dévêtu, enveloppé dans des couvertures et amené à l'urgence de l'hôpital. Il a été admis immédiatement. On lui a fait passer toute une batterie de tests et il a été gardé sous observation pendant quelques heures.

Aujourd'hui, Eric a quatre ans. Il est actif et bien portant. Étonnamment, un de ses passe-temps préférés est de plonger du tremplin et nager dans la piscine.

En y repensant, je ne peux m'empêcher de me demander *Que serait-il arrivé si...?* Si je n'avais pas offert un café à Ron? S'il n'avait pas accepté mon café? Si je n'avais pas vu la barrière ouverte? Si Ron n'avait pas vu ce qui ressemblait à un oiseau ou à un raton laveur sous la toile solaire, et s'il n'avait pas pris le temps de la soulever pour vérifier?

Ce jour-là, il y a un peu plus d'un an, Dieu n'a pas seulement sauvé la vie de notre fils, il a fait quelque chose d'aussi important. Il a laissé sa marque. Dieu tout-puissant est intervenu manifestement et intentionnellement dans la vie de notre petite famille, ne laissant aucun doute sur sa position de maître.

Oui, aujourd'hui, il me serait facile de répondre à la question de ce jeu. Car, voyez-vous, en quelques minutes, le pire jour de m vie est aussi devenu le plus beau.

Ann Mainse

Je me demande

Je me demande à quel moment c'est arrivé,
    quelle année, quel jour…
Quand a-t-il commencé à dire « ma mère »
    au lieu de « ma maman », quel jour?
Dans ce temps-là, il était mon petit garçon,
    j'étais sa maman.
Son sourire était contagieux; son regard brillait
    de ravissement.

Il a commencé la maternelle. C'était hier encore…
« Ne pars pas, maman! » a crié mon petit garçon
    en or.
« Je t'aime, Josh. Ne t'inquiète pas.
    Ça va bien aller »,
Lui ai-je répondu en m'efforçant de m'éloigner.

J'ai pleuré en m'éloignant dans le couloir,
« Maman? Maman? » l'ai-je entendu crier
    comme s'il était dans le noir.
Le mot *maman* n'avait jamais été si douloureux
    à entendre…
Je vois encore son visage angélique,
    sa main se tendre.

Un peu plus vieux, alors qu'il jouait avec son frère,
Je l'ai entendu dire, de façon très claire:
« Notre maman est écrivaine. Elle va être célèbre
    un jour. »
J'ai souri, car il devait raconter la même chose
    à ses nounours.

Et ces choses que les petits font pour leur mère,
   il les a faites pour moi, oh oui!
Il m'a offert de superbes bouquets de pissenlits,
Tout heureux, les joues sales, le regard fier,
Des pissenlits qui valaient autant que les roses
   les plus chères.
Mais le temps, traître, a continué de filer.
Mon fils me parlait, mais savais-je écouter?
Il a dû crier un millier de fois « Maman! »
Mais l'écoutais-je quand je sortais sur la véranda
   en soupirant?

Les heures de tombée, les textes à terminer…
Aveuglée par mon travail, je n'ai pas vu le temps
   passer.
Oh! Si seulement je pouvais retourner en arrière
Pour goûter un peu d'hier!

Un jour, je l'ai entendu dire à un ami:
« Ma mère est écrivaine, maintenant.
   Elle me laisse seul ici.
Mais ça va, je me débrouille.
   Comme en appartement. »
Et j'ai vu, soudain, mon petit garçon devenu grand.

Je vous en prie, Seigneur, pourrais-je retourner
   en arrière et entendre les mots de mon enfant?
Pour lui embrasser les joues et être sa maman?
Pour lui prendre la main et l'aider à se relever?
Ne pourrais-je pas revivre ce temps gaspillé?

Je me souviens très bien du jour où il a terminé
    l'école secondaire…
En garçon insouciant qui se voulait libre
    comme l'air.
« Je t'aime, maman. Ne t'inquiète pas.
    Ça va bien aller »,
A-t-il dit avant d'ouvrir la porte de la vie
    pour s'envoler.

Je pleure toutes ces années qui flottent
    dans le vent du temps,
Je pleure toutes ces longues journées
    et tous ces petits moments,
Ce temps où j'étais la maman
    d'un petit bonhomme…
Mais pourquoi pleurer puisque me voilà devenue
    la mère d'un beau grand jeune homme…

Je me demande à quel moment c'est arrivé,
    quelle année, quel jour…
Quand a-t-il commencé à dire « ma mère »
    au lieu de « ma maman », quel jour?
Dans ce temps-là, il était mon petit garçon,
    j'étais sa maman.
Son sourire était contagieux; son regard brillait
    de ravissement.

Lori Elmore-Moon

9

LA SAGESSE
DANS L'EXPÉRIENCE

Avant d'être mère, j'avais des dizaines
de théories sur l'éducation des enfants.
Aujourd'hui, j'ai sept enfants
et une seule théorie : aimez-les,
surtout dans ces moments
où ils méritent le moins d'être aimés.

Kate Samperi

Si je recommençais
ma famille

L'homme en face de moi a craché ces mots difficilement, le regard en détresse: « Qu'est-ce que j'aurais dû faire différemment? Si vos enfants étaient petits de nouveau, que feriez-vous? » Il éprouvait le pénible sentiment de vide et d'échec d'un homme dont les enfants sont égarés. Il avait l'impression d'avoir échoué comme père.

Les questions de cet homme ont trouvé un écho en moi. Qu'avais-je appris de ma propre expérience de père et de toutes ces années où mon travail consistait à conseiller les autres? Si je recommençais ma famille, que ferais-je pour améliorer ma relation avec mes enfants? Après réflexion, j'ai dégagé les choses que je considère les plus importantes.

J'aimerais mon épouse davantage. Dans l'intimité de la vie familiale, on tient facilement l'autre pour acquis et on laisse la monotonie émousser le lien amoureux, même lorsque celui-ci est très profond. Par conséquent, j'aimerais davantage la mère de mes enfants et je me permettrais davantage d'exprimer cet amour devant les enfants. J'essaierais d'être plus attentionné envers elle: placer sa chaise à la table, lui offrir des présents lors d'occasions spéciales, lui écrire durant mes absences. J'ai découvert qu'un enfant qui sait que ses parents s'aiment n'a pas besoin d'autant d'explications sur la nature de l'amour de Dieu ou sur la beauté de la sexualité. L'amour entre un père et une mère est très visible pour lui et le prépare à reconnaître l'amour véritable dans toutes ses relations futures. Lorsqu'une mère et un père se prennent la main en marchant, l'enfant aussi tend la main. Lorsqu'ils marchent séparément, l'enfant a plus de difficulté à tendre la main. Sentimentalisme? Alors on a besoin de plus de sentimentalisme. Souvent, il y a trop de sentimentalité avant le mariage et trop peu après.

Je développerais un sentiment d'appartenance. Un enfant qui n'a pas le sentiment d'appartenir à sa famille aura tôt fait de se trouver ailleurs un groupe auquel il s'identifie. Parfois, on vit dans la même maison mais chacun de son côté. Plusieurs enfants ne voient leur père qu'au repas du soir. Certains restent plusieurs jours sans le voir. D'autres encore doivent se contenter de quelques minutes par semaine.

À l'heure des repas, je prendrais le temps de parler avec ma famille des événements de la journée au lieu de me précipiter pour en finir. Je prendrais plus de temps pour participer à des jeux ou à des projets auxquels toute la famille pourrait participer. J'inviterais mes enfants à prendre part aux responsabilités et aux tâches de la famille. Lorsqu'un enfant sent qu'il appartient à sa famille, il acquiert une stabilité qui peut résister aux railleries des autres et aux mauvaises influences.

Je rirais plus avec mes enfants. On sait que la meilleure façon de faire du bien aux enfants est de les rendre heureux. Je vois maintenant que j'étais souvent trop sérieux. Mes enfants aimaient rire, mais j'ai trop souvent donné l'impression qu'être parent était un problème perpétuel. Je me souviens des petits sketches que nos enfants aimaient nous présenter, les histoires drôles qu'ils ramenaient de l'école, leurs tours et leurs questions pièges qu'ils s'amusaient à nous poser. Ces moments de bonheur augmentaient notre amour, nous donnaient le goût de faire des activités ensemble et renforçaient nos liens. Si je recommençais ma famille, je serais plus attentif aussi. Les propos d'un enfant semblent souvent sans importance aux adultes. Cependant, je crois maintenant qu'il existe un lien vital entre l'attention que l'on porte aux préoccupations d'un enfant quand il est jeune et la disposition de cet enfant à confier ses préoccupations à ses parents quand il est devenu adolescent.

Si mes enfants étaient petits de nouveau, je serais moins impatient d'être interrompu dans ma lecture du journal. Je connais l'histoire d'un petit garçon qui essayait de façon répétée de montrer à son père une égratignure qu'il s'était faite sur son doigt, mais son père lisait le journal et ne l'écoutait pas. Le père a fini par baisser le journal en disant avec impatience: « Eh bien, j'y peux pas grand-chose! » « C'est pas vrai, papa, tu aurais pu dire: Oh! »

L'autre jour, j'étais avec un père de famille. Son jeune fils l'appelait encore et encore de l'autre pièce, mais le père ne répondait pas. « Ne t'occupe pas, m'a-t-il dit, c'est seulement mon gars qui m'appelle. » J'ai pensé que, bientôt, ce père appellera son fils et celui-ci répondra: *C'est seulement le vieux qui m'appelle…*

Je donnerais plus d'encouragements. Rien ne stimule plus un enfant à aimer la vie et à chercher à s'épanouir que des félicitations méritées.

Je sais maintenant que les encouragements sont un meilleur outil de discipline que les blâmes ou les réprimandes. Blâmer et critiquer prive l'enfant de son autonomie, alors qu'encourager renforce sa confiance en soi et favorise l'atteinte de sa maturité. Au plus profond de l'être humain se trouve le désir ardent d'être apprécié. Quand les personnes qu'un enfant aime comblent ce désir, l'enfant peut s'épanouir aussi dans d'autres domaines.

Par conséquent, si je recommençais ma famille, je m'efforcerais de féliciter chaque jour mon enfant en m'assurant de voir non seulement ce qu'il est maintenant, mais ce qu'il peut être aussi. J'essaierais de partager plus intimement ma foi en Dieu. Nous ne sommes pas des êtres complets quand nous nous occupons uniquement de nos dimensions physique, sociale et intellectuelle. Nous sommes des êtres spirituels. Si le monde doit connaître Dieu et sa volonté, alors les parents doivent être les premiers messagers. Pour ma part, j'essaierais de transmettre ma foi à mes enfants par l'intermédiaire de situations spontanées. Au lieu de servir aux enfants des discours théologiques abstraits ou de leur imposer des règles rigides de culte, je prêterais plus attention aux observations et aux préoccupations de mon enfant, puis je trouverais en celles-ci une façon naturelle de discuter des vérités spirituelles.

Je connais l'histoire d'un instituteur à qui on demandait: « À quel endroit de votre programme enseignez-vous la catéchèse? » « Nous l'enseignons toute la journée », a répondu l'instituteur. « Nous l'enseignons en arithmétique par la justesse; en langues par le choix du bon mot; en histoire par l'humanité; en géographie par la largeur d'esprit; en astronomie par l'humilité devant l'immensité de l'univers; au terrain de jeu par la loyauté. Nous l'enseignons par la gentillesse envers les animaux, par les bonnes manières envers les autres, par la véracité en toutes choses. »

Je me souviens d'un petit garçon qui avait peur de l'orage et qui appelait dans la nuit: « Papa, viens! J'ai peur! » « Fiston, a répondu le père, Dieu t'aime et il s'occupe de toi. » Le fils a répondu: « Je sais que Dieu m'aime. Mais en ce moment j'ai besoin d'une vraie personne avec de la peau dessus. » Si je recommençais ma famille, c'est exactement ce que j'aimerais être, d'abord et avant tout: l'amour de Dieu avec de la peau dessus.

John Drescher

Les enfants sont...

Aimables, chérissez-les.

Bons, apprenez d'eux.

Curieux, encouragez-les.

Divins, honorez-les.

Énergiques, nourrissez-les.

Faillibles, étreignez-les.

Gaffeurs, riez avec eux.

Habiles, faites-leur confiance.

Innocents, laissez-les vous enchanter.

Joyeux, appréciez-les.

K.O. le soir venu, bordez-les bien.

Loyaux, soyez-leur fidèles.

Magiques, envolez-vous avec eux.

Nobles, estimez-les.

Ouverts d'esprit, respectez-les.

Précieux, chérissez-les.

Questionneurs, encouragez-les.

Riches, fréquentez-les.

Spontanés, écoutez-les.

Talentueux, croyez en eux.

Uniques, regardez-les.

Vulnérables, protégez-les.

W*aterproof*, laissez-les se mouiller.

Xquis, savourez-les.

Yin et yang à la fois, célébrez-les.

Zélés, laissez-les vous aider.

Meiji Stewart

Le choc entre nos illusions et la réalité

Les rêves et les illusions jouent un rôle important dans nos vies. Ils permettent d'espérer et de croire aux possibilités de l'avenir. Lorsque j'étais enceinte de mon premier enfant, j'ai assisté à une série de conférences prénatales au centre hospitalier près de chez moi. Dans l'une de ces conférences, un pédiatre nous a présenté des diapositives. « Je suis certain que vous avez déjà essayé d'imaginer votre vie avec un enfant », avait-il dit aux futurs parents dans la salle. « Vous vous imaginez que vous allez vous reposer à l'ombre d'un arbre, dans votre cour, avec votre beau bébé dormant paisiblement à vos côtés pendant que vous siroterez une limonade bien froide. Eh bien, voici à quoi ressemblera plutôt la réalité. »

Il a alors montré une diapositive d'un bébé hurlant, le visage rouge, la goutte au nez, les poings serrés. *Je n'aurai pas un bébé comme ça,* avons-nous tous pensé.

Toutefois, la réalité reprend vite le dessus lorsqu'on devient parents pour de vrai. En fait, on déchante, mais on ne peut s'empêcher de rêver encore. Voici donc quelques-unes des illusions que j'entretenais avant la naissance de notre aînée, suivies de la réalité et des nouveaux rêves que je caresse…

Le congé de maternité

Mes illusions: Le congé de maternité sera une période de quelques mois au cours desquels je nouerai des liens bienheureux avec mon nouveau bébé. Dans mes temps libres, je confectionnerai des rideaux pour la chambre du bébé, je fabriquerai des cartes d'invitation pour le baptême, j'écrirai de longues lettres à nos amis qui habitent loin, et je ferai le tri des photos des deux dernières années.

La réalité: Je n'ai pas le choix de nouer des liens avec ma fille puisqu'elle tète pendant quarante-cinq minutes toutes les deux heures... Sauf que « bienheureux » n'est pas le mot qui décrit le mieux les dix heures par jour que je passe assise sur le canapé, le chemisier ouvert. Il me reste très peu de temps pour autre chose que la lessive et les changements de couche. En ce qui concerne les cartes d'invitation pour le baptême, j'ai envoyé mon mari en acheter des toutes faites à la pharmacie. Au moment de les remplir, j'ai trouvé que j'avais donné un nom bien long à ma fille...

Mon nouveau rêve: Pouvoir prendre une douche et m'asseoir pour dîner dans la même journée, et avoir la possibilité de m'habiller avant midi.

La vie conjugale après les enfants

Mes illusions: Tom et moi formerons un duo rayonnant, plus en amour que jamais lorsque nous serons tranquillement assis à table à contempler le beau bébé que nous avons créé, et à discuter longuement des rêves d'avenir que nous avons pour lui.

La réalité: Ma fille croit que le premier bruit de ma fourchette sur mon assiette est son signal de la tétée.

Mon nouveau rêve: Que les hommes puissent allaiter! Je ne sais pas de quoi mon mari rêve, mais j'ai remarqué qu'il passe beaucoup de temps à regarder les catalogues de lingerie féminine. Les femmes qu'on y voit n'ont pas de vergetures et n'ont fort probablement jamais souffert de déséquilibre hormonal postnatal...

La maternité

Mes illusions: Je sais que ce sera difficile, mais je garderai mon calme en tout temps et je ne crierai jamais après mes enfants, je ne veux pas les traumatiser.

La réalité: Non seulement les enfants sont capables d'être incroyablement mignons et adorables, mais ils sont également capables de rendre folle la personne la plus patiente du monde, par exemple quand ils cachent les clés de la voiture dans le lave-vaisselle ou jettent votre montre dans la toilette.

Mon nouveau rêve: Que les portes et les fenêtres soient fermées et les voisins partis en voyage quand je découvre les gaffes de mes enfants, comme déverser un sac de farine de trois kilos sur le plancher de la cuisine et essayer de nettoyer le tout en vaporisant du Lysol. Résultat: le plancher a l'air d'une carte en relief des Rocheuses et sent la même chose que les toilettes du terminus d'autobus.

L'alimentation
de ma famille

Mes illusions : J'aurai plein de temps pour me consacrer à l'alimentation de ma famille. Je préparerai des repas complets et équilibrés chaque soir, comme ma mère le faisait.

La réalité : Il y a des jours où je trouve difficile de trouver du temps pour faire chauffer un hot dog au micro-ondes.

Mon nouveau rêve : Que McDonald ajoute des bâtonnets de carottes à ses Joyeux Festins afin que je puisse prétendre que ce sont des repas équilibrés.

Je crois au pouvoir des illusions et des rêves. Ils m'aident à affronter l'avenir, sachant que, dans moins de quatre ans, j'aurai une adolescente dans la maison. Mais je ne m'inquiète pas. Je sais que ma fille restera polie, maintiendra une communication ouverte avec moi et ne sera jamais embarrassée par ce que je pourrai faire ou dire… Ouais, bien sûr!

Jan Butsch

La planète Maman

Les chiffres lumineux du cadran clignotent, le temps que 1:59 devienne 2:00. Je soulève le poids sur mes cuisses et j'installe mon fils à l'autre sein.

Michael me fait vite savoir qu'il n'est plus intéressé par la tétée. Je le prends debout contre mon épaule pour tapoter son petit dos bien chaud et faire sortir le rot qui me confirmera que son estomac tolère bien cette tétée nocturne. Mes jambes sont engourdies et picotent. Même avec un coussin, cette berceuse en bois est inconfortable pour les cuisses quand je reste assise longtemps, avec un bébé sur moi, nuit après nuit de surcroît.

La lumière des réverbères de la rue crée des ombres dans la chambre de mon fils. La nuit est tranquille autour de nous, mais Michael ne dort toujours pas. « Des coliques », dit le pédiatre. « Nous n'en connaissons pas la cause. Elles disparaissent vers l'âge de trois mois. C'est probablement dû à une immaturité du système digestif. Vous serez libérée le jour où il pourra évacuer des gaz. Désolé. »

Désolé? Désolé? Ma patience et mon corps s'usent. Tous les livres de bébés nous font le portrait d'un enfant qui passe la majeure partie de sa première année à dormir.

Avec mon entrejambe qui arbore plus de points qu'une broderie d'une femme quaker et mes cheveux qui tombent par grosses mèches, je suis la candidate parfaite pour une dépression post-partum. Mon équilibre mental commence à faillir: je me mets à halluciner que je fais partie d'une ancienne culture Maya où les bébés sont des gourdes qu'on doit remplir... Le jour suivant, je me traîne chez le pédiatre, bébé et siège d'auto au bras, au terme de quarante-huit heures d'affilée sans dormir. Michael a dormi seulement 45 minutes durant ces deux jours interminables. Et il a dormi 30 de ces 45 minutes dans la voiture tout à l'heure. Si je pouvais seulement rester éveillée assez longtemps, je pourrais me rendre en Alaska en conduisant et revenir, en attendant qu'il ait trois mois.

Les médicaments que Michael prend pour ses malaises digestifs commencent, Dieu merci, à faire effet. Il fait des siestes régulièrement, mais leur durée est beaucoup plus courte que ce que les experts m'ont laissé croire. La nuit, cependant, est toujours pénible. Certains livres vantent les vertus de le laisser pleurer. D'autres disent d'aller le voir pour le consoler, mais de ne pas rester. J'essaie certains gadgets et bidules qui font vibrer le lit de Mike comme un bol de mélangeur. Je demeure toutefois incapable de quitter mon bébé ou de le confier à une machine. De toute évidence, il souffre. La moindre des choses est de rester avec lui durant ces longues et difficiles nuits où il se tortille et se démène pour réussir à s'endormir.

Alors, je le berce sans cesse! Avec la berceuse, j'ai dû faire le tour du monde, puis franchir la distance entre la terre et la lune. Ce soir, nous nous rendons jusqu'à Pluton. Je caresse le duvet velouté de sa tête. C'est doux comme un poussin. J'enroule et je déroule ses petits doigts. Je combats ma colère. Je suis assise avec mon bébé dans le noir tandis que mon époux dort. Pourquoi mon bébé ne dort-il pas? Combien de temps pourrai-je continuer encore sans repos? La honte me submerge tout à coup. Ne suis-je pas choyée de l'avoir? Des milliers de femmes donneraient n'importe quoi pour tenir un enfant dans leurs bras. Je regarde la lune qu'un nuage vient aussitôt cacher, et une pensée traverse mon esprit. Des milliers de femmes. Des milliers de mères. Des milliers de bébés.

Je prends soudainement conscience que je ne suis pas seule. Partout sur la planète, des femmes tiennent leurs bébés dans leurs bras. Certaines ont la chance d'être assises dans une berceuse. D'autres sont accroupies sur le sol. Certaines ont un toit sur leur tête, comme moi. Beaucoup d'autres sont sans abri et protègent elles-mêmes leur bébé contre la pluie, la neige, le soleil.

Nous sommes toutes semblables. Nous tenons nos enfants dans nos bras et nous prions. Certaines ne vivront pas assez longtemps pour voir leur enfant grandir. Certains enfants ne verront pas leur première année. D'autres mourront de faim, d'autres succomberont à la maladie ou à la guerre.

Pendant un instant, sous la lumière de la lune, nous sommes toutes ensemble. Nous berçons nos bébés et nous prions. Nous les aimons et nous nourrissons de l'espoir pour eux.

Maintenant, je vois différemment le temps que je passe avec Michael. La fatigue ne me quitte pas. La berceuse est toujours aussi dure pour mes cuisses. Mais quand je berce mon fils, je me sens en compagnie des milliers de femmes, des milliers de mères qui tiennent leurs bébés dans leurs bras.

Joanna Slan

Guide de survie

Dans la vie d'une femme, aucune expérience n'est aussi extraordinaire que celle de la maternité. Certaines étapes peuvent être difficiles pour la mère et le bébé, par exemple les coliques, les problèmes d'allaitement, l'introduction aux aliments solides, les crises de colère et le premier jour d'école. Commençons avec l'étape la moins agréable.

L'heure des coliques

Les médecins disent que les coliques sont des spasmes intestinaux qui causent des douleurs. Moi, je vous dirai tout de suite que les coliques sont une torture tant pour la mère que pour le bébé. Le plus souvent, les coliques apparaissent à la même heure chaque jour. Dans le cas de mon fils, c'était à l'heure du souper. J'ai passé de nombreuses soirées à promener mon fils dans la pièce en essayant d'avaler quelques morceaux de mon souper refroidi. Dans la phrase précédente, le mot « promener » est très important. Je ne sais pas pourquoi les bébés aiment tant qu'on les promène, mais c'est un fait. On dirait que leur cerveau détecte immédiatement la position où l'on se trouve. Vous aurez beau vous asseoir en essayant de simuler le mouvement que vous faisiez en marchant dans la pièce, c'est comme si votre bébé le sentait et vous disait: « Je t'ai demandé de me promener dans la pièce et j'y tiens. » Alors vous obéissez, et votre bébé sait très bien que vous obéirez. C'est ainsi que vous commencez à être l'esclave de votre enfant.

L'allaitement

L'allaitement est une expérience heureuse. Il est utile et conseillé de lire des livres sur l'allaitement. Ce qui n'est pas recommandé, ce sont les amis et la parenté qui tiennent à donner leurs opinions. Ils vous bombarderont de questions du genre « Comment fais-tu pour savoir qu'il a assez bu? » ou « Je pense qu'il tète trop. Il va devenir gros » ou, plus typiquement, « Pourquoi tu ne lui donnes pas une suce à la place? » Restez sourde à ces questions et commentaires. Votre bébé et vous savez très bien quoi faire. Laissez-vous guider par votre instinct. Regardez votre bébé dans ses yeux. Parlez-lui. Savourez chaque instant (car l'heure des coliques arrive…).

Les étapes
du développement

Votre bébé va franchir plusieurs étapes, surtout durant les deux premières années de sa vie. Au cours de cette période, il n'est pas toujours bon de consulter des livres sur le développement de l'enfant. Évitez également les articles de magazines qui décrivent ce que votre bébé devrait faire à tel ou tel âge. Ces livres et ces magazines ne sont bons que si votre bébé fait effectivement ce qu'ils disent qu'il devrait faire. Si votre enfant ne fait pas encore les choses qu'on dit qu'il devrait faire, vous vous mettrez à penser que votre enfant est anormal. N'accordez pas trop d'attention à ce que ces livres disent. Vous avez assez de soucis comme ça.

Est-il prêt
pour les aliments solides?

Quand votre bébé commencera à manger, vous aurez besoin d'une grande bavette, d'une grande quantité d'essuie-tout et d'un tapis sous la chaise haute si votre bébé est vorace. Il se lassera assez vite de la nourriture en purée. Vous devrez alors lui proposer des aliments en morceaux, ce qui signifie que vous aurez peur qu'il s'étouffe. Résistez à la tentation d'écraser la nourriture de votre bébé. Il doit apprendre à mastiquer. Aux premiers repas de mon fils, je dois admettre que je suis restée à côté de lui, prête à utiliser la manœuvre de Heimlich au premier signe de suffocation. Heureusement, les bébés ont le réflexe fantastique des haut-le-cœur et ils l'utilisent à profusion pour ne pas s'étouffer. J'ai découvert cela en soulevant mon fils de sa chaise haute, prête à lui taper dans le dos pour lui éviter une telle mésaventure. Aussitôt sorti de sa chaise haute, il recrachait le morceau coincé. Alors restez bien assise et ne vous inquiétez pas.

Les premiers mots

Si le premier mot de votre enfant est « NON » plutôt que « maman » ou « papa », ne vous alarmez pas. Votre enfant apprend en imitant. Quand il commencera à se déplacer par lui-même, vous aurez à lui dire *non* souvent. « Non, ne touche pas », « Non, c'est chaud », « Non, c'est dangereux ». Vous voyez le genre. Pour contrebalancer cela, dites-lui souvent: « Je t'aime ». J'ai très souvent dit à mon fils: « Maman t'aime. » Par conséquent, sa première phrase a été: « Maman t'aime. »

Les crises de colère

Les crises de colère nous mettent à l'épreuve! Lisez tout ce que vous pourrez trouver sur le sujet. Dans mon cas, la meilleure solution a été d'ignorer la crise. Évidemment, ce n'est pas toujours facile à faire au beau milieu d'un magasin bondé, mais tenez bon. Vous ne devez surtout pas céder. Votre enfant est brillant, il saura très vite combien de décibels il doit mettre dans son cri sorti d'un visage écarlate pour faire céder maman. Par contre, si vous ignorez ses crises, il constatera assez vite qu'elles ne lui permettent pas d'avoir tout ce qu'il désire. Si votre enfant fait des crises de colère, bouchez-vous les oreilles. Ça lui passera.

L'enfant indépendant

Vers l'âge de trois ou quatre ans, vous remarquerez un changement heureux. Votre enfant peut maintenant exprimer ses goûts. On peut commencer à raisonner avec un enfant de cet âge et à lui enseigner ce qui est acceptable comme comportement. Toutefois, si vous voyez qu'il a de la difficulté avec un bricolage, ne le faites pas à sa place. Il vous dira habituellement: « Je peux le faire tout seul. » En tant que mère, vous le prendrez peut-être mal. Souvenez-vous, cependant, que c'est une bonne chose. Vous serez reconnaissante qu'il devienne peu à peu autonome en grandissant. Il veut être indépendant en même temps qu'il veut rester dépendant. Les câlins et les étreintes sont innombrables à cet âge. Profitez-en! Savourez chacun d'eux. Peu de choses sont aussi précieuses.

La maternelle!
Est-ce vraiment nécessaire?

Quand votre enfant aura cinq ans, vous aurez vraisemblablement affronté plusieurs tempêtes dont vous serez sortie saine et sauve. L'entrée à la maternelle est habituellement plus traumatisante pour la mère que pour l'enfant. Je dois admettre que je suis devenue légèrement névrosée à l'époque où mon fils a commencé la maternelle. (Ma famille et mes amis diraient « très névrosée ».) La pensée que mon fils soit à l'école toute la journée me chavirait. Comment allais-je pouvoir survivre toute la journée sans lui? Eh bien, j'ai survécu, mais non sans un océan de larmes. Vous devez absolument vous retenir de vous jeter devant l'autobus pour l'arrêter lorsqu'il repart avec votre fils. Vous devez plutôt sauter dans votre voiture et suivre l'autobus! (Juste pour vous assurer qu'il arrive à bon port…) Ne dites surtout pas à votre mari que vous avez suivi l'autobus en voiture, car il vous croira folle. Si vous devez absolument en parler à quelqu'un, dites-le à votre mère: elle comprendra.

Je ne peux aller plus loin dans mon histoire. L'avenir est encore un mystère pour moi. J'attends avec joie chaque nouveau défi. Il y a une seule chose dont je suis certaine: je vais aimer mon fils dans les bons moments comme dans les moins bons, je l'aimerai plus que je n'ai jamais aimé quiconque.

Jacqueline D. Carrico

Mère de jumeaux

J'avais toujours voulu avoir des enfants. Jeune fille, je m'imaginais déjà courir dans un champ de marguerites avec ma marmaille, mes longs cheveux bouclés qui rebondissaient de chaque côté de mon visage radieux de mère, les enfants qui me regardaient avec adoration pendant que le soleil éclatant nous réchauffait tous…

La réalité a été tout autre. Il m'est bel et bien arrivé un jour d'emmener mes quatre enfants dans un champ, mais ce fut très différent de ce que j'avais imaginé… D'abord, j'avais les cheveux courts et désespérément raides. Ensuite, mon visage n'était pas radieux du tout, car l'expérience s'est avérée plutôt traumatisante.

Un de mes jumeaux s'est fait piquer par une guêpe et l'autre a cueilli de l'herbe à puce pour moi. Les filles, elles, se sont plaintes mille fois qu'elles avaient soif. Et quand la pluie a commencé, un homme a crié: « Eh! Fichez le camp! C'est un terrain privé! »

Pourquoi ne nous dit-on jamais ce que sera notre vie de mère en réalité? Pourquoi ne nous parle-t-on jamais de la nourriture incrustée dans les fentes de la chaise haute, des taches de lait collantes, des fièvres de cheval? Pourquoi ne nous parle-t-on jamais des enfants qui pleurnichent sans arrêt? Pourquoi ne nous dit-on pas quoi faire quand un enfant a écrasé de la gomme à mâcher sur le tapis ou quand il a mis une pomme dans la toilette et tiré la chasse d'eau?

Pour dire vrai, je m'en suis plutôt bien tirée en tant que mère avec ma première fille. Julie n'était jamais malade et n'avait pas une once de caprice. Elle passait ses examens médicaux régulièrement, avait une alimentation équilibrée, portait des vêtements bien assortis avec de jolis rubans dans ses cheveux, et sentait toujours bon la poudre pour bébé. Je lui lisais une tonne de livres. Rendue en maternelle, elle pouvait réciter quelques poèmes.

Deux ans plus tard, une deuxième fille est née. Jennifer était un bébé heureux, facile à contenter, comme sa sœur. J'avais deux belles petites filles. J'étais très occupée, certes, mais mes filles me comblaient.

Ce serait bien agréable d'avoir un petit garçon, songeais-je en voyant mon mari sourire aux bébés garçons ou aller jouer au soccer avec le petit voisin. Je me demandais comment c'était avoir un garçon. Alors à l'âge de trente-trois ans, j'ai été très heureuse de me savoir enceinte à nouveau. Mon mari et nos filles étaient contents aussi.

Je me souviens encore de l'aimable médecin qui m'a fait l'échographie deux mois avant la date prévue de mon accouchement. Il a levé deux doigts dans les airs. Je n'ai pas compris tout de suite.

« Des jumeaux! Mme West, vous allez avoir des jumeaux! »

Je m'attendais à avoir des filles encore et j'avais pensé aux prénoms Jessica et Johanna. Mais nous avons dû changer ces noms pour Jonathan et Jeremy. Je n'arrivais pas à croire que j'avais deux fils — ou quatre enfants!

Après la naissance des jumeaux, les visites chez le pédiatre sont devenues tellement traumatisantes que j'ai cessé d'y aller. Évidemment, il y avait toujours un petit enfant dans la salle d'attente qui restait sagement assis à côté de sa mère, avec un regard contemplatif envers elle, le chandail boutonné, la fermeture éclair de son pantalon remontée, les chaussettes aussi, les deux chaussures bien attachées, et la mère qui soupirait en me voyant: « Je ne sais pas ce que je ferais si j'avais deux petits Albert. »

Tandis que mes jumeaux qui n'avaient pas encore un an rampaient sous les sièges, montaient sur les genoux d'étrangers et grimpaient sur les bords de fenêtre, je me disais: *Je te souhaiterais d'en avoir cinq comme ton petit Albert!*

Une fois, dans la salle d'attente, il y avait une jeune mère avec son premier-né. Elle est devenue très protectrice en voyant mes deux fils se diriger vers son bébé. Elle n'avait pourtant pas à s'inquiéter: la grand-mère, le mari et la nounou ont dissuadé mes jumeaux d'approcher… Quand j'ai donné une tape sur les fesses de Jon et Jeremy, elle m'a regardée avec l'air de dire qu'elle n'aurait jamais à recourir à ce genre de méthode affreuse.

Lorsque les jumeaux se sont mis à grandir et moi, à vieillir incroyablement, j'ai appris à réagir vite. Devais-je courir après Jeremy qui voulait s'emparer de trois bouteilles vides sur l'abri d'auto de mon voisin ou essayer plutôt de récupérer Jonathan qui venait de disparaître dans un collecteur d'eaux pluviales? Devais-je me précipiter sur celui qui entrait dans la baignoire complètement habillé ou courir après celui qui tirait par la queue le chat miaulant qui se cachait sous le lit?

Lorsque les jumeaux ont grandi encore, ils se sont mis à être partout à la fois dans la maison, à la recherche d'aventures. Ils sont allés derrière la télé et ont enlevé des pièces, ils ont cassé la vitre de la porte-fenêtre, ils ont défoncé plusieurs fois les moustiquaires des fenêtres et ont jeté des vêtements et des jouets dehors, ils ont grimpé à l'intérieur de la cheminée, ils ont fait tomber les rideaux et les tringles à rideaux, ils ont arraché un calorifère du mur, ils ont fait basculer une vieille commode alors qu'ils étaient cachés chacun dans un tiroir…

Certaines semaines étaient pires que d'autres. Un certain mardi après-midi plus exactement, une rampe extérieure de l'entrée de la bibliothèque municipale a cédé sous le poids de Jonathan, qui a fait une chute de près de quatre mètres. Le soir même, Jeremy s'est frappé une dent qui est aussitôt devenue branlante.

Le lendemain, mercredi, Jeremy a appris à ouvrir la porte de la voiture pendant que je conduisais. Le samedi soir, il a sauté du manteau de la cheminée et a dû recevoir cinq points de suture à la tête. Jonathan, lui, a pleuré pendant des jours parce qu'il n'avait pas eu de points; il s'est finalement consolé en buvant de l'iode!

Juste avant que les jumeaux aient quinze mois, Jeremy a découvert comment sortir de son lit. Ensuite, il a libéré Jonathan. Ce qui signifie que j'avais à traîner en permanence un jumeau accroché à chaque jambe.

Quelques jours après cette découverte et voyant mon état, mon mari a décidé de prendre des mesures radicales. Il a construit une barrière en grillage autour du lit de Jeremy. Quand Jeremy a grimpé cette barrière et sauté vers la liberté, mon mari a construit un « toit » en grillage au-dessus du lit, avec une serrure.

Nous avons appris à ignorer le regard ébahi de nos amis lorsqu'ils voyaient pour la première fois le « lit-cage » de Jeremy. En fait, Jeremy semblait soulagé d'être confiné, ce qui prouve l'idée en laquelle j'ai toujours cru : les enfants veulent se sentir encadrés.

L'enseignante de Jeremy n'a jamais compris pourquoi il plaçait une poupée dans un lit de poupée pour ensuite recouvrir ce lit d'un autre lit, un sourire satisfait aux lèvres. Je ne lui ai pas raconté dans quelle sorte de lit Jeremy dormait.

Parler au téléphone était dangereux. Mes jumeaux étaient devenus conditionnés : la sonnerie de notre téléphone déclenchait chez eux un signal pour rechercher les ennuis.

Un jour, alors que je parlais au téléphone (il fallait bien que je demeure en contact avec le monde extérieur !), Jon est venu me voir en courant avec un air étrange, se tenant la gorge avec la main. Précisons que Jon s'était fait enlever les amygdales la veille, il était rentré de l'hôpital le matin même. J'ai su tout de suite quel était son problème (Dieu donne sûrement des pouvoirs spéciaux aux mères de jumeaux) : Jon avait trouvé une pièce de monnaie sur ma commode et l'avait avalée. J'ai lâché le téléphone et j'ai pris Jon par les pieds en le secouant et en priant. La pièce de monnaie est ressortie et ses points de suture n'ont même pas saigné !

Nos amis avaient presque cessé de venir nous voir. Notre maison ressemblait à un cirque. Je me suis souvent assise à la fenêtre en pensant à mes amis qui allaient manger ensemble. L'idée me faisait souffrir.

Le jour de l'incident de la pièce de monnaie, une amie chère est venue me voir. J'étais tellement contente de voir une adulte que je parlais et riais sans cesse. Notre conversation a été interrompue par un grand fracas qui venait de la salle de bains. Seigneur, aidez-moi à ignorer ce bruit et à profiter de la présence de mon amie venue me visiter.

Au bout d'un moment, alors que je continuais d'ignorer le bruit, Jeremy est arrivé dans le salon avec la moitié du couvercle du réservoir de la toilette. Il l'a placé sur mes genoux en espérant interrompre notre conversation. J'ai continué de parler calmement, j'ai essuyé sur mon tablier le sang de la coupure qu'il s'était faite au doigt, et je l'ai prévenu: « Ne saigne pas sur la moquette, s'il te plaît. »

Dois-je préciser que je ne sortais jamais avec mes deux fils? Une fois, cependant, après quatre interminables jours de pluie, nous sommes sortis acheter une caisse de boissons gazeuses. Mes jumeaux étaient super excités.

J'ai habillé Jonathan en premier, puis j'ai habillé Jeremy. Quand j'ai eu terminé de vêtir Jeremy, Jonathan était debout dans la cuvette de la toilette et riait. J'ai changé Jonathan puis j'ai cherché Jeremy. Il était dehors, la bouche ouverte sous la pluie.

Certains matins, je me réveillais et priais avant même d'ouvrir les yeux: *Je vous en prie, mon Dieu, restez très près de moi aujourd'hui. Je ne veux même pas être mère aujourd'hui. Je veux juste écouter le silence et songer à mes propres pensées, et brosser mes dents sans être dérangée.*

Sortir se résumait dorénavant à mettre les poubelles sur le trottoir, à aller précipitamment chercher le courrier, ou à étendre du linge sur la corde. Un soir, cependant, je suis allée à une réception avec mon mari. Les enfants se sont rassemblés autour de moi pour me regarder me mettre des souliers et du rouge à lèvres.

J'imagine qu'une réception, c'était trop pour moi. Toute la soirée, je me suis extasiée: « Wow! Regarde toutes ces grandes personnes! » J'ai même essayé de couper la viande de mon voisin de table, un monsieur stupéfait.

Parfois, je me demande combien de kilomètres j'ai parcourus avec mes fils en poussette (à monter des côtes, surtout), suivie de Julie et Jennifer qui posaient des questions sans arrêt.

Plus d'une fois, je me suis demandé comment j'allais pouvoir tenir une autre journée ou, même, comment j'allais survivre à un autre repas du soir.

Une vieille dame qui habite au bout de la rue m'a déjà posé cette question, de même que plusieurs de mes amis. Même des étrangers m'ont déjà demandé: « Comment faites-vous? »

« Je prie beaucoup, leur ai-je répondu. Il le faut. Je ne pourrais jamais y arriver toute seule. Dieu m'aide chaque jour. »

Marion Bond West

Dur, dur, d'être maman

Mes enfants sont encore petits, assez en tout cas pour tenir sur mes genoux. Il me reste plusieurs années encore à prendre soin d'eux. Pourtant, je sais déjà, je sens déjà qu'un jour, quel que soit le nombre de couches changées, de biberons donnés, de livres lus, de mains lavées et de joues embrassées, ces années auront passé beaucoup trop vite.

Jennifer Graham Billings

« Chérie », avait dit mon mari lorsque j'étais enceinte, « je te promets: quand le bébé sera né, je prendrai la relève chaque soir et chaque fin de semaine. » Il mentait.

Mon mari est un homme merveilleux. Un père extraordinaire. Il a pleuré dans la salle d'accouchement. Il change des couches sans rechigner. Il ne se plaint même pas quand notre fils régurgite sur lui. Mais que voulez-vous, il travaille tard et voyage souvent. Il a des dîners d'affaire le vendredi soir, des réunions le dimanche matin et des événements mondains en cravate auxquels les épouses ne sont pas invitées. Je suis une femme raisonnable; je comprends qu'il se sente fatigué. « Je ne suis pas d'humeur à donner un bain au bébé ce soir », dira-t-il.

« Je comprends très bien, lui dis-je avec compassion, je ne suis pas d'humeur à lui donner à manger ce soir. »

Dans les pires moments, je me sens comme si on m'avait piégée. J'étais ambivalente à l'idée d'avoir des enfants. Je savais que la maternité m'imposerait des changements radicaux, qu'elle restreindrait mon temps, mon indépendance, mon travail. Ce qui me dérangeait le plus, c'est que ces changements affecteraient ma vie quotidienne à moi, mais pas celle de mon mari. Certes, la paternité a changé la façon dont mon époux perçoit le monde et la place qu'il y occupe; son fils est au centre de son univers. Mais ce n'est pas la même chose pour lui. Il continue de se lever chaque jour pour aller travailler, il enfile des vêtements de ville et se rend au bureau où se trouvent d'autres adultes raisonnablement matures qui ont des conversations d'adultes. Il sort pour le repas du midi et n'a besoin de couper la viande de personne. Il a le luxe d'arrêter prendre un verre après le travail ou de feuilleter des magazines à la librairie; il est à l'aise de le faire puisqu'il sait que je m'occupe de la maisonnée. Il a l'esprit tranquille.

Je suis devenue ce que je craignais le plus: une femme au foyer. Je suis devenue ma mère. *Votre* mère. Et il y a trop de moments dans ma journée où je me demande si je possède les compétences pour faire ce travail. Étrangement, on doit détenir des permis et des diplômes pour à peu près tout, sauf pour le travail le plus difficile qui soit: mère de famille. Personne ne m'avait jamais parlé de la profonde lassitude qu'on peut ressentir à faire le même casse-tête pour enfants vingt-deux fois d'affilée en une heure, ou à frotter avec une vieille brosse à dents le gruau calcifié dans les joints des tuiles de la cuisine pendant qu'un des enfants renverse la boîte de biscuits derrière moi et danse dessus.

D'accord, d'accord. J'avais lu Erma Bombeck. J'avais entrevu ce qui m'attendait. Mais je croyais que ce serait différent pour moi. Après tout, mon mari m'a lu de la poésie à notre premier rendez-vous. Pendant six ans, nous avons été des consommateurs invétérés de culture. Nous dévorions tout: livres, films, expositions, vernissages, plus d'innombrables tasses d'expresso. Nous discutions avec ardeur, en parfaite harmonie. « Quand on aura des enfants, on lira Piaget ensemble », disait-il. Au moment même où j'écris ces lignes, bien entendu, il est absorbé dans son magazine économique alors que je consulte les livres de Penelope Leach ou du docteur Spock. Il n'a pas encore ouvert un seul livre sur l'éducation des enfants.

Ce n'est pas la vie que je croyais faire. Ce constat est à peine atténué par les confidences d'autres femmes qui ont de jeunes enfants et qui disent la même chose. Dans ma vie d'avant, je m'imaginais habiter sur l'île de Manhattan, écrire des articles pour le *New York Times,* et donner des réceptions sympathiques où mes invités cultivés discuteraient brillamment d'art et de politique. Au lieu de cela, je vis dans une maison coloniale en banlieue, je débats avec d'autres mères des mérites relatifs des jouets, j'échange avec elles des recettes de pâte à modeler, et j'essuie les traces de jus sur le canapé.

Je me désole devant l'impossibilité de retourner en arrière. La dure vérité, c'est que je pourrais toujours quitter mon emploi, vendre la maison ou même refuser un traitement médical, mais je ne pourrai jamais redevenir une femme sans enfant. En contrepartie, je suis devenue une nouvelle personne responsable. J'ai fini par rédiger mon testament, précaution infiniment lointaine dans l'esprit joyeux de mes vingt ans, j'ai nommé un tuteur légal pour mon enfant et je ramasse de l'argent pour ses études. Mais surtout, je fais attention à moi. Je ne traverse plus la rue n'importe comment. On ne sait jamais, il pourrait m'arriver quelque chose, et cette pensée m'inquiète parce que mon fils compte sur moi. Je ne pensais pas de cette façon avant son arrivée dans ma vie. J'ai renoncé à la liberté, à un grand nombre d'options et au plaisir d'avoir une conversation ininterrompue avec un autre adulte durant la journée, mais je dois admettre que j'ai besoin de mon enfant autant qu'il a besoin de moi. La vie sans lui est inimaginable. Avant de devenir mère, il y avait trois choses que personne n'aurait pu me dire: que les douleurs de l'accouchement faisaient si mal, que la vie avec un bambin peut être fastidieuse, et que j'aimerais mon enfant aussi passionnément.

Liane Kupferberg Carter

Lettres d'amour
à ma fille

C'était une douce journée d'été de la fin juillet. Je me sentais nauséeuse depuis quelque temps, alors je suis allée voir mon médecin. « Mme Hayes, je suis content de vous annoncer que vous êtes enceinte d'environ dix semaines », m'a dit le médecin. Je n'en croyais pas mes oreilles. Un rêve se réalisait.

Mon mari et moi étions jeunes, et mariés depuis à peine un an. Nous nous efforcions de travailler fort pour nous bâtir une belle vie ensemble. La nouvelle de ma grossesse était à la fois excitante et angoissante.

Dans l'enthousiasme de ma jeunesse, j'ai décidé d'écrire des « lettres d'amour » à notre bébé pour lui exprimer ma joie et ma hâte de le connaître. Je ne savais pas que ces lettres deviendraient si précieuses dans les années à venir.

Août 1971: *Mon cher bébé, sens-tu l'amour que j'ai pour toi qui es si petit et qui vis dans la tranquillité de mon corps? Ton papa et moi voulons que le monde soit parfait pour toi, sans haine ni guerre ni pollution. J'ai tellement hâte de te prendre dans mes bras. Six longs mois encore à attendre! Je t'aime, ton père aussi, même s'il ne peut pas encore te sentir bouger.*

Septembre 1971 : *Je suis enceinte de quatre mois et je me sens mieux. Je sens que tu grandis et j'espère que tu te portes bien. Je prends des vitamines et je mange des aliments sains pour toi. Je suis contente de ne plus avoir de nausées matinales. Je pense à toi tout le temps.*

Octobre 1971 : *Oh… ces humeurs mélancoliques. Je pleure si souvent pour rien. Parfois, je me sens très seule, puis je me rappelle que tu grandis en moi. Je te sens bouger, t'agiter, te tourner et pousser. Tes mouvements m'apportent toujours tellement de joie!*

Novembre 1971 : *Je me sens beaucoup mieux maintenant que la fatigue et les nausées ont disparu. Les grandes chaleurs de l'été ont disparu aussi. Il fait un temps magnifique, un peu frais et venteux. Je te sens bouger très souvent. En fait, tu donnes des coups de poing et des coups de pied constamment. C'est un pur bonheur de te savoir en vie et en forme. La semaine dernière, ton papa et moi avons entendu ton cœur battre fort au bureau du médecin.*

2 février 1972 à 23 h 06 : *Tu es née! Nous t'avons appelée Sasha. Mon travail a été dur et long, vingt-deux heures en tout, et ton père m'a aidée à rester calme et détendue. Nous sommes si heureux de te voir, de te prendre, de t'accueillir. Bienvenue à toi, notre première-née. Nous t'aimons tant!*

Le temps a filé. Sasha a vite eu un an et se déplaçait partout dans la maison. Un peu plus tard, elle montait des poneys et se balançait au parc. Ensuite, notre beauté aux yeux bleus a commencé la maternelle. Elle est devenue peu à peu une petite fille déterminée et brillante. Les années ont passé très vite. Mon mari et moi faisions d'ailleurs la blague suivante: un soir, nous avons bordé notre fillette de cinq ans; au matin, elle était devenue une adolescente.

Les années d'adolescence et de rébellion n'ont pas été faciles. Il y a eu des moments où notre adolescente, à la fois belle et furieuse, martelait le sol du pied en criant: « Vous ne m'avez jamais aimée! Vous vous fichez bien de moi! Vous ne voulez pas que je sois heureuse! »

Ses paroles dures m'allaient droit au cœur. Un jour, après une crise de colère semblable de ma fille, je me suis rappelé soudainement les lettres d'amour que je lui avais écrites. Elles étaient rangées dans une petite boîte au fond de mon placard. Je suis allée les chercher et je les ai placées sur le lit de ma fille dans l'espoir qu'elle les lise. Quelques jours plus tard, elle est venue me voir, les larmes aux yeux.

« Maman, je ne savais pas à quel point tu m'aimais. Tu m'aimais avant même que je naisse! » a-t-elle dit. « Comment pouvais-tu m'aimer alors que tu ne me connaissais pas? Tu m'aimais inconditionnellement! » Grâce à ces vieilles lettres d'amour, ma fille et moi avons vécu un moment très précieux qui a soudé pour toujours le lien qui nous unit.

Judith Hayes

Parents sans culpabilité

Il existe cent cinquante-deux façons différentes de tenir un bébé et elles sont toutes bonnes.

Heywood Broun

On trouve sur le marché toutes sortes de livres sur le rôle de parent. On nous vend toutes sortes de théories. Beaucoup sont contradictoires (beaucoup se vendent très bien aussi!). Cette surabondance de conseils est précisément la raison pour laquelle j'ai décidé d'ajouter ma propre théorie.

Ma théorie est simple: la meilleure façon d'éduquer les enfants est de le faire sans éprouver de culpabilité.

En d'autres mots: faites vos recherches, écoutez les opinions des autres, puis choisissez exactement ce qui fonctionne pour vous, votre bébé et votre famille. Et surtout, ne laissez personne vous faire sentir coupable de vos choix.

Même si votre bébé n'est pas encore né, vous avez probablement entendu parler de l'énigme « être de bons parents par la culpabilité ». En d'autres mots: « Il n'y a qu'une seule bonne façon d'élever votre enfant, et si vous ne choisissez pas cette façon, il deviendra sans doute un raté. » Et que dire de ceux qui croient que « la société dans son ensemble n'a pas encouragé les bonnes compétences parentales et c'est la raison pour laquelle nous avons tant de problèmes! » Résultat: vous commencez à vous sentir coupable avant même d'avoir accouché, car vous savez que vous allez échouer. D'une façon ou d'une autre.

Eh bien, vous savez quoi? J'ai une mauvaise nouvelle pour vous: vous allez effectivement échouer. Tous les parents échouent! Mais la bonne nouvelle, c'est que les enfants survivent. Ils deviennent même d'heureux membres productifs de la société. Je connais un nombre incalculable de mères extraordinaires qui sont rongées par la culpabilité. Les unes restent à la maison, les autres ne restent pas à la maison. Les unes permettent la télévision, les autres ne permettent pas la télévision. Les unes croient au lit familial, les autres n'y croient pas. Quel que soit votre choix, vous sentez que la société vous juge durement.

Ce ne devrait pas être ainsi. Mais puisque ça l'est, vous devriez vous en ficher.

Être mère est merveilleux, et difficile. Si merveilleux et si difficile que nous devons absolument être solidaires et nous applaudir à tout rompre les unes les autres au lieu d'essayer d'en trouver d'autres qui font pire que nous, histoire de nous sentir mieux.

Laissez-moi vous donner quelques exemples.

Je suis une bonne mère. J'adore mes enfants et, Dieu merci, ils m'adorent. (Et je les aimerai, me dis-je, même quand ils auront quinze ans et se feront percer une partie de leur corps à laquelle on n'avait pas encore songé, et menaceront de quitter la maison parce que leur père et moi ne comprendrons jamais. Je suis déjà passée par là.)

Laissez-moi être plus précise. Je suis une bonne mère mais je ne le suis pas à temps plein. Oui, je travaille à l'extérieur (en fait, actuellement je travaille à l'intérieur de la maison et j'envoie mes enfants jouer à l'extérieur). Après chaque naissance, j'ai recommencé à travailler à temps partiel quand mon bébé avait six semaines. Je le fais en partie parce que j'aime mon travail et en partie parce que mon revenu est bien utile à notre famille. Mais je le fais surtout parce que je suis une meilleure mère de cette façon. Lorsque je suis seule à la maison avec mes deux adorables enfants, vingt-quatre heures par jour, ils me rendent folle. Et je les rends fous à mon tour.

Lorsque je m'absente sans eux, même si ce n'est que quelques heures, nous sommes heureux de nous revoir et nos retrouvailles sont toujours touchantes. Oui, j'étais là pour entendre leurs premiers mots, voir leurs premiers pas, les regarder manger leur première pâte à modeler. Et même si une mère s'absente quarante heures par semaine, il lui en restera 128 à la maison. Il est vrai qu'une partie de ces heures tombent la nuit, mais les enfants ont besoin de leur mère la nuit aussi; on le sait quand on a un enfant malade ou apeuré.

Soyons honnêtes. Ma mère, qui a été une très bonne mère, était également enseignante. Quand elle travaillait, elle était beaucoup plus heureuse, et nous aussi. Comme on dit, quand maman n'est pas contente, personne n'est content.

Peut-être la chose la plus importante que j'aie apprise dans mon cours de sociologie à l'université, c'est que Dieu a fait des humains des animaux tribaux, et nous avons vécu comme tels durant des siècles et des siècles. Cette notion de famille nucléaire (l'idée que deux personnes, le mari et la femme, peuvent s'occuper eux-mêmes de tous les besoins de leur famille) est une notion plutôt récente et très occidentale. Pensez-y un instant. Jadis et encore aujourd'hui dans certaines régions du monde, les membres de la famille élargie ou de la communauté dans son ensemble mettaient en commun leurs ressources. Ainsi, les femmes douées en cuisine passaient leurs journées aux fourneaux avec les autres femmes de la « famille » qui partageaient leur talent. Les hommes capables de cultiver sarclaient et binaient, ceux qui chassaient bien s'adonnaient à la chasse, ceux qui savaient coudre devenaient tailleurs. Les tantes, les sœurs et les cousines prenaient soin conjointement des enfants. Chaque femme avait donc trois ou quatre compagnes avec qui bavarder pendant qu'elle cuisinait, ou nettoyait, ou filait, ou surveillait les enfants. (Et ses meilleures amies étaient des femmes. L'idée que notre mari puisse être notre meilleur ami en même temps que notre conjoint est assez récente, elle aussi. Avant, être un bon pourvoyeur et porteur de bons gènes suffisaient.)

Aujourd'hui, on s'attend à ce que deux personnes possèdent ensemble toutes les aptitudes nécessaires pour élever des enfants. On vit dans une société si individualiste qu'on enferme ensemble deux parents (ou, que Dieu les bénisse, un seul parent) et leurs enfants dans leur propre maison, et on s'attend à ce qu'ils soient capables de cuisiner, de faire le ménage, de gagner un revenu, de se procurer de la nourriture, de payer les comptes, et de s'occuper les uns des autres, même si ces personnes n'ont pas les compétences requises dans plusieurs de ces domaines. Pourtant, elles sont rares les mères qui peuvent rester enfermées avec des petits vingt-quatre heures par jour sans devenir folles.

Attention, je n'affirme pas que toutes les mères devraient aller travailler à temps plein. Loin de moi cette idée! Je crois simplement que Dieu donne à certaines femmes une solide fibre maternelle. Il y a de ces mères, en effet, qui peuvent rester trente-six heures par jour avec des enfants et se coucher le soir épuisées mais comblées. Ces femmes (qui souvent surveillent nos propres enfants) méritent une médaille et un salaire dans les six chiffres! Je blague à peine.

Chères mères qui avez fait le choix de rester au foyer, vous avez toute mon admiration et tout mon respect. Ce que vous faites est absolument merveilleux. Et de plus, vous devriez avoir le droit de vous plaindre quand vous en sentez le besoin, et personne ne vous sous-estimerait pour autant. Une des principales règles de l'éducation des enfants sans culpabilité, c'est que les mères ne devraient pas avoir à prétendre que leur choix est parfait et à le défendre à tout prix. Être une mère qui reste au foyer est difficile. Être une mère qui travaille à l'extérieur est difficile. Et vous devriez savoir que les mères qui ont fait l'autre choix sont aussi épuisées et insatisfaites que vous l'êtes.

Chères mères qui avez fait le choix de travailler à l'extérieur, profitez de votre travail et profitez de vos enfants. Est-ce que cela me dérange le moindrement que mes enfants appellent leur gardienne « maman Sara » et moi « maman maman »? Pas du tout. Ils ne peuvent pas avoir trop d'amour à donner. Et cela ne me dérange pas non plus qu'un des enfants revienne de chez maman Sara avec des ecchymoses faites en jouant ou avec des égratignures de chat. (Ces petits bobos surviennent presque toujours avant un long congé ou une prise de photo.) Je n'exige pas plus de maman Sara que je n'exige de moi-même. Et je ne lui tiens pas rigueur de croire que les Cheerios sont un des quatre groupes du Guide alimentaire canadien. Je donne suffisamment de saumon et de brocoli à mes enfants pour compenser. (Notre autre gardienne est une diététiste végétarienne, alors je pense que les deux s'équilibrent.)

(De plus, pour être honnête, à leur cérémonie de remise des diplômes universitaires, mes enfants se souviendront-ils de maman Sara? Qui sait? Chose certaine, je serai sûrement là si Dieu le permet; c'est quand même moi qui aurai payé leurs études!)

Prenons l'exemple d'un autre choix parental: l'allaitement. Si vous ne pouvez pas allaiter pour quelque raison que ce soit, votre enfant survivra. Tous ceux d'entre nous qui sont nés dans les années 1950 ont survécu…

Et qu'en est-il du « lit familial »? Ce sujet pourrait être très longuement discuté. Nous avons des amis qui croient fermement au lit familial. Lorsque j'ai rencontré leur fils de deux ans, il n'avait jamais passé une seule nuit dans un lit sans l'un des deux parents ou les deux. (Il avait l'air en santé et équilibré. Ses parents, par contre, avaient l'air épuisés.) Nous avons d'autres amis qui sont très en faveur de la méthode du Dr Ferber, laquelle consiste à enseigner à votre enfant à être indépendant et à dormir toute la nuit dans son lit pratiquement à partir de la naissance. Nous? Mon mari et moi nous situons, encore une fois, quelque part au milieu.

Notre fille de deux ans a commencé à dormir dans un « lit de grande fille » et elle vient parfois nous rejoindre la nuit quand elle a peur. J'adore ça. J'aime sentir son petit corps blotti contre moi; j'aime entendre sa respiration. (Je me plais à penser que d'éventuels kidnappeurs devraient me passer sur le corps pour la prendre.) Je sais aussi que son grand frère de cinq ans a fait la même chose à deux ans et qu'aujourd'hui, le passage d'un train à côté de son lit ne le réveillerait même pas.

Et que dire de toute la controverse autour de la télévision! Nous avons des amis qui laissent leur petit de quatre ans écouter la télé tard le soir, et d'autres amis qui ont choisi de ne pas avoir de téléviseur du tout. Pour moi, la télévision est simplement un médium, ni bon ni mauvais en soi. Ce sont les émissions qu'il faut bien choisir. (Bonne nouvelle! Il y a beaucoup d'excellentes émissions pour enfants de nos jours!) À nos amis qui ont choisi de ne pas avoir la télé (et qui ont essayé de me faire sentir coupable d'avoir fait un choix différent), j'ai dit: « Nous avons payé un supplément pour avoir un bouton qui ferme la télé. Et nous l'utilisons régulièrement! »

Le principe premier d'élever ses enfants sans culpabilité, c'est d'aimer vos enfants. Cessez de vous demander si vous faites les choses comme il faut; faites-vous confiance. Amusez-vous avec vos enfants.

Félicitez-les plus souvent que vous les critiquez. Assistez à des ateliers pour parents, si nécessaire, mais nul besoin de réinventer la roue. Formez autour de vous une famille élargie et servez-vous-en aussi souvent que vous le pouvez. Et ne prenez pas mal ce qu'un enfant de deux ans vous fait ou vous dit.

Riez beaucoup.

Mes enfants sont-ils les enfants les mieux élevés d'Amérique? Oh non! (Nous efforçons-nous de leur enseigner les bonnes manières? Que si!) Savaient-ils parler l'anglais dès l'âge de trois ans? Je ne crois pas. L'entraînement à la propreté s'est-il fait en une seule journée? Pas du tout.

Toutefois, il y a un an de cela, j'ai entendu notre homme à tout faire dire de nos enfants: « Ces enfants-là sont les plus heureux que j'aie jamais vus! »

Vous vivrez ce genre de moment, vous aussi. Lorsque les choix que vous aurez faits vous sembleront justes. Que Dieu vous bénisse!

Ensemble, persévérons.

Sharon Linnéa

À propos des auteurs

Jack Canfield

Jack Canfield est l'un des meilleurs spécialistes américains du développement du potentiel humain et de l'efficacité professionnelle. Conférencier dynamique et coloré, il est également un conseiller très en demande pour son extraordinaire capacité à informer et inspirer son auditoire, pour l'amener à améliorer son estime de soi et maximiser son rendement.

Auteur et narrateur de plusieurs audiocassettes et vidéocassettes à succès, dont *Self-Esteem and Peak Performance, How to Build High Self-Esteem, Self-Esteem in the Classroom* et *Chicken Soup for the Soul,* on le voit régulièrement dans des émissions télévisées telles que *Good Morning America, 20/20* et *NBC Nightly News.* En outre, il est coauteur de nombreux livres, dont la série *Bouillon de poulet pour l'âme, Osez gagner* et *Le pouvoir d'Aladin* (tous avec Mark Victor Hansen), *100 Ways to Build Self-Concept in the Classroom* (avec Harold C. Wells), *Heart at Work* (avec Jacqueline Miller) et *La force du focus* (avec Les Hewitt et Mark Victor Hansen).

Jack prononce régulièrement des conférences pour des associations professionnelles, des commissions scolaires, des organismes gouvernementaux, des églises, des hôpitaux, des entreprises du secteur de la vente et des corporations. Sa liste de clients corporatifs comprend des noms comme American Dental Association, American Management Association, AT&T,

Campbell's Soup, Clairol, Domino's Pizza, GE, ITT, Hartford Insurance, Johnson & Johnson, the Million Dollar Roundtable, NCR, New England Telephone, Re/Max, Scott Paper, TRW et Virgin Records. Jack fait également partie du corps enseignant d'une école d'entrepreneurship, Income Builders International.

Tous les ans, Jack dirige un programme de formation de huit jours qui s'adresse à ceux qui œuvrent dans les domaines de l'estime de soi et du rendement optimal. Ce programme attire des éducateurs, des conseillers, des formateurs auprès de groupes de soutien aux parents, des formateurs en entreprise, des conférenciers professionnels, des ministres du culte et des gens qui désirent améliorer leurs compétences d'orateur et d'animateur de séminaire.

Mark Victor Hansen

Mark Victor Hansen est un conférencier professionnel qui, au cours des vingt dernières années, s'est adressé à plus de deux millions de personnes dans trente-deux pays. Il a fait plus de 4 000 présentations sur l'excellence et les stratégies dans le domaine de la vente, sur l'enrichissement et le développement personnels, et sur les moyens de tripler ses revenus tout en doublant son temps libre.

Mark a consacré toute sa vie à sa mission d'apporter des changements profonds et positifs dans la vie des gens. Tout au long de sa carrière, non seulement il a su inciter des centaines de milliers de personnes à se bâtir un avenir meilleur et à donner un sens à leur vie, mais il les a aussi aidées à vendre des milliards de dollars de produits et services.

Mark est un auteur prolifique qui a écrit de nombreux livres, dont *Future Diary*, *How to Achieve Total Prosperity* et *The Miracle of Tithing*. Il est coauteur de la série *Bouillon de poulet pour l'âme,* de *Osez gagner* et de *Le pouvoir d'Aladin* (tous en collaboration avec Jack Canfield), de *Devenir maître motivateur* (avec Joe Batten) et de *Out of the Blue* (avec Barbara Nichols).

En plus d'écrire et de donner des conférences, Mark a réalisé une collection complète d'audiocassettes et de vidéocassettes sur l'enrichissement personnel, qui ont permis aux gens de découvrir et d'utiliser toutes leurs ressources innées dans leur vie personnelle et professionnelle. Le message qu'il transmet a fait de lui une personnalité de la radio et de la télévision. On a notamment pu le voir sur les réseaux ABC, NBC, CBS, CNN, PBS et HBO. Mark a également fait la couverture de nombreux magazines, dont *Success*, *Entrepreneur* et *Changes*.

Mark est un homme au grand cœur et aux grandes idées, une source d'inspiration pour tous ceux qui cherchent à s'améliorer.

Patty Aubery

Patty Aubery est vice-présidente de *The Canfield Training Group and Self-Esteem Seminars, Inc*. Elle a commencé à travailler pour Jack Canfield en 1989, lorsqu'il dirigeait encore son organisation depuis son domicile à Pacific Palisades. Patty travaille avec Jack depuis la naissance de *Bouillon de poulet pour l'âme* et se souvient encore des débuts difficiles de la mise en marché du livre. Patty raconte: « Je me rappelle que je restais assise dans des marchés aux puces sous un soleil de plomb à essayer de vendre le livre; les gens arrêtaient à mon kiosque, regardaient et passaient au kiosque suivant. Ils devaient me trouver cinglée. Tout le monde disait que je perdais mon temps. Et voilà où l'on en est aujourd'hui: on a vendu quatorze millions d'exemplaires des onze premiers livres et j'ai participé comme coauteure à quelques livres de la série *Bouillon de poulet*! »

Patty est coauteure de *Bouillon de poulet pour l'âme du survivant: des histoires de courage et d'inspiration par ceux qui ont survécu au cancer.* Elle a participé à plus de cinquante émissions de radio aux États-Unis.

Patty est mariée à Jeff Aubery, ils ont deux fils et habitent à Santa Barbara, en Californie.

Nancy Mitchell

Nancy Mitchell est la directrice des droits d'auteur et des autorisations de la série *Bouillon de poulet pour l'âme*. Elle a fait ses études universitaires de sciences infirmières en Arizona et les a terminées en 1994. Après ses études, elle a travaillé dans un centre médical de Phoenix, en Arizona, à l'unité des soins intensifs cardiovasculaires. Quatre mois après avoir reçu son diplôme, elle est retournée dans sa ville natale, Los Angeles, et a commencé à travailler pour la série

Bouillon de poulet pour l'âme. Nancy avait l'intention d'aider à terminer *Un 2e bol de Bouillon de poulet pour l'âme*, puis de reprendre son travail d'infirmière. Toutefois, en décembre de cette année-là, on lui a proposé de continuer à travailler à temps plein pour *The Canfield Group*. Elle a donc mis son métier d'infirmière en veilleuse et est devenue directrice de l'édition. Elle a travaillé étroitement avec Jack et Mark sur tous les projets de *Bouillon de poulet pour l'âme*.

Nancy dit qu'elle apprécie par-dessus tout d'être retournée à Los Angeles. « Si je n'étais pas revenue en Californie, je n'aurais pas eu la chance d'être là pour ma mère durant son combat contre le cancer du sein. » Après le combat de sa mère, Nancy a été coauteure de *Bouillon de poulet pour l'âme du survivant*. Elle ignorait que ce livre deviendrait sa propre inspiration lorsqu'on a diagnostiqué un cancer de la prostate chez son père en 1999.

Nancy a aussi été coauteure de *Chicken Soup for the Christian Family Soul*, de *Bouillon de poulet pour l'âme des chrétiens* et de *Bouillon de poulet pour l'âme des infirmières*. Elle demeure à Santa Barbara avec son golden retriever, Kona.

Autorisations

Nous aimerions remercier tous les éditeurs ainsi que les personnes qui nous ont donné l'autorisation de reproduire leurs textes. (Remarque: Les histoires qui appartiennent au domaine public ou qui ont été écrites par Jack Canfield, Mark Victor Hansen, Patty Aubery et Nancy Mitchell ne figurent pas dans cette liste.)

Je te choisissais. Reproduit avec l'autorisation de Colleen M. Story. ©1996 Colleen Story.

Ça changera votre vie. Tiré de *Everyday Miracles* de Dale Hanson Bourke. ©1999 avec l'autorisation de Broadman & Holman Publishers.

Je suis prête. Reproduit avec l'autorisation de Kristen Cook. ©1999 Kristen Cook.

L'aventure commence et *L'amour dans le rétroviseur.* Reproduit avec l'autorisation de Jim Warda. ©2000 Jim Warda.

Le for intérieur. Reproduit avec l'autorisation de Ami McKay. ©2000 Ami McKay.

Récompensée plus tard. Reproduit avec l'autorisation de Patricia K. Cameransi. ©1998 Patricia K. Cameransi.

L'annonce de la nouvelle. Reproduit avec l'autorisation de Helen Colella. ©2000 Helen Colella.

Les grandes espérances. Reproduit avec l'autorisation de Liane Kupferberg Carter. ©1999 Liane Kupferberg Carter.

T'as avalé tout rond un melon d'eau? Reproduit avec l'autorisation d'Anna Wight. ©1999 Anna Wight.

Nos cœurs volent. Reproduit avec l'autorisation de Nicole Smith. ©1998 Nicole Smith.

Mon petit frère. Reproduit avec l'autorisation de John Conklin. ©2000 John Conklin.

La onzième heure. Reproduit avec l'autorisation de Melanie L. Huber. ©1999 Melanie L. Huber.

Série
Bouillon de poulet pour l'âme

* *Volumes disponibles également en format de poche*
** *Volumes disponibles seulement en format de poche*

PARTICIPEZ AU PROJET

Vous avez une histoire inspirante,
d'espoir ou de courage, à nous raconter?
Faites-nous-la parvenir.

POUR INFORMATION

www.bouillondepoulet.com

OU

Bouillon de poulet pour l'âme des Québécois
a/s Je désire soumettre une histoire
271, Maurice St-Louis, Gatineau, QC J9J 3V9

Autres ouvrages de
JACK CANFIELD
et MARK VICTOR HANSEN

Femme: 978-2-89092-352-2
Super Maman: 978-2-89092-380-5
Loi de l'attraction: 978-2-89092-412-3

*Autres ouvrages
chez Béliveau Éditeur*

CINQ BONNES MINUTES
pour renouveler votre vitalité...

978-2-89092-375-1

978-2-89092-384-3

978-2-89092-401-7

978-2-89092-395-9

Transcontinental
IMPRESSION
IMPRIMERIE GAGNÉ

IMPRIMÉ AU CANADA